節用集と近世出版

佐藤貴裕　著

和泉書院

丸山富久君の御霊に捧げる

目次

はじめに

節用集は、一五世紀に誕生したイロハ・意義検索の用字集・語彙集である。近世にあっては、広く巷間に流布することになるが、これは版本として生産されたためであった。大量生産であるために一冊の単価は低下していき、より多くの人々の手にわたりやすくなったのである。一方、書肆としては、常に一定量の需要の見込める、安定した収入をもたらす製品でもあった。ただ、考えておくべきは幕府当局の出版統制策である。統制とともに、ある面では書肆へのアドバンテージも与えることにもなったからである。

元禄年間に出した重版（無断複製）・類版（意匠盗用）の禁令は、新規書籍におけるプライオリティを認めるものだった。また、享保年間には三都書肆の組合組織である本屋仲間を公認する。これは、公序良俗に反する書籍の監視を出版の最前線において行わせることに主眼があった。本屋仲間構成員からすれば、みずからの出版物を互いに監視しあうことにもなったわけであるが、同時に、己の版権に抵触するものが刊行予定書のなかにあるかどうかをいち早く知りうる仕組みとしても機能することになるのである。版権に抵触するものが現れれば、仲間内での行為なら寄合で協議・調整することができ、他地の本屋仲間や素人（仲間株をもたない非構成員）による刊行物なら本屋仲間が組織的に対処することになる。つまりは、法律上の根拠が整備されるとともに、実効力を備えた組織も公認されることによって、近世的版権を保護していく仕組みが完成することとなったのである。

このような、営利追及のバックグラウンドをもった書肆たちが、節用集について、どのように対処・対応していくのか、その諸側面を見てきた一例として、本書をまとめることとした。もちろん、節用集にかかわる人間は、書肆だけではない。編者がなければ節用集は一書としての体裁を得られず、利用者がいなければ節用集の刊行・増刷もありえない。ならば、編者・利用者を第一に扱うことも考えられるわけだが、やはり現存する近世節用集のほぼすべてが、営利出版に付されたものであることを考えるとき、書肆と節用集の関係から説くことがあってよいと考える。一方では、辞書史の流れのなかでの近世の特殊性について意識するとき、一度は、書肆・出版を中心に据えて考え、検討することが必要であると思う。というのは、辞書史における「近世とは何か」を考えるとき、そのもっとも特徴的な部分は営利出版に付されたことであり、同時にそれは、辞書が初めて本格的に出版されるのが近世であるということでもあるからである。であればまた、辞書と出版との出会いが何をもたらすかを見届け、明らかにすることは、近世における辞書史研究の醍醐味とも言えよう。

さて、本書の構成は次のとおりである。

第一部　全体の導入として、近世節用集の展開の有りようを示すかたわら、そのような展開を招来した近世的版権（板株）の作用について示した。

第二部　版権をめぐる個別の例を見ていくことで、書肆たちの対処の諸相をかいま見る。また、それを通じて、近世における節用集という書籍がどのような存在であったかを描き出していく。

第三部　筆者架蔵の一本しか知られていない『錦囊万家節用宝』という特異な合冊体節用集に注目し、書肆・吉文字屋が、いかにこのような異形の書を刊行することになったかを中心に検討することで、当時の節用集界の状況を描き出そうとした。

第四部　大坂本屋仲間記録を中心に、現在、知ることのできる、節用集をめぐる版権問題のすべてを通覧し、付言した。これは、節用集と近世出版を検討する基礎となるもので、資料篇的な扱いの意味も込めて、第四部に配した。

付録　近世における節用集の刊行年表を付した。近世節用集の全貌を知る方法の一つとして有効かと思う。現存の確認ができるもの、また、実際に刊行されたことが記録されているものにつき、その内題を示した。

右のように、一書にまとめるにあたって構成を整えたが、各章の基となったのはそれぞれ別箇の論文であるから、それぞれの冒頭部分などでは、必要な基礎知識を導入として記すことがある。したがって、各章において、内容上、重複した部分があることになる。また、同じような理由で、何ごとか新たな内容を盛りこむときにも、前提となる条件などを記す際に同様の重複があることになる。そうした重複を可能な限り排除し、基礎・基盤となる知見を巻頭に配するのが一書としてまとめるおりの配慮ではあろう。が、一方では、各部・各章をとりあえず読みたい場合には、そうした配慮がかえって読みづらさを招くこともあろう。煩をいとう言い訳ではあるが、各章間の重複について積極的に排除することはしなかった。

なお、第四部における各版権問題への付言は、第二部の各章であつかった諸本に対する記述よりも詳細になることがある。主客転倒しているかに見えるが、第一部〜第三部の各章は、それぞれのテーマのもと、限られた紙数において一編の論文としてまとめたものを基としている。第四部の諸章は、この種の制約をできるだけ排除しながら記してきたものである。そうした記述の質の差によるものである。ご了解を乞う。

近世の出版にかかわることがらを扱うにあたって、やや悩ましく思うのは新旧の術語の使いようである。より多くの人に理解していただくためには、現代の出版用語を使った方がよいかと思う。ひるがえって、近世の記録類をもとに記述・叙述していくことを考えると、記録類に現れる用語にしたがうべきかとも思う。用字についてもそうしたことがある。本書では、試みに現代の出版用語に合わせることとした。たとえば、当該書籍の独占的出版・販売権を、版木に付随するものとして「板株」と称するのが近世的なのであるが、ここでは「（近世的）版権」を主に使うこととした。また、「開板」よりも「刊行」を主に用い、「新板・再板・改板」なども「新版・再版・改版」

を採ることとした。これは、「開板」などというとき、「板」字の具体性が強調されて版木を想起し、行為としての刊行の意味が後退してしまうようにも思えるからである。もちろん、近世の記録類では「板」字であっても行為としての用法が非常に多いことになるが、いまは現代人への分かりやすさを優先させてみる。なお、引用する記録本文については原文を尊重して元のまま表記することとする。尊重といえば、本屋仲間の世話役・差配役たるギョウジについては、大坂仲間では「行司」を用い、京都仲間・江戸仲間では「行事」を用いるのが常なので、本書でもこれに従うこととした。

このほか、細かいことになるが、割行表示は、角書きも含め、亀甲括弧で包んで示すこととした。また、引用などで特に改行を示す必要のある場合はスラッシュで示すこととした。なお、図版は佐藤の架蔵書による。

第一部　近世節用集の展開

第一章　近世節用集史の大要

漢字は複雑・高度に発達した文字体系である。個人が習得するには相当の時間と労力がかかるし、習得しても忘れることがある。使用層の拡大につれて規範がゆらぐこともあっただろう。とすれば、日本語の表記の少なからぬ部分を漢字にゆだねたときから、読みから漢字を引く「書くための辞書」は、生まれるべく定められていたように思われる。

そのような辞書として、日本語の歴史の上では『色葉字類抄』（平安末期成立）と『節用集』（室町中期成立）が注目される。ことに節用集は行なわれた。たとえば、室町時代の古本節用集は七〇本以上の写本が現存し、江戸時代には六〇〇本ほども刊行されたと見込まれるのである（再版を含む）。

節用集では、仮名一字目のイロハ（部）と十数の意味分野（門）の別で語を分類・収載するので、この組織を利用して漢字を引くことができた。「池」ならイ部のうち、地理・気象・家屋などの語を配する乾坤門（天地門）から探すことになる。「青鷺」ならア部・気形門、「財布」ならサ部・器財門になる。

さらに、近世中期以降の節用集では、単に漢字を引くための存在ではなくなる。辞書部分を中心としつつも、巻頭と辞書本文上欄（頭書）、そして巻末に付録が入ることになるのである。その有りようも多彩であり、語の解説や手紙文例など辞書にふさわしいものから、絵図・武鑑・趣味・占いなどまで備わっている。豊富な挿絵とあいまって、「辞書」の持つイメージを裏切るような見応えのあるものになっているのである。

このような体裁の節用集は、室町時代の古本節用集とはかなり異なるし、幕末・近代とも異なりが出てくる。おおよその変化を見ておきたい。

一　商業出版による変容

本来、節用集は、特殊な人々のための、特殊な辞書だったらしい。安田章は、古本節用集を連歌や和漢聯句などの作成に関わるものと見、利用者・関係者も「知識階級の側に属」する人々を想定する。証拠も多く挙げられ、ノワキ・オモイヤルの用字に「野分・思遣」を掲げるのは少数で、多くは連歌で通用したとされる「暴風」や、『文選』にある「想像」を掲げるという指摘もその一つである。このような古本節用集は、漢字を楷書で表示するのが普通で、付録も少なく、挿絵もない。これは、古本節用集が未発達だったということでもあろうが、特殊な辞書だったので、それはそれで通用したということなのだろう。また、テキストの複製法として書写中心の時代であったことも考えておいてよい。

ただ、室町末期から商業的に出版されだすと、購買層を広げる必要が出てくるから、より多数の側へシフトすることになる。

当時においては行書・草書が日常的・一般的な書体だった。このような状況に対応したのであろう、はじめ、易林本（原刻・平井版・平井別版・小山版）は楷書表示を採っていたが、やがて、行草書体を採る草書本や寿閑本が刊行される。さらに、楷書も引けるようにした慶長一六年本も現れるなど、近世初期においてすでに機敏に対応したのである。

付録も、同じように多くの購買者を惹きつけるべく、付加価値をあたえたものだったと考えられる。

　此ごろある人節用集を寸珍にして首書《かしらがき》（本文上欄の付録）をくわへ、書礼（手紙文例や作法）をかき入、土産節用と名付、一年ほとにして写本出来侍り。これを黄楊板にせば三重韻には倍して売んとおもひ（梅薗堂『元禄太平記』元禄一五〈一七〇二〉年刊）

実際、節用集の付録は歓迎された。節用集の付録の武鑑は、単独刊行された武鑑と異なり、諸大名を、街道別・国別に示すものであった。それが利用しやすいこともあった。これに注目して吉田松陰も利用価値を見いだしている。

　大日本図の付録可作と奉存候。延喜式の中の郡名は写置候。追て和名抄をかり、式と対校し、又節用をかりて郡名を対校せんと思ふ。是は郡名、古今の異同ある故なり。武鑑も節用の武鑑は国わけにして有之、あの順にて写し置可申（兄・杉梅太郎宛書簡　安政元〈一八五四〉年一二月二四日）

付録をふやす傾向はいよいよ強まっていく。一九世紀には、辞書本文もさることながら、付録も大幅に増補した大部の節用集が、京都・大坂・江戸それぞれの書肆により刊行されていった。明治には『〈伝家宝典〉明治節用大全』のように、いわゆる辞書部分のない教養全書が「節用」と銘打って刊行されるまでになる。それほどにまで、日用的な教養記事は、節用集の付録として定着していくのである。

　このように魅力を増した節用集は、印刷による大量生産のおかげで相応に安価にもなり、人々が所持すること自体はそれほど特殊なことではなくなっていくのである。

二　もう一つの変容――早引節用集の誕生

購買層を拡大するいとなみは、体裁の上だけでなく、漢字を引くという行為にも向けられた。

古本節用集以来の意義分類は、案外に面倒なものである。使用者の意識が節用集の分類とくいちがうことがあるからである。たとえば「草鞋・鎧」は食服門（衣服・食物）にあってもよさそうだが、節用集では器財門（道具・宝物）にあるのが普通だったりするのである。

そのような意義分類をやめたのが『〔宝暦新撰〕早引節用集』（宝暦二〈一七五二〉年刊）である。これは、イロハ（部）と仮名の数（声）で検索するものだった。「池」はイ部二声を、「青鷺」はア部四声を引けばよいのである。仮名字数は、仮名遣いの関係でぶれることもあるわけだが、その振れ幅は小さいものである。曖昧さの少ないこと、誰にでも理解できる分類基準であることが最大の魅力であった。

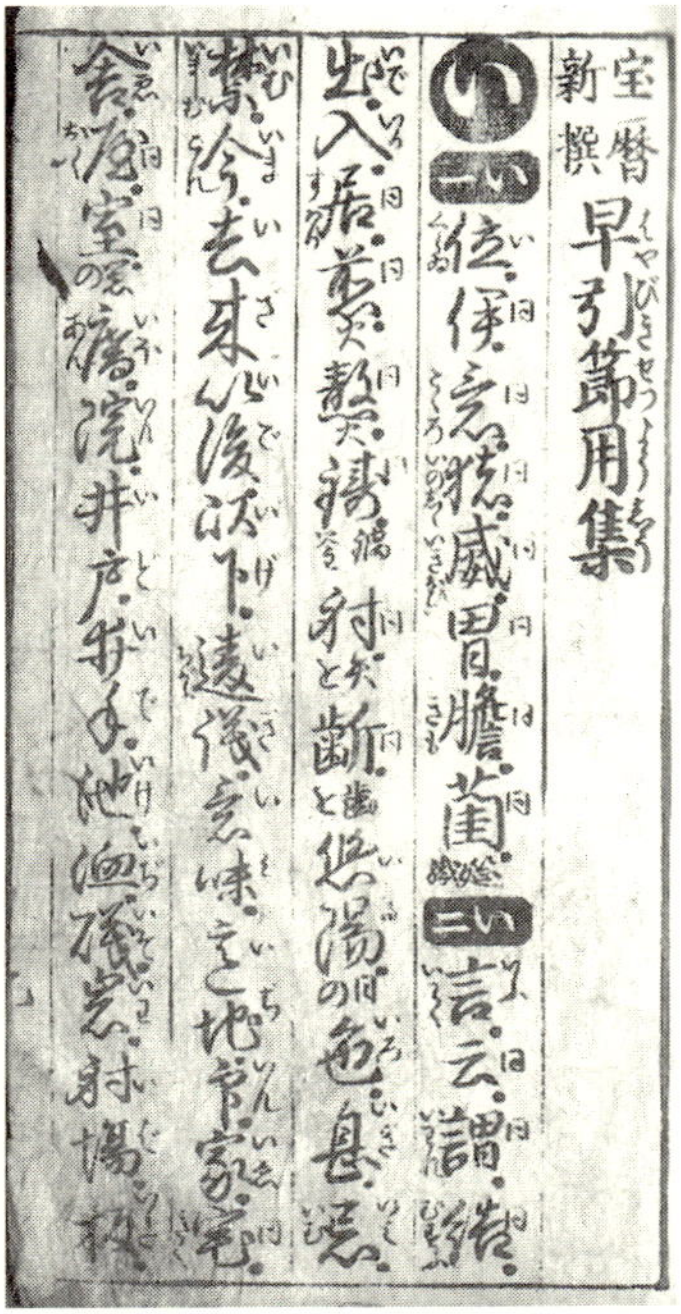

図１　〔宝暦新撰〕早引節用集

この早引節用集は、ほかにも従来型の節用集から離れようとした節がある。たとえば、あれほど節用集に付き物であった日用教養記事は付録されることがなくなり、書体も行草書しか示さない。大きさは文庫本の幅を一センチほど詰めた縦本なので、書物としての重厚感は望むべくもない。表示される用字候補も簡素である。

たとえば、『倭漢節用無双囊』（天明四〈一七八四〉年刊）ならば、ホトトギスに「杜鵑・杜宇・子規・鸎鳥・蜀魄・別都頓宜寿・郭公・時鳥」を掲げるのだが、『早引節用集』は「郭公」しか掲げなかったりする。のちに『〈増字百倍〉早引節用集』（宝暦一〇〈一六七〇〉年刊）などが出て、付録以外の点は従来型の節用集に近づくこともあるが、初期の早引節用集も幕末まで刊行されていく。

早引節用集は、ハンディで引きやすく、余計なものが載っていない辞書である。そうした点を評価すれば、日常的な用字集としての実用性を追求したものと見ることもできよう。そしてたしかに広汎な利用者を獲得した。

ちよつと大家さんへ行つて早引を借りてこい。じきに去り状を書いてやるは（曲亭馬琴『料理茶話即席話』寛政一一〈一七九一〉年刊）

夫婦喧嘩をするなら、早引を一冊買つておいてすることだ。去り状が書けぬと直にさしつかへてじやん〳〵になる（馬琴『胴人形肢体機関』寛政一二年刊）

戯作者にさづける文字は深いことはいらぬ。早引節用ぐらゐの文字てすむことだ（山東京伝『作者胎内十月図』文化元〈一八〇四〉年刊）

大家だけでなく店子も使い、また買えるものだった。早引節用集も、付録満載の節用集と同様に、あるいはそれ以上に愛用されたのだろう。かつての知識層の詩文参考書は、庶民が三行り半を書くのに使う辞書にまで変容したことになる。江戸時代において「文字による支配」が敷かれたといわれるが、これは、庶民層にまで一定の文字理解・文字使用がなかば義務づけられたということでもある。そのような社会において、言語生活を支えたのが早引節用集であるとすれば、三例めの「早引節用ぐらゐの文字」というのは、表面的には早引節用集をおとしめているようだが、むしろ誉め言葉と受け取りたいくらいのものである。

三　商業出版の功罪

このような早引節用集に刺激されて、仮名（読み）に注目した検索法の考案が続出することになる。

仮名数検索（「偶奇」は仮名数の偶数奇数別によるもの）

早引節用集	宝暦二（一七五二）年刊	イロハ・仮名数
千金要字節用大成＊	明和元（一七六四）年求版	イロハ・意義・仮名数か
万代節用字林宝蔵	明和三（一七六六）年刊	イロハ・意義・仮名数
広益好文節用集	明和八（一七七一）年刊	イロハ・偶奇・意義
偶奇（長半）仮名引節用集	文化元（一八〇四）年刊	イロハ・偶奇・仮名数
いろは節用集大成	文化一三（一八一六）年序	イロハ・仮名数・意義

仮名順検索

国字節用集＊	宝暦七（一七五七）年成	イロハ・イロハ
早字二重鑑＊	宝暦一二（一七六二）年刊	イロハ・イロハ
安見節用集＊	宝暦一二（一七六二）年成	イロハ・イロハ
二字引節用集＊	天明元（一七八一）年成	イロハ・イロハ（語末）
五音字引節用集＊	天明元（一七八一）年成	イロハ・五十音（語末）
蘭例節用集	文化一二（一八一五）年刊	イロハ・イロハ・意義
節用早見二重引	嘉永五（一八五二）年刊	イロハ・イロハ

早字二重鑑	嘉永六（一八五三）年刊	イロハ・イロハ
特殊仮名検索（濁音・長音・撥音を表す仮名の有無によるもの）		
早考節用集	宝暦一一（一七六一）年刊	イロハ・意義・清濁
連城節用夜光珠	明和五（一七六八）年刊	イロハ・清濁引撥・意義
連城大節用集夜光珠	明和六（一七六九）年刊	イロハ・清濁引撥・意義
急用間合即坐引(1)	安永七（一七七八）年刊	イロハ・清濁引撥・意義
大成正字通	天明二（一七八二）年刊	イロハ・清濁引撥・意義
大成正字通	享和二（一八〇二）年刊	イロハ・意義・清濁
入用字引集（入用門(2)）	文化元（一八〇四）年刊	意義・イロハ・清濁か
片仮名画数検索		
懐宝早字引	寛政四（一七九二）年刊か	イロハ・意義・片仮名総画数
平仮名字形検索		
入用字引集（増字入用門）	文化元（一八〇四）年刊	イロハ・平仮名特徴的部位(3)
身体部位検索（言語門を「口・目・耳・鼻・心・身・手・足・雑」に下位分類）		
字貫節用集	文化三（一八〇六）年刊	イロハ・意義

＊は現存が確認されないか、未刊のもの。なお、同種の検索法の再版本は掲げていない。

このなかでは、イロハを仮名二字めまで適用して検索するイロハ二重検索がもっとも優れていただろう。所収語は、四四（ヰ・オ・エはイ・ヲ・ヱに併載）の二乗の一九三六の範疇に分割されるため、求める語以外のものを見ることが大幅に減る、すなわち、求める語にいち早くたどりつけるからである。イロハを知っているだけでこの利便性を享受できるのだが、そのイロハを知らないものはまずなかったであろうから、当時の節用集が採用した検索法として最良のものだったと考えられる。

これにくらべれば、他のものは大きく見劣りがする。仮名数の偶数・奇数を見てから仮名数で引くものや、当時一般的でない五十音で引くものなどは不自然であろう。また、特殊仮名検索も、特殊仮名の有無の判別箇所を心得ておく必要があり、「豌豆」のように特殊仮名を二つ以上含む場合、どの仮名で検索するかの優先順位を心得ておく必要もある。一度覚えてしまえばよいことだが、「イロハを仮名二字めまで適用」という簡潔さには遠くおよばないし、仮名の清濁引撥検索・清濁検索ではわずか四分割・二分割するだけのことだから検索効率への貢献度が低すぎるのである。イロハ・意義・仮名数・清濁引撥など、何種類もの基準を併用しなければならないものは、何とも複雑なばかりであったろう。

効率上はどうあれ、これだけの検索法が考案されたこと、そしてその背景となった商業出版のエネルギーには驚かされる。また、この多様さは、漢字を引くという行為を捉えなおすと同時に、日本語を見直したことを意味する。どのような言語的特徴が検索に使えるのかという点から日本語（特に仮名書き）を分析したはずだからである。また、その過程では、仮名遣いでは頭をかかえたはずである。当時の公用文は変体漢文であるから仮名書きが採用されることが少なく、公的機関が仮名遣いを制定するにはおよばなかった。そのため、特定の仮名遣いが広く共有されることがなかったからである。ただし、特殊仮名検索の諸本では、発音が同じになるものを一括掲出する試みもなされていた。もし、日本語意識史という分野があるとすれば、その立場からは検討する価値のある状況が、商業出版によってもたらされていたことになる。

では、このような展開を生じさせた商業出版の原動力とは何かといえば、近世的版権（板株）にほかならない。いわゆるプライオリティの保護が一八世紀には確立しており、新規の工夫を盛りこんだ書籍に対して刊行の独占が認められていたのである。

ただ、その権利のおよぶ範囲が曖昧だった場合があり、権利を過剰に主張することもあった。宝暦一二（一七六二）年、早引節用集の版元は、イロハ二重検索の『早字二重鑑』を模倣書として江戸寺社奉行へ出訴するが、これもそうした例の一つと考えられる。

一右六左衛門方ニ、此度早字二重鑑と申書板行出来仕候所、私幷ニ本屋伊兵衛相合ニ而所持仕候、早引節用同意之類板ニ而御座候故（中略）乍恐江戸御奉行所へ御願奉申上候（大阪府立中之島図書館編〈一九八二。第九巻〉「裁配帳」一番）

裁判の結果、『早字二重鑑』側がやぶれ、刊行できなくなった。このことで早引節用集の版権は拡大することになった。右に一覧したなかではイロハ二重検索をはじめ、仮名順検索も早引節用集の版権に抵触するものと見なされることになったのである。したがって、後続の書肆は、この大きな版権に抵触しないように検索法を考案しなければならなくなった。特殊仮名検索など不自然・非効率なものが案出されたのは、このような事情があってのことなのである。

結局のところ、近世の商業出版は節用集を庶民の手に近づけるという大きな働きをしたのであるが、一方では、商行為の発達を支えた版権制度によってイロハ二重検索という近代的な検索法を葬るという弊害も招来したのである。

四　節用集の終焉

明治にはいると節用集は早引節用集だけといってよい状況になった。収載語は、維新や近代化に応じて変化したが、検索法や用字集としての性格など、基本的な部分は変らなかった。一方で、辞書界には新たな流れが起こりつつあった。近代的な国語辞典の編纂が国家的事業として行なわれるのである。漢字だけではなく、言葉の意味も学べる辞書の出現であった。しかし、それらは大部で高度な内容のものとして位置しており、一方で、節用集は簡便な用字集としてそれなりの位置を占め、上手に棲みわけていたらしい。

だが、やがて国語辞典が小型化しはじめる。山田忠雄（一九八一上）は、明治三〇（一八九七）年の林甕臣・棚橋一郎『日本新辞林』がはしりだという。明治三七年には、かの『言海』も小型版が出版される。さすがの節用集もこのような傾向には対抗できなかったらしい。山田（一九八一下）のリストによると、一九一〇～二〇年ごろから節用集の出版数は急激に衰えるのである。

明治期には、多くの文物が急速な近代化の波にのみこまれていったが、節用集もその一つだったということになりそうである。

注

（1）三切横本・行草一行本、三切横本・真草二行本、美濃判本の三種ある。美濃判本には『万徳節用集』（天明二年刊）・『国宝節用集』（文化七年刊）などの改題本もある。

（2）ウェブログ「北さん堂雑記パート2」二〇一五年一一月二八日分（和本江戸文化版漢字辞書節用集「入用字引集大成」1冊古書。http://blogs.yahoo.co.jp/kitasandou2/14513684.html）に紹介、画像五葉あり（以下、この画像に依って記述するが、推測を交えざるをえない）。全丁数からすると語彙集型往来物の一種と見なしうるが、検索法は、意義・イロハ・清濁（詳細は不明）の三重検索なので採りあげた。本書中の「増字入用門」とは検索法が異なるので別掲した。なお、刊記は「寛政十二年申正月　刻成／文化元年子五月　増字再版／大坂心斎橋南江四丁目／浪花書肆吉文字屋市右衛門」。

（3）イロハ検索の下を、求める語の語末の仮名の特徴的な形態によって下位分類する。たとえば、「右へはねる」（例：ん。語例：水損）「左へはねる」（う・ち。水牛・筋）「立に引」（け・し・り。摂家・宣旨・先繰）「おさへる」（こ・た。簀子・姿）「むすぶ」（な・ま。砂・透間）「をれる」（く。濯）「てんうつ」（い・か。粋・鈴鹿）のよう。

第二章　展開システムとしての「典型」と「逸脱」

徳川政権は、いわゆる「文字による支配」を敷いたため、極言すれば、読み書きができなければ生きていけない時代が到来した。当時は、変体漢文が公用文体とでもいうべき位置を占めていたから、漢字の読み書きが必須であったということでもある。こうした社会では、節用集のように読みから漢字を引くことのできる辞書の需要は増えたはずである。一方、木版による印刷技術が発達し、営利事業としての出版が成り立つようにもなった。社会的変容と技術的興隆があいまった近世において、節用集は、書肆に利益をもたらす商品となり、さまざまな展開を見せるのである。

その過程で節用集は典型的なスタイルを獲得するが、そこから逸脱するものも出てくる。が、見方をかえれば、逸脱を産みだす力があるからこそ、近世の節用集は豊かな展開を遂げたのであり、逸脱が展開のゆくえを象徴する例もないではない。そこで、典型と逸脱とについていくつかの例を見ておきたい。

一　近世節用集の典型

まず、基準となるスタイルを確認しておこう。

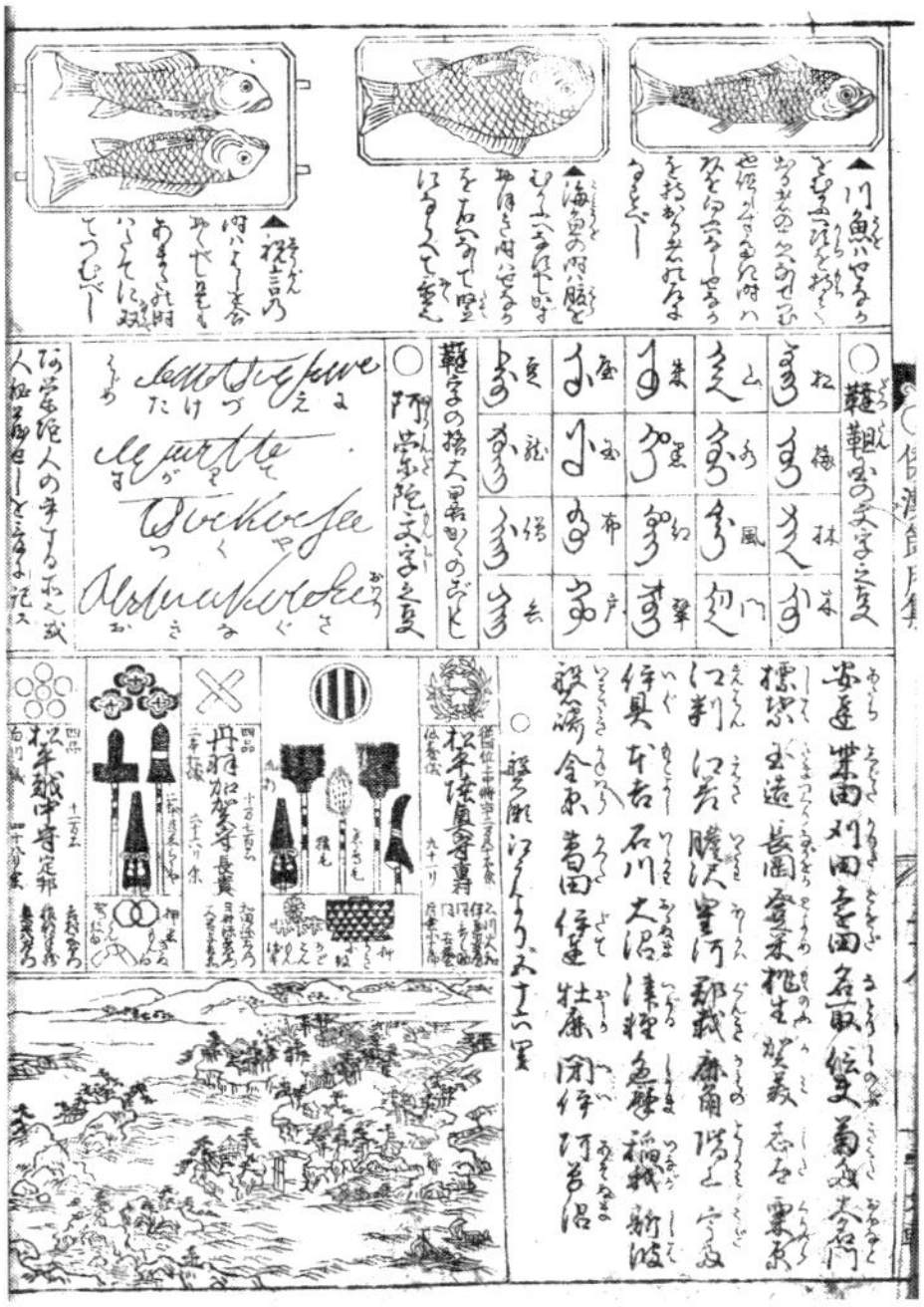

図2　倭漢節用無双嚢（巻頭付録）

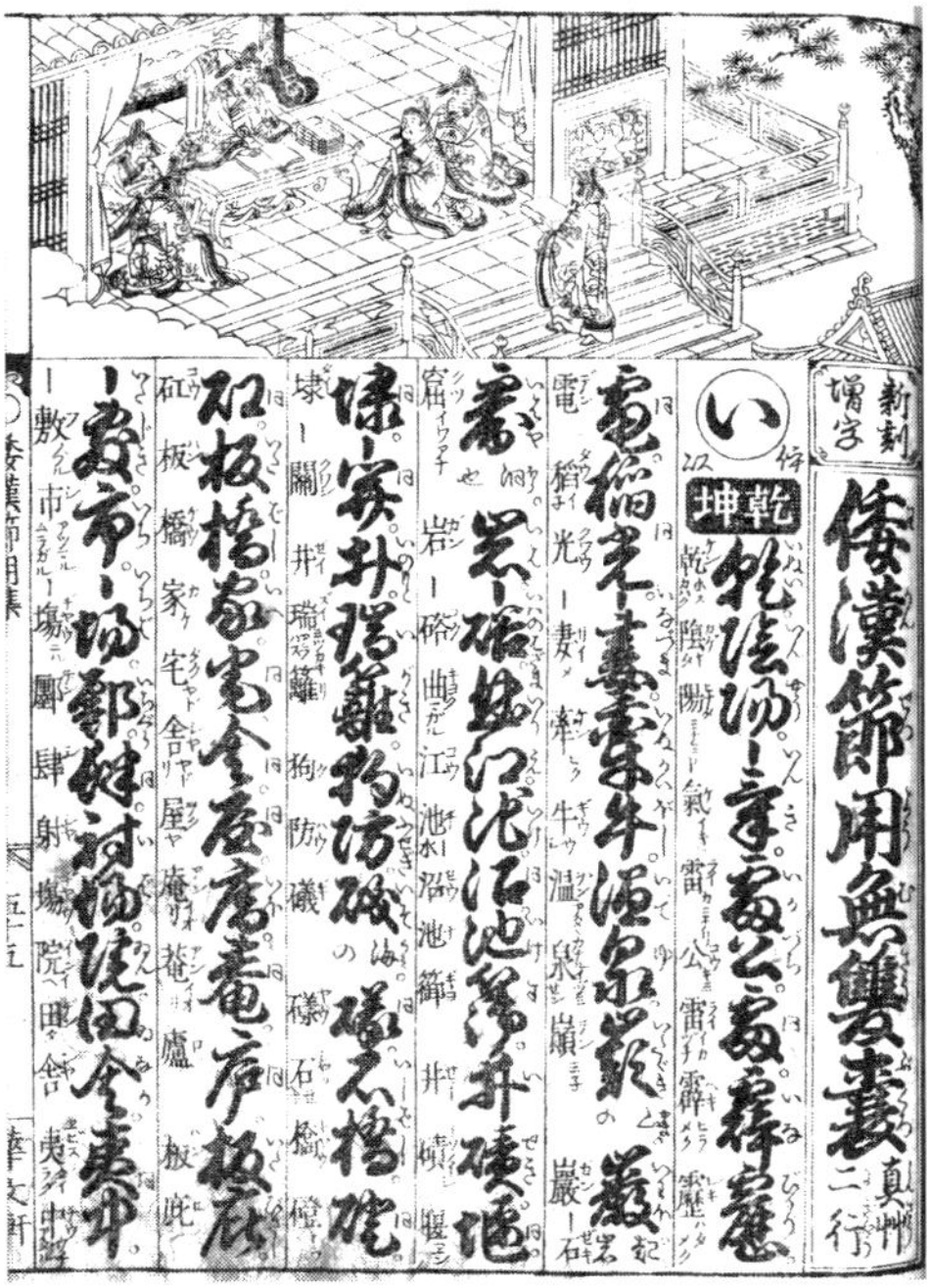

図3　倭漢節用無双嚢

近世の節用集というとき、『合類節用集』（延宝八〈一六八〇〉年刊）や『和漢音釈書言字考節用集』（享保二〈一七一七〉年刊）などを思い浮かべがちである。たしかに、これらは固有の特徴と価値を備えたものであり、いち早く影印本なども出版されているところである。が、ここでは、ごく一般的な節用集の、一八世紀以降の典型を念頭に置いている。その具体的な有りようのおおよそを以下に示しておく。

まず、大きさは現代のB五判ほどの美濃判と呼ばれるもので縦本である。巻頭には挿絵入りの付録が配される。絵図・武鑑・公家鑑・礼儀作法・茶華道・囲碁将棋・料理・珠算・占いなどといった教養記事が多く、辞書にふさわしい言語関係の付録を圧倒する。

これらの付録のあとに節用集本文がくるが、その上欄（頭書）にも付録が配される。節用集本文では、イロハ・意義分類で語を収める。これは、読みの一字めの仮名でイロハ順に分け、さらに十数の意味分野で下位分類するものである。各語の漢字表示には真草二行体が採られ、行書あるいは草書で大きく漢字表記を示し、その左に楷書体を小さく示すのである。読み仮名は、行草書には平仮名で、楷書には片仮名で添えられる。ただし、行草書の読みが訓読みなら楷書には音読みを、行草書の読みが音読みなら楷書には訓読みをふるのが普通である。

これらの特徴は、それぞれ現れる時期に差があるけれども、すべての特徴を合わせもつ節用集は、貞享・元禄年間（一六八四〜一七〇四）ごろには現れ、長く幕末までこの体裁のものが刊行されていくので、典型と認めておきたい。以下では、すべての特徴に触れることは避け、漢字・訓の表示法やレイアウトなど、見せ方にかかわる四点を採りあげることとする。

二　真草二行体からの逸脱

真草二行体は、早く『節用集』（慶長一六〈一六一一〉年刊）から採用されるもので、典型の中核的な特徴である。こうした特徴的なものから逸脱を試みたのが『頭書大益節用集綱目』（元禄三〈一六九〇〉年刊）である。真草二行に篆書を付して三行体としたのである。すでに真草二行体が採用されて八〇年も経過しており、表示法としても十分に定着していたと考えられる。したがって、そこに新たな書体を追加するというのは比較的容易に発想されたのであろう。

ただ、篆書を必要とする人には重宝したであろうが、そうでない人には余計な工夫なのかもしれない。篆書の分のスペースを詰めれば、よりコンパクトで安価なものが作れたであろうし、より好まれもしたように思われる。実際、『頭書大益節用集綱目』はさして好評ではなかったらしく、再版されることもなかったようである（米谷隆史

〈一九九七〉は、改題本に『大極節用国家鼎宝三行綱目』〈元禄三年刊〉があるという）。

一方では、こうした逸脱が『頭書大益節用集綱目』で実現されたことには理解できる面がある。本書は、六分冊で刊行されているので、はじめから紙面構成に余裕を見込んでいたと思われるからである（ただし、現存諸本は一冊本として製本されるのが普通のようである）。ならば、『頭書大益節用集綱目』の工夫は、利益の点では心もとないかもしれないが、一応の周到さが見てとれるわけであるから、以下に見る逸脱にくらべて、それほどおとしめられるものでもなさそうである。少なくとも篆書を知り、書くためには、この体裁の辞書がもっとも簡便なのだから、目的意識は明確だったとも言えるからである。

三　頭書からの逸脱

頭書は『頭書増補二行節用集』（寛文一〇〈一六七〇〉年刊）で採用された比較的新しい典型である。これからの逸脱は、大坂の書肆・伊丹屋がはじめた「三階版」である。これは、頭書をもう一段重ねたものだが、頭書を二段に分けたというのがふさわしいような、狭いタイプのものも存する。

伊丹屋は、このレイアウトを『大広益節用集』（元禄六〈一六九三〉年刊）から採用したが、宝永六（一七〇九）年ごろ、大坂の吉文字屋らが三階版の『字林節用集』を出版したため、レイアウトの独占権が争われることになった。大坂本屋仲間での話し合いでは次のように決裁された。

一節用集・百人一首、三階板之義は不及申、四階五階成不申候
一節用集本文之所、三階板伊丹屋茂兵衛一人ニ而御座候
一字林節用集、吉文字屋市兵衛・柏原屋清右衛門・敦賀屋九兵衛相合板一代切ニ而御座候（「裁配帳」一番）

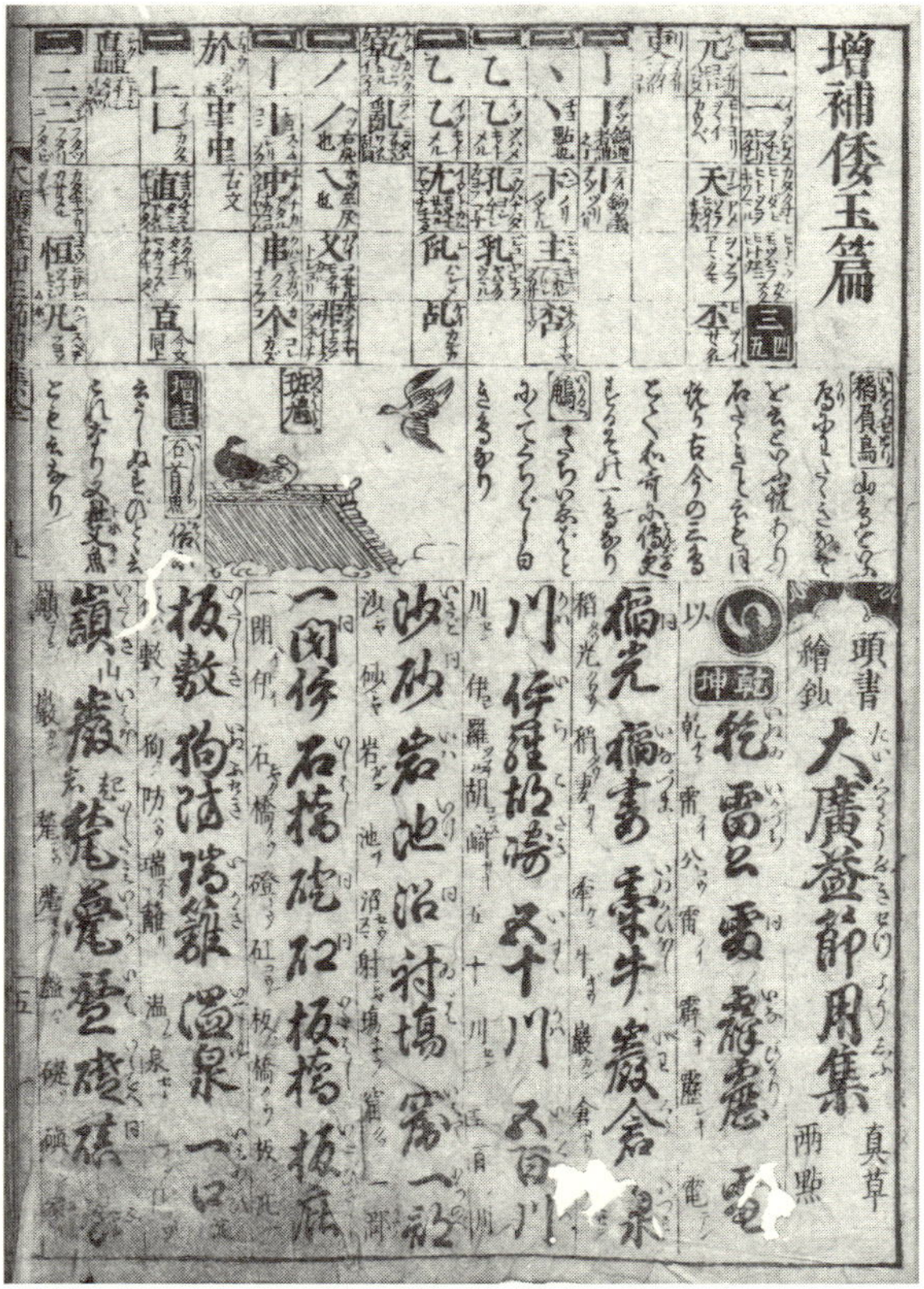

図4　大広益節用集

後の二項からは、三階版を伊丹屋の独占権とし、吉文字屋らの『字林節用集』には現行の版木が磨滅するまでの刊行を許したものの、再版は認めなかったことが知られる。

注目すべきは最初の項である。これは、今後、何人たりとも四階版・五階版を刊行してはならない、とするものである。同趣の争いを防ぐためのものだが、エスカレートを想定している点がはなはだ興味深いのである。

そもそも三階版にどのような利点があるのか、実ははっきりしていない。頭書を二段に重ねれば、一見、内容が豊かなように見せることはできる。さまざまな内容が盛り込まれているという印象を与えることが容易にできはする。しかし、実用面ではどうであろうか。一段あたりの紙面は狭くなるので、記事全体を見渡そうとすれば何丁も繰ることになる。同じことは、下段に配される節用集本文でも同じである。紙面が圧迫されるのだから、求める語を探すのに丁を繰る手間は多くなるのである。

このように欠点すら挙げられる三階版だが、四階版・五階版ではなおさらその利点がどこにあるのか分からない。あったとしても豊かさの演出という外見のことしかなく、実用面ではむしろ不便なばかりなのではなかろうか。しかし、それでも書肆たちのあいだには、徒労ともいえる逸脱をしかねない雰囲気やエネルギーが横溢していた――そのような、当時の出版事情をうかがわせてくれるのが、右の議決の第一項なのである。

ともあれ、この争いで権利関係が明確になった。節用集での三階版は伊丹屋専属の権利となった。四階版・五階版はどの書肆も刊行してはならないように定められた（もちろん、六階版以上のものも禁じられたと読むべきところであろう）。となれば、他の書肆に許されたレイアウトは、頭書一段・本文一段の『頭書増補二行節用集』と同じレイアウトか、頭書を一切持たない本文だけで構成するレイアウトに限られることになった。つまり、このレイアウト制限の議決は、節用集出版の一大拠点である大坂におけるものであることもあって、近世節用集の典型的レイアウトの決定宣言でもあったのである。

四　逸脱としての楷書漢字の振り仮名

ここでは、これまでとは次元の異なる逸脱が、実は典型のなかに含まれていることを示したい。それ自体が興味深いのだが、この後に示す、四つめの逸脱を見る準備にもなるからである。

典型的な節用集では、楷書表示への振り仮名は片仮名でなされるものである。この、楷書表示に片仮名付訓というセットは、両者とも直線的な筆画なので自然に目になじみ、その右側にくる行草書表示に平仮名付訓という曲線的なセットとも好対照を成すことになって、秀逸なレイアウトのように思える。ただ、それだけに、はじめから楷書の振り仮名が片仮名だったかのように思わせ、ほかの可能性を想像させないほどであるが、実際にはいくつかの

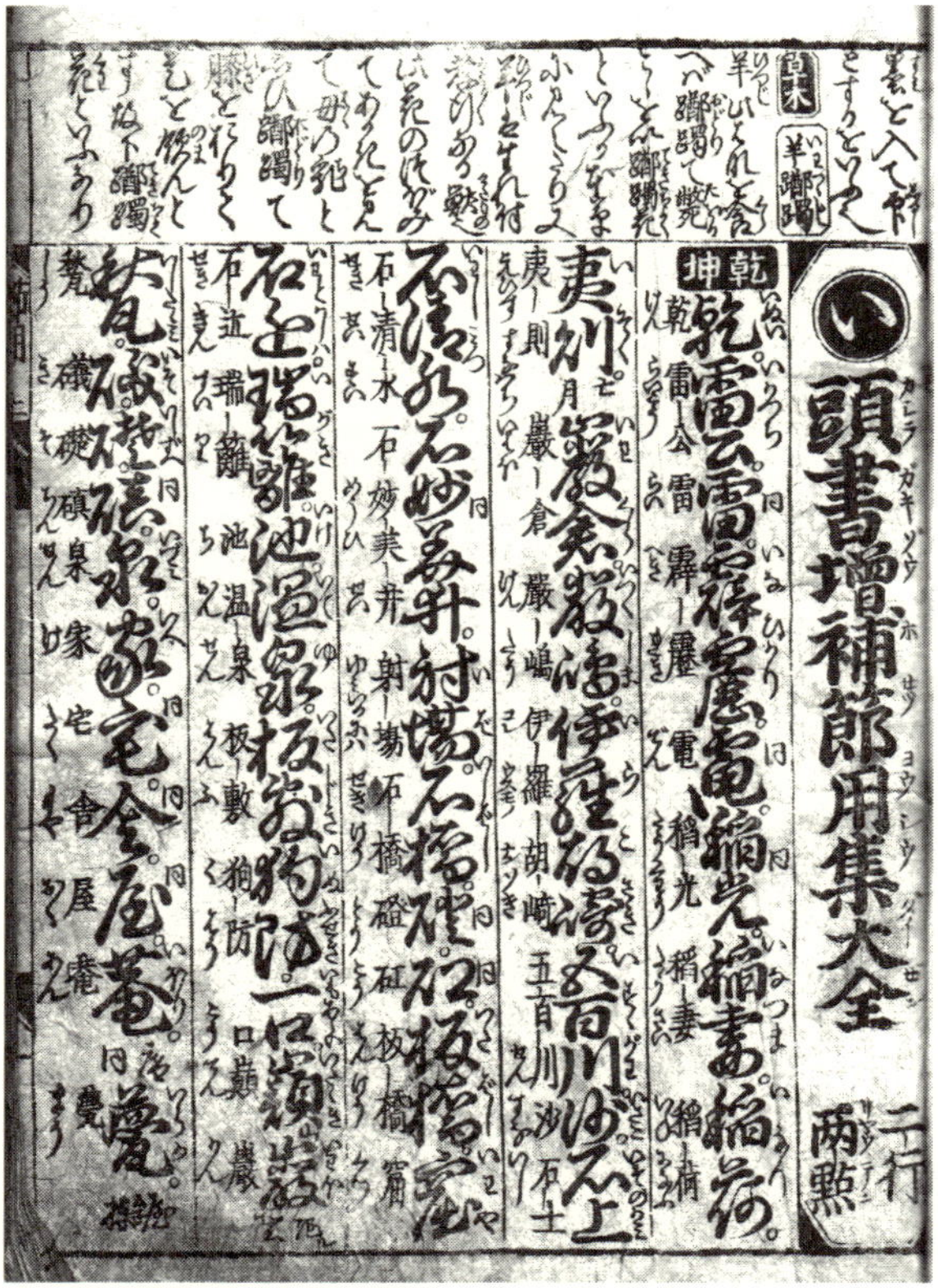

図５　頭書増補節用集大全。仮名種の混在が見られる。

試みがあって、それを経て典型が形成されていったのである。

たとえば、『頭書増補二行節用集』（延宝七〈一六七九〉年刊。亀田次郎旧蔵書）では、楷書表示の左傍に平仮名を付しているが、これは典型の有りようとは仮名の種類も振る位置も逆になっている。が、二種の漢字表示が中央に、その左右に付訓が来る対称的な配置にバランスの良さが見いだされたのか、他にも採用する本が存した。ただ、罫線越しにではあるが、平仮名付訓が次行の行草表示の付訓と紛れがちで、見やすさを確保できているとは言いづらい。それに気づいたのかどうかは定かでないけれども、『増補頭書両点二行節用集』（延宝九年。同）では楷書表示の平仮名付訓は右傍になっている。また、『頭書増補節用集大全』（元禄六〈一六九三〉年頃、藪田刊。同）のように、楷書表示の左右に片仮名・平仮名で複数の別訓を掲げる例もある。典型と同一の、楷書表示右傍に片仮名付訓の形式は『広益二行節用集』（貞享三〈一六八六〉年刊）から見られるが、一七世紀末には右のような形式が複数存在していたことからすると、これも、採用当初はバリエーションの一つに過ぎなかったということになろう。

典型の形式は、そのようななかから残ったのだが、右に触れたような視覚上の安定感にくわえ、当時の文字使用のありかたからも自然なものと言えそうである。たとえば、漢籍などでは楷書漢字の本文に片仮名で振り仮名・送り仮名を添えるし、和製の仏教書でも楷書漢字・片仮名まじりのものが多い。おそらくは、そうした文字使用の実態も影響して楷書表示右傍に片仮名付訓と落ち着いたのでもあろう。なお、楷書表示の付訓に片仮名を採用したことについては、日本語の表記に頻繁に用いられる真草二種の書体と二種の仮名をすべて使ってみせることに意義を見いだした可能性も合わせ考えてよかろう。

ところで、楷書表示への付訓とは何かといえば、行草書の振り仮名が訓読みなら音読みを、音読みなら訓読みを示すのが普通であるが、これは言い換えれば、当該漢字が他にどのように読みうるかという読みの可能性を示したり、訓読みすなわち日本語としての意味を示すことになるものである。つまり、漢字を理解し解釈するための情報ということになる。したがって、これらは、漢字を書くために引く、すなわち漢字の形を知るために利用することになるはずの節用集には必ずしも必要な情報ではなく、倭玉篇のような漢和字典にこそふさわしい情報のはずである。

実際、漢和字典との交渉を明示する節用集もあるところである。山田忠雄（一九六一）には、右にあげた『頭書増補節用集大全』（元禄六年頃刊）と同じ表示法の『頭書増補節用集綱目』五行本が挙げられるが、その外題には『鼇頭節玉用編』とあるという。「鼇頭」は頭書のことだが、「節玉用編」は節用集と玉篇・倭玉篇の字を交互に配した互字による造語なのであり、相応の意図を感じさせるものである。このような点も加味して考えると、一連の楷書表示への付訓という行為は、言葉の上では節用集と漢字字典の融合と言えるものかもしれないが、実際に融合して見せた「作品」が便利かつ有用であるかどうかはまた別のことである。冷静に言えば、珍奇さないし外見の豊かさをてらったものに過ぎない、ということにもなる。その点では、先にみた三階版紛議と似たような存在に見えてくるのである。

ともあれ、楷書表示の右に片仮名で付訓するという典型的な表示法は、利用者へのサービスのようにも見え、右側に大書される行草書表示に平仮名付訓があることから発想されたものなのであろうが、実は、漢字の形を知るための書籍であるという節用集の存在意義からの逸脱ともとられかねないものであった。近世節用集の典型的なスタイルは、そうした異質さを抱え込んでもいるのである。

五　節用集からの逸脱

藪田浄因編『字彙節用悉皆蔵』（宝暦一三〈一七六三〉年刊）は、節用集でありながら漢字の読みを多く掲げることに注力したものである。節用集の典型的なスタイルなら、片仮名付訓は、小さめに記された楷書表示の右傍に記されるものである。ところが、この書では、大書される行草書表示の直下にも記されることになるのである。一漢字一項目の場合ならさほど不便ではないのだが、熟語・句のように複数の漢字で一項目を示す場合であっても、大書される行草表示の直下に片仮名付訓がなされることがままある。さすがに、熟語末尾の漢字には句点（黒点）が配されるので項目の区切れは視覚的に分からないではないが、一見したときの印象として複数字のまとまりは捉えづらいであろう。このように、本書では、右にみた典型的な節用集が抱え込んだ異質さをさらに強調した、究極的な姿を持っていると言えよう。ただ、こうした表示法からまず想起されるのは、やはり漢字字典である倭玉篇なのである。それにしても、なぜ、ここまで倭玉篇に似せる体裁を採ることになったのだろうか。

漢字を書くための辞書が節用集なら、漢字を読み、理解するための辞書の代表が倭玉篇であった。両書は、漢字をめぐるアプローチが正反対だからこそ、鳥の両翼、車の両輪にもたとえられるのである（米谷隆史 一九九七）。また、それだけに、両様の書に関わり、編纂することは、漢字に関心のあるもの（編者・書肆）が容易に思いつくことだったらしい。早く、易林と名乗るものが、室町時代の節用集のなかで特異な性格をもつ『節用集』（慶長二〈一五九七〉年跋）を編む一方、夢梅名義で倭玉篇中の異端『倭玉篇』（慶長一〇年刊）を世に送りだしたことが知られている。さらに節用集と倭玉篇を一書の内に提供するものも現れる。山田忠雄（一九五九）によれば、『倭玉篇』（寛永一六〈一六三九〉年刊）が節用集との「合刻」の早い例という。あるいは、くだって、三階版『大広益節用集』（元禄六〈一六九三〉年刊）は、上中下段にそれぞれに倭玉篇・語注・節用集を配したものであった。このような先例が、『字彙節用悉皆蔵』において異様な姿を採らせた誘因ではあったかと思われる。

図６　字彙節用悉皆蔵

しかし、だからといって、そうした発想がすぐさま実現されるものだろうか。右のような合刻・合冊という手法は、節用集と倭玉篇を近づけたが、それは内容や組織までを互いに侵すものではなかった。あくまでも節用集は節用集として、倭玉篇は倭玉篇として、それぞれに使い分けるべき独立した存在としてあるのである。また、もし、その組織や内容の境界をふみこえて、倭玉篇の情報を節用集に組み込もうとしてもやはり無理がある。倭玉篇の情報は、漢字を読み、理解するためのものであり、漢字を書くための節用集にはなじみにくいからである。したがって、両書の融合はあまりに大胆なことに思われ、その実現も信じがたく、せめて、誘因だけでなく、内因となる要素を見つけたく思うのである。

先に引いた『頭書増補節用集大全』（元禄六年頃刊）と『頭書増補節用集綱目』五行本が注意される。楷書表示に複数付訓するのが『字彙節用悉皆蔵』に近いからである。ことに『頭書増補節用集綱目』は、別名に『鼇頭節玉用編』とあることから玉篇・倭玉篇との関係は明らかだった。そして、この節用集の刊行者は、山田（一九六一）によれば「藪田」だというのである。さらに、楷書に振り仮名をつけた初期の例に『頭書増補二行節用集』（延宝七〈一六七九〉年刊）があったが、この刊記にも「藪田開板」とあるのである。このように見てくると、藪田刊行書において、段階的に付訓を増やしていったことが知られるのである。

さらに決定的な書籍がある。香川大学神原文庫に蔵される『頭書増補節用集大全』は、節用集の末尾付近に「藪田開板」と刻されており、おそらくは、右に引いた元禄六（一六九三）年頃刊行・藪田版と同一のものかと思われ、たしかに楷書表示に複数の訓を付すものである。ところが、さらに巻末に、三切横本の『袖珍倭玉篇』を合冊する点が注意される。三切横本であるから、彫刻時には美濃判の版木に紙面三丁分を彫りつけてしまい、摺りあがった時点で（もしくはそのまま仮綴じしてから）三つに裁断して一冊の横本にまとめるはずのものである。ところが、神原文庫本のは、三切りしない美濃判のままで、節用集の巻末付録のように合冊してあるのである。

このように見てくると、藪田は、漢字理解のための情報を段階的に節用集に盛り込むことを企図していたものと考えられる。はじめは、楷書表示に一つの読みを与えるだけだったのが複数訓となり、さらには倭玉篇そのものを節用集に合冊することとなった。そして最終的に『字彙節用悉皆蔵』の多訓掲出に至ったということになる。ただ、この過程は、延宝から宝暦までの八〇年以上におよぶので、計画としては遠大にすぎる。新たな工夫を考える際に、繰り返し自家の出版書にヒントを求めたため、結果として肥大化傾向を招来したのであろう。

六　逸脱と典型の関係

四つの逸脱を見てきたが、あらためて逸脱の力を知ったように思う。ことに最後の玉篇・倭玉篇との融合は、右のように解釈をしてみたものの、正直なところ、やはり何ゆえ実現しえたかがいまだに納得できないほどである。三階版をめぐる係争では、無用な工夫を生み出しかねない空気が感じられた。また、同時に、典型的なスタイルが、典型らしいほどほどの特徴をそなえていたことも確認できた。ただ、それは、書肆たちの「見せ方」をめぐる美的感覚によるのではなかった。

書肆たちは、出版の独占権をえるために新規の工夫を盛り込んだに過ぎないのである。が、それはそのまま、典型からの逸脱を意味する。ならば、新たな工夫のないものが――ほどほどのものが――自動的に典型となるだけのことである。三階版をめぐっては、やや例外的に、本屋仲間での話し合いで典型が決定したことになるけれども、それは表面的な理解ともいえ、本質的には、やはり逸脱しないもの――この場合は本文一段ないし頭書を追加したレイアウト――が典型に収まったということに注意しておきたい。

また、こうも言えよう。新規の工夫は、近世的版権（板株）を得て独占販売を勝ちとることで大きな利益をもたらすかもしれないし、単に珍奇なだけで資力を無駄に使わせるだけに終わるかもしれない。が、どんなものであれ、他の本屋は真似ることが許されていなかった。真似たとしても、版権の所有者が、賠償・絶版など相応の措置をとるばかりである。結局は真似たものの損になるから、他人の工夫には手を出せず、典型的なスタイルで出版するしかないのである。したがって、典型が典型らしいほどよさを備えることになるのも、典型にふさわしい多数派になるのも、そしてそれを長らく保てたのも版権制度によるということになろう。

さて、版権制度と典型にこうした関係があるなら、版権の有りよう、ことに制度化された時期を知りたくなるところである。版権制度が幕府に公認されたのは元禄一一（一六九八）年であるが、それ以前にも書肆の間には非公式の合意があったらしい。ただ、その時期は必ずしも明らかではないのだが、幸いなことに、制度化以降は版権が典型的スタイルを間接的に固定化することになるのだから、そこからの逸脱例が発生する時期に注目することで、非公式合意の形成下限を知ることができそうである。いま、詳述する準備はないのであるが、節用集における典型と逸脱を精査することによって、節用集の世界を見ることになるのはもちろん、その背後にある出版機構の根本的な問題について何ごとかを発言できる材料を得ることにもなるように思う。

第二部　版権問題各論

第一章　『合類節用集』『和漢音釈書言字考節用集』における版権問題

若耶三胤子編『合類節用集』（延宝八〈一六八〇〉年刊）・槇島昭武編『和漢音釈書言字考節用集』（享保二〈一七一七〉年刊）は、近世節用集の代表格であるとの共通理解があるように思われる。比較的早期に影印本が刊行され、広く利用に供されていることを見ても、そのように考えてよいであろう。ことに『和漢音釈書言字考節用集』では、初版系二種（風間書房・勉誠出版）、明和版系二種（前田書店・東光山文庫）、万延版一種（大空社）と、五種もの影印本が存するほどである。近世節用集の雄として見られており、他の節用集とは一線を画した価値を有するものと認識されているわけである。しかし、収載語数などの点をのぞけば、どのような点で代表であるのかは、今後の研究にまつべき点も少なくないように思われる。

そのような資料性の研究は、結局のところ、『合類節用集』なり『書言字考節用集』なりの、近世節用集ひいては近世語資料・国語史資料のなかでの位置づけを行なうことにつながろう。個々の節用集のとる位置を明確にするには、検索法や本文の系統などをはじめ、他にも種々の観点から検討することが必要である。また、近世節用集は、出版という形態で流布するので、その点からも考慮がなされるべきものと思う。このことは、どちらかと言えばスタティックな書誌的な検討で済むということでは必ずしもない。むしろ、出版機構のなかでどのように扱われていたか、そしてそれが何を意味し、位置づけのためにどのような要素として意義づけられるのかを考えることになるはずである。以下、そのような見通しのもと、『合類節用集』『書言字考節用集』における版権問題を一覧しておきたい。

『合類節用集』と『書言字考節用集』にはいくつかの共通点がある。収載語の異同など内容面はともかく、外形的な面では、たとえば、版元は京都の村上勘兵衛であり、検索法はイロハ分けの上位に意義分類をおくという合類型と呼ばれる特異な形式を採る。書名も『書言字考節用集』の題簽・見返しでは「〔増補〕合類大節用集・和漢音釈書言字考合類大節用集」などとあって相似る。このような類似のためか、近世の諸資料はもとより、本屋仲間の記録類でも両者を明確に区別できないような書名を用いることがある。ただ、多くの場合、再版回数の多い『書言字考節用集』を指すのが普通であるから、ここでもまずは『書言字考節用集』として捉えていくこととし、それでは把握できないような場合、『合類節用集』である可能性も合わせ考えることとする。もとより、明らかに別書として表記されている場合は、このかぎりではない。

一　『合類節用集』『書言字考節用集』と近世節用集

右のような共通点をもつ『合類節用集』と『書言字考節用集』だが、他の近世節用集とのかかわりで明らかにされていることには、かなりの差がある。

『合類節用集』の再版本は確認できないが、かわりに検索法や本文などをならった節用集がいくつか刊行されたことが知られている。もっとも早いものが『鼇頭節用集大全』（貞享五〈一六八八〉年刊）で（木村秀次 一九八一）、本文の上欄に語注を配して当代的にしたものであり、改題再版本に『合類節用無尽海』（天明三〈一七八三〉年刊）がある（高梨信博 一九八八）。ついで、『広益字尽重宝記綱目』（元禄六〈一六九三〉年刊）が刊行されている（古屋彰一九七八）。『合類節用集』には余白を小さく採った小型本もあるが、『広益字尽重宝記綱目』はそれよりもさらに小さく一冊本に仕立てることも可能な横本であった。また、『三才全書誹林節用集』（元禄一三年刊）は、従来の節用集のようにイロハ検索の下に意義分類がくるよう改編したものである。[1] 世話字集にまで目を転じれば、『一代書用筆林宝鑑』（享保一五〈一七三〇〉年刊）の頭書に付録のごとく配された「書面走廻用字」があり（山田俊雄　一九七五）、これをはじめとして転写・流用した複数の例を挙げることができる。[2] なお、『合類節用集』の表記が楷書・片仮名付訓であるのに対して、これらの諸書の表記が、行草書・平仮名付訓であることは注意してよい。

このように『合類節用集』から改編された諸書においては、頭書の追加や検索法の改変、表記法の変更などは通行の節用集への接近と捉えることができるし、小型化や書翰見本書の頭書付録にいたっては通俗化[3]というにふさわしい姿を示していると言えよう。つまり、『合類節用集』は近世節用集や世話字集として姿を変えつつ沈潜していったとでも言えようし、ひそかに根を下ろしていったと捉えることもできよう。

これに対して『書言字考節用集』は『書言字考節用集』として再版され、そのことが受容のさまを示すものとされている。また、海外での出版や対訳辞書との関連、随筆などへの引用がよく指摘されるところである。しかし、近世節用集との関連について述べたものはほとんどない。このことは、必ずしも『書言字考節用集』が他の近世節用集と無関係であることを示すのではなく、単に関係が把握しづらいというだけのことであろう。この点、『合類節用集』は、世話字集に改編されるほどの特徴的な用字法がマーカーとなり、他書との関係を悟りやすかったという事情があるように思われる。ならば、『書言字考節用集』にあっても他書への目安をつければよい。その方法の一つとしても、版権問題を一覧する意味はあることになる。

二　節用集との版権問題

以下、『合類節用集』『書言字考節用集』をめぐる版権問題を、本屋仲間記録などを中心に見ていくことにする。まず、近世節用集との版権問題から見ておこう。

(一)　鼇頭節用集大全

『鼇頭節用集大全』は、貞享五年との刊行時期からすると、『合類節用集』とのあいだに版権上の問題を引き起こしたもっとも早い例となるはずのものである。が、本屋仲間が幕府から公認される以前の刊行であるため、記録類の整備が十分でなかったこともあり、本書の版権侵害の事実を現存の記録類からは知ることができない。

また、『鼇頭節用集大全』は江戸の松会による刊行であるが、『合類節用集』の本文を踏襲しつつ、各語に付された注文を削除して簡約化する一方、『合類節用集』が楷書のみで表示するのに対して行草書を大書し、左傍に楷書を小書してこれにも傍訓を付している。頭書を設けて語注を配してもいるところなどを総合すると、貞享ごろの節用集の体裁を『合類節用集』に与えたものということになる。また、そのような工夫を採ることで表面的にではあるものの、『合類節用集』とは異なる存在であることを示すことで、版権問題を遠ざけるつもりもあったのかもしれない。

しかし、改題本『合類節用無尽海』の刊記には村上勘兵衛の名も見えるので、遅くともその刊行年である天明三(一七八三)年までには『合類節用集』の版元に版権の一部が移ったことが知られる。

(二)　広益字尽重宝記綱目

『広益字尽重宝記綱目』に関しては、京都本屋仲間上組の「済帳標目」に次のような記述がある。(4)

一字尽重法記　秋田屋庄兵衛・同彦兵衛板行被致候処、村上勘兵衛合類節用ニ指構、重法記三ツ割壱分村上へ
渡シ出入相済候

この件では、秋田屋が無断で『合類節用集』から改編・刊行した『広益字尽重宝記綱目』について話し合いがもたれ、版権の三分の一について『合類節用集』の版元の所有権を認めるとしたことが知られる。京都仲間の文書類は、諸事案の決裁記録と思われる「済帳」が現存せず、その目次の働きをする「済帳標目」によるしかない。その簡潔な記載から本事例の推移を推測すれば、おそらく村上は『広益字尽重宝記綱目』のすべての版権を己のものと主張したのであろう。たしかに『広益字尽重宝記綱目』は、全面的に『合類節用集』に依拠するものではあるが、先に記したように行草書表示・小型本という『合類節用集』にはない魅力を備えたものであった。この点を秋田屋も譲らず、話し合いは難航したのであろうが、仲間内の裁定として右のように落ち着いたのであろう。

なお、『広益字尽重宝記綱目』の初版の年記には「元禄六癸酉暦霜月七日」とあり、本事例の記録は「右元禄七戌五月迄裁判也」の年次を有する件よりも前に記載されているので、遅くとも元禄七年五月までには収拾していたことになる。年記のみによれば、比較的スムーズに解決を見たものと言えそうである。

(三) 三才全書誹林節用集

本屋仲間の記録には、本書が、版権上問題になったという記述はない。が、本書の諸本を六類に分けた小川武彦(一九八四)によれば、刊記に井筒屋庄兵衛の名だけが記されるのが初摺(Ⅰ類)と目され、再摺(Ⅱ類)以降には『合類節用集』の版元である村上勘兵衛の名が見えるという。このことから、版権上の問題があったことが推測される。すなわち、はじめ村上が関与しないまま刊行されたが、彼が『合類節用集』の版権に抵触するものと抗議したため、共同出版(相合)の形として再摺本からは村上の名が加わったと考えるのである。

(四) 悉皆世話字彙墨宝

本書は、近世中期の著述家として有名な中村平五三近子の作である。「済帳標目」には次のようにある。

> 一悉皆世話字彙　伏見屋藤二郎板行被致、村上勘兵衛合類節用・字尽重法記ニ構、出入ニ成、御公辺ニ及候。
> 行事へ願下し取扱有之。三歩通り村上へ遣し、出入相済候　寅（＝享保一九〈一七三四〉年刊）五月

「御公辺ニ及」からは村上勘兵衛が奉行所へ訴えでたことが知られるが、「行事へ願下し」とあるので、奉行所は裁許せず、本屋仲間内部で処理したことになる。

伏見屋との話し合いが決裂したため、村上は公儀に訴えでたのであろうが、版権問題は現在の言い方でいえば民事訴訟であるし、また書肆同士の商売上の争いでもある。公儀としてはできるだけ関係者間での内済（示談）を勧めたものと思われる。それを受けて仲間内での話し合いで済ませたのであろう。ここで村上は十分の三の権利を得ることで了承したということになる。

ただし、村上がどのような点を抵触事項と見たのかは、記録からは知られない。そこで、国会図書館亀田次郎旧蔵書により内容のうえから推測しておく。本書の検索法は、イロハ検索・意義分類で通行の節用集と変わった点はない。ただし、意義分類は、天・神・時・官・人・名・衣・食・器・支・魚・貝・鳥・畜・虫・草・数・世・漢の一九門と細かいものになっている。従来の節用集で気形門として一括されるものが、魚・貝・鳥・畜・虫に振り分けられる点などは、『合類節用集』が魚鱗・介貝・龍蛇・虫豸・禽鳥・諸獣に分けるのに通じよう。また、通行の節用集では言語門として一括されるのが世・漢だが、このうち漢は「漢語の熟字に和訓をつけ書翰風の字ミなあり」と称するもので「俗間にも書状往来のときにあたりて異名或は書翰風の媚たる字づかひをこのむ人もあれば、今はじめて書翰の文字に和訓を裁して、悉くこれをのす」（序）に応ずるものである。収載されたものを見ると、「承　示《あふせのことく》」をはじめ「商風《あきかぜ》。米花《あられ》。豆花雨《あきのあめ》。銀口魚《あゆ》」など、通常の用字法とは離れたものが認められる。こうしたものを含むこと自体が、『合類節用集』などに近いものとして村上の目に止まった可能性も考えられるが、さらに

詳細に検討する必要がある。

（五）大節用文字宝鑑

大坂の吉文字屋市兵衛らが刊行した『大節用文字宝鑑』との問題は、「済帳標目」では宝暦六（一七五六）年五月より九月までの項に、

一大節用文字宝鑑　大坂吉文字屋市兵衛殿出板　当地村上勘兵衛　字尽重宝記　差構出入一件

とあるだけだが、大坂本屋仲間の「備忘録」には大坂行司から京都行事への返信四通分の写しがある。第一信は「子（＝宝暦六年）六月卅日」の日付があるもので、村上のクレームに対し、大坂行司が吉文字屋らを呼び寄せ、事情を問うたことなどが記されている。その一部には次のようにある(5)。

大節用集之儀、先年より板行所持仕居申候。此度相改メ新板仕候。尤先板之株ヲ以板行仕候儀ニ御座候へば、字尽重宝記ニ毛頭差構申候義ハ無御座候旨申候

『大節用文字宝鑑』はもともと吉文字屋らが所有していた版権による刊行であって、『広益字尽重宝記綱目』に差し障るものではないという。この返答に京都行事は不満であった。そのことは大坂からの第二信にもあらわれている。

又々村上勘兵衛殿より字尽重宝記ニ相似寄候段、御申出被成候へ共、大節用之写本各様未た御披見不被成候ニ付、如何敷被思召、右之写本御一覧被成度旨被仰聞、御尤ニ奉存候

この後半部は、情報の摂取という点で興味深い。当時、書物の出版は奉行所が許可するが、実質的な検閲――幕府批判や風紀糜爛の可能性の有無、既存の書物への版権抵触の有無など――は本屋仲間がまず行なうのである。こうした検閲を版木に彫るまえに写本の段階で受けるのだが、村上は、この段階でクレームを付けてきている。しかも「写本各様未た御披見不被成」なのにである。となれば、写本を見ることができた大坂本屋仲間の構成員のなかに、村上へ通告した者がいたことになる。ただ、その名は知られず、通告がその者の好意なのか、村上の築いた情

報網と見るべきなのかは判断がつかないけれども、こうした、一種の情報戦が展開できていたことは注目に値しよう。そのような出版界において、近世節用集は生産・刊行されていたのである。

こうした情報のやりとりに関しては、翌宝暦七年の、やはり吉文字屋が計画していた『国字節用集』の件も参考になる。やはり写本の段階で京都の木村市郎兵衛からクレームがつき、しかも彼は写本を見ていないなど、『大節用文字宝鑑』とまったく同じケースである。版権所有者である木村が、京都行事に提出した口上書に次のようなくだりがある。

一此度、大坂吉文字屋市兵衛方ニ国字節用与申類句分之節用集写本、於大坂ニ御行司衆中様へ願ニ出申候由、柏原屋与市殿方より承知仕候（「備忘録」）

さらに、京都行事から大坂行司への書翰には次のように記されている。

右国字節用集写本之様子、銘々共不存義ニ候故、御頼難申入旨申候へば、御地渋川与市殿より聢与承得申候旨、口上書ヲ以被申出（同）

確実な情報源として柏原屋（渋川）与市の名が明記されている。柏原屋といえば、宝暦二年に『〔宝暦新撰〕早引節用集』を刊行した書肆であり、後年、検索法をめぐる版権問題でいくつかの有為の新案をほうむったものである。節用集の検索法に関心のある書肆であるから、宝暦六・七年ごろから敏感に対応していたことも考えられよう。となれば、『大節用文字宝鑑』の場合にも柏原屋が京都方へ通告したこともありうるのだが、確証はない。ここでは第三者の立場にあるものが通告する場合があり、版権侵害の事実なり可能性なりを版権者がいちはやく察知することができたことを確認するにとどめておく。

前後するが、『大節用文字宝鑑』がどのような節用集であったかといえば、三切横本で、意義分類の下をイロハ検索したものである。このことは大坂行司からの第二信にも、「尤市兵衛方ニ三つ切本は所持仕、字尽門部いろは分ケも所持仕居申候」と記されている。結局、『広益字尽重宝記綱目』と同じ検索法であることと、同じく小型であることが版権抵触のポイントなのだろう。なお、その後、村上の主張が通ったかいなかについては記述がなく詳細は知られない。

(六) 無双節用錦囊車

京都・近江屋庄右衛門が刊行した本書も村上勘兵衛からクレームが付けられた。「済帳標目」の寛政一二（一八〇〇）年五月から九月までの項には、

一近江屋庄右衛門殿方願相済候ニ付、村上勘兵衛殿ヨリ被指出候口上書

とある。また、「済帳標目」の同年九月から翌年正月までの項に、

一無双節用錦嚢車　近江屋庄右衛門殿願写本、但シ銭屋長兵衛殿指出仕候　願人村上勘兵衛・万代講中

とある。「願相済」からは奉行所から開版免許が出たことが知られるが、そこで村上がクレームをつけ、後日あらためて村上の書として刊行を申請したことになる。もちろん、この間に近江屋との交渉はあっただろう。ただ、近江屋か関係者のなかに強く異を唱えるものがいて、他地で免許を受けようとする動きがあったらしく、大坂にも次のような依頼がなされた。

一無双節用大紙半切本、京ニ而近江屋庄右衛門殿より願被出候所、村上勘兵衛殿へ差構之書ニ付、当地ニ而も被願出候方有之候共、取上ケ申間敷旨京都従行司申来、仲間触出置候（「出勤帳」一七番・寛政一三年正月二〇日）

このような者がでる背景には、村上の言い分が「微塵にても疑はしきものに対して強いて異を立て、類板呼はりをな」（蒔田稲城　一九二八）すのたぐいだったことが考えられる。さらに、一度は開版免許を受けたという思いも近江屋の側にはあったことだろう。しかし、そこまでの細部にいたる事情を教えてくれる資料は見当たらず、推測

するほかない。

三　節用集以外との版権問題

本屋仲間記録によれば、村上勘兵衛が『合類節用集』『書言字考節用集』などに抵触するとしたのは、節用集だけでないことが知られる。以下、そのような例を見ておく。

(一)　博物筌

『博物筌』は明和七（一七七〇）年に刊行された。国会図書館蔵本によれば、イロハ検索・意義分類を施すものである。意義分類は、乾坤・神仏・人物・官位・芸能・器材（器財とも）・衣食・妙薬・妙術・気形・草木・異名・雑事であって節用集に近い点もある。が、凡例に「此書ハ、上九天ノ高キヨリ下千尋ノ底ヲ究メ、泰山ノ大ナルヨリ秋毫ノ末ニ至ルマデ悉ク理ヲトキ、疑ハシキヲ解シ国字ヲ以テ類ヲ分チ、博物ノ助トス」とあるように語釈・解説に重点をおくもので、字引というよりもいわゆる類書に近い性格のものである。

本書に対しても村上勘兵衛からクレームが付けられた。この件については、京都仲間や大坂仲間の記録には断片的な記事しかないが、さいわい、大坂の書肆・河内屋新次郎の文書が国会図書館に存し、そのなかに「博物筌株要用書」（弥吉光長〈一九八八〉翻刻）がある。いま、それから経緯を記した部分を引いておく。

村上勘兵衛記録帖ニ有之写

一博物筌と中書、大坂吉文字屋市兵衛・藤屋弥兵衛両人出板被致候処、則大半紙三ツ切横本中之趣向ハ合類節用取組書述候書ニて、尤十三門ニ部分致いろは分ニ致、真字・割注・故事来歴等書入有、全く外題ハ博物筌と中外題ながら、全体中は節用之趣向、第一十三門の部立構候。夫故、段々致対談、其上明和七年九月二日立ニて罷下り吉文字屋市兵衛方ニて対談致、彼是問答致候処、此方中分利ニ当り候故、内済之取斗被致候故、不及出訴ニ罷登り候。其後、又々堺屋清兵衛殿・京都中野宗左衛門殿・秋田屋平左衛門殿御両人双方仲人有之て和談相済申候。則板木五ケ一此方へ樽代として銀十枚遣し、右板木ヲ受取候て相合ニ致候。

抵触事項は、「合類節用」（「十三門」）から『書言字考節用集』と思われる）の剽窃、一三門分類、割行による施注などであるらしい。詳細については検討を要するところだが、一見したところ、類似が立証できるかどうかは微妙のようで、村上が「類板呼はり」をした可能性もあることになる。(6)

（二）文藻行潦

『文藻行潦』（天明二〈一七八二〉年刊）は、唐話辞書の一種で、イロハ・意義検索を採るものである。意義分類は、天地・人物・親属（親族とも）・人事・身体・宮室・芸文・武備・晁饌（晁服・食服晁饌とも）・器財・神鬼（鬼神とも）・動物・植物の一三で、節用集からはややはなれた名称が目立つ。本書については「済帳標目」の天明四年五月より九月までの項に、

一江戸板文藻行潦と申書、京都名物六帳・学語編・合類節用差構候ニ付、右板元中より売留之義以口上書被申出候ニ付、大坂表へ売留之儀、頼遣シ並当地売留印形取之置申候

とある。『名物六帳（帖）』『学語編』は唐話辞書なので当然としても、『合類節用』も掲げられたことが注意される。ただ、どのような点が抵触するのかは知られない。おそらくは、漢字と和訓の結びつきの特殊なものが共通するということかと思われるが、今後、比較・検討していく必要がある。

（三）無名の一本

「済帳標目」の天明八年九月から翌九年正月までの項に「一続合類節用ニ構書之事ニ付、大坂懸合之事」と、記されている。該当する記事は大坂仲間の記録にも見当たらず、どのような本が対象となったのかはまったくわから

ない。ただ、時期のうえでは、「一童蒙節用全書、写本吉市へ戻ス」（「出勤帳」九番・一一月七日）などがあるが、どうであろうか。「吉市」とは吉文字屋市兵衛のことで、これまで見てきたように、辞書類の新案に熱心な書肆である。「続合類節用」（『書言字考節用集』であろう）をもとに新たな節用集を仕立てたということなのであろう。あるいは、本来無関係なのだが偶然類似した部分が生じてしまったということもありうるか。

四　影響あるいは関連する事例

右にみたように、『合類節用集』『書言字考節用集』の版元・村上勘兵衛は、積極的に已れの版権を守るべく活動していたことが知られる。それは、ときに「類板呼はり」とも見られかねないものであった。それがどのような影響を及ぼすかといえば、一つには他の書肆への牽制となって、村上の版権を意識した刊行が行なわれることが考えられる。また、一方では、盗用の事実を悟られないよう、一層の工夫を凝らすという形を採ることもあったかもしれない。しかし、それが村上の影響と見られるかどうかは確認しにくい面もある。すでに版権に対する相応の意識が確立していたならば、何も村上の活動がなくとも、良識のあるものは前者のごとく慎重であり、そうでないものは後者のような隠蔽策を採ると考えられるからである。以下、前者、すなわち、他の書肆などが村上の版権を意識した例を見るが、それが、村上の活動の影響によるものとは必ずしも断言できないことに注意されたい。

(一)　いろは節用集大成

近世の中ごろから、尾張名古屋でも出版活動が盛んになっていった。その過程で、先行書の重版・類版も行なわれ、ことに早引節用集の版元である柏原屋・木屋はその対応に追われることになった。そのような類版書の一つに、中村国香編『いろは節用集大成』（文化一三〈一八一六〉年序）がある。大坂仲間の記録によれば、文政一〇（一八二七）年二月二〇日以降、何度か柏原屋から売留（売買禁止）の触れをだすよう行司に依頼しているらしく（本書第四部第五章参照）、天保一一（一八四〇）年三月五日にいたって「板木不残受取事済仕候」と報告することができた。

さらに本書をめぐる記録に次のようなものがある。

一柏与より、尾板いろは節用集之本、清右衛門殿持参被申候、是は少々訳合之事在之ニ付、行司之聞届ニ而添章申受度願出被申候ニ付相談致候所、聞届之書柄ニ而は無之様、又十三門分節用株式へも廻り付候物ニ候哉、ちと物之前後致趣候而其分ケ申候所、何分差急キ候事ニ付、夫は跡へ廻し候様被申候故、無拠左候ハ、江戸添章壱通丈認候相談ニ相成、依之諸事空ニ致帳面等江者書記し不申候、勿論出銀等も請取不申候事（「出勤帳」五一番・天保一一年六月二〇日）[7]

文中の「添章」とは発売許可証で、「添章なき書物は絶対に頒売を禁止されてゐたのみならず、同業者に発売せざる以前に、仲間以外の顧客に販売することも許され」ず、「更に京都及び江戸に販売する場合には、大坂行司から先方の行司宛の添章を貰ひ受け、そしてその土地の行事から其の土地で販売する添章の下附を得なければならなかつた」というものである（蒔田　一九二八）。このことから、柏原屋は、尾張から引き取ってきた『いろは節用集大成』を販売しようとしていたことが知られるが、「少々訳合」があるので「行司之聞届」で添章を下付してもらわねばならなかった。[8]普通なら大坂・京都・江戸と三通発行してもらうのだろうが、結局、「江戸添章壱通丈」にした。そのあたりが「行司之聞届」という、特殊事情の存在をほのめかす表現になっているのだろう。[9]一方では「諸事空ニ致帳面等江者書記し不申」と、これまでの手続きなどを御破算にするつもりだったようである。話の流れは一通りこのように抑えられるが、完全に理解するには「訳合」を明らかにする必要がある。その手がかりになりそうな具体性をもった文言は、行司の「十三門分節用株式」云々のほかにはないようである。

この文言は、『いろは節用集大成』の成立背景を見ることで意味をもってくる。本書の検索法は、イロハ検索の下を仮名数検索にし、さらに意義分類をほどこすものである。その点では、早引節用集の一本に意義分類を追加したものと見えるのだが、実際は『書言字考節用集』を早引節用集に改編したものであった（佐藤 一九九二）。そのことは、出典注を照らし合わせるだけでも容易に察知できるほど明白な事実である。もちろん、『いろは節用集大成』の意義分類は『書言字考節用集』と同じく一三門であるから、「十三門分節用株式」とは、京都の村上勘兵衛の版権をさすものと考えられるのである。

ならば、『いろは節用集大成』が形態上は紛れもなく早引節用集の異本であっても、出版・販売となれば村上の意向を確かめた方がまさに無難である。しかし、柏原屋がそれに気づいたのはいくつかの手続きを終えたあとであり、その時点で仲間行司に相談したのではなかろうか。普通なら、他書の版権に抵触しないことを確認してから、刊行なり販売なりの手続きに入るのが順序である。ここにきて「十三門分節用株式へも廻り付」く可能性を聞かされた行司が「ちと物之前後致趣候」と不審がるのも無理はない。そこで、柏原屋は「差急キ候」事情があるので村上への折衝や京都への添章は「跡へ廻」すとの心づもりを告げ、行司も事情を汲んで「無拠」く柏原屋の意向に従うことにした。それは「江戸添章壱通丈認」ということだが、当然のことながら京都への添章はしばらくの間、出さないでおくという裏の意味が込められている。そして「諸事空ニ致」云々も、村上勘兵衛への折衝を済ませてから新たにやりなおすという含みがあるものと読める。結局、柏原屋と仲間行司との相談は、手続きの前後する部分の折り合いを付けるためになされたものと考えられよう。

このように、大坂の書肆たちが村上の版権へ配慮していることを勘案すると、右の記録の個々の文言が互いに響きあい、全体像も浮かび上がってきそうである。本事例は、柏原屋が村上勘兵衛の版権を意識してどのように対処したかが知られる好例となっているのである。

（二）大々全大早引

大蔵永常は、『農家益』（享和二〈一八〇二〉年刊）・『広益国産考』（弘化元〈一八四四〉年刊）などをものした近世後期の農学者である。その伝記に早川孝太郎（一九四三）があるが、「当時の出版界の事情を知る上にも珍らしい資料である」として永常の書翰を紹介している。そこには、次のようなものも含まれている。宛て先はいずれも大坂の書肆・河内屋記一兵衛である。(10)

合類節用ハ増字を致し十三門もどしスミシ也。此度柏与の早引仕直し候様引方一二三言をわけ、かなを数致し候ハヽ大々全大早引とも云様可相成候。尤出所ハ元の如く付申候、京都板元へ早々御懸合之上、合類壱部御遣し可被下候。わきよりせぬやう致度候（天保一三〈一八四二〉年九月二九日付）

合類節用之方、京都ニ御懸合被成可被下候。無左候而ハ外より重板致し可申様ニ相聞へ候。可相成ハ京都へ御懸合之上、本一部御遣可被下候（同年一〇月五日付）

永常は農書の成功に乗じてか、節用集にも手を染めていた。それは『書言字考節用集』に増補したものを本文とし、検索法をイロハ・意義・仮名数の三重検索に改めたものだった。ここで注目したいのは、さきの柏原屋は書肆なので当然だが、それにおとらず永常にも「無左候而ハ外より重板致し可申様ニ相聞へ候」とあるように、重版・類版に対する意識が確立していることである。たとえそれが、「わきよりせぬやう致度候」と同趣の、応答の遅れがちな河内屋を急がせるためのレトリックであってもである。ただ、それは、『いろは節用集大成』で採った柏原屋などの行動とは少々質の異なるもののようである。柏原屋の場合、村上勘兵衛を直接意識していた可能性が高かったわけだが、永常は必ずしもそうではない。少なくとも書面によるかぎり「外より」重版と言われること、いわば外聞の悪さが関心事のように読めるのである。

このあたりが、直接の害をこうむりかねない書肆と、そこから離れた場にいる著述家の差なのかもしれない。永常としては一言断りを入れればよいという判断のようだが、「合類節用」（時期的に見て『書言字考節用集』のことであろう）を底本とし、検索法は早引節用集の仮名数検索を導入すると明言するのだから、両書の版権に抵触することは明らかである。ならば、断りを入れて済む問題ではなく、相合（共同出版）に持ちこめるかどうかも危ういところではなかろうか。「大々全大早引」への改編は永常が版権所有者に無断で決行したことであるから、その経費を村上や柏原屋が分担してくれるかどうか。第一、大部になった節用集が経費を回収できるほどに販売成績をあげられるかどうかも危うい。そうしたリスクを村上・柏原屋がおいそれと背負いこむとは思えない。もちろん、版権を所有しているのだから、「大々全大早引」の刊行阻止までもできるのである。そうした、少し考えただけでも刊行の困難は河内屋にも分かっていたはずで、リスクが高いばかりの事業としか見えなかったのではなかろうか。

その後のやりとりで、江戸において同種の大部の節用集を企画中との話を、河内屋から永常に知らせることになる。永常はいかにも残念との返信をよこしているが、河内屋にとっては打ち切り宣告として何よりも重宝した情報であったことだろう。

五　今後の課題

版権問題を見ることを通じて、『合類節用集』『書言字考節用集』と近世節用集とのつながりの一端を見てきた。特に、『書言字考節用集』における、いくつかの関係の有りようが見いだされたこと、節用集以外の書籍との関係についても見られたことが収穫だったと思う。今後、同趣の例を探すことにより『書言字考節用集』の有りようをさらに的確に描き出すことを心がけたく思う。一方で、関係のあるとされる書籍との比較・検討を通じて、よりきめ細かな関連の有りようを提示することもまた心がけたく思う。

注

（1）小川武彦（一九八四）、高梨信博（一九八八）。なお、『日本古典文学大辞典』「三才節用集」の解説は、イロハ検索と意義分類の関係が逆転したような記述になっており、注意を要する。

（2）山田俊雄（一九七五）、古屋彰（一九七六・一九七八・一九八三・一九八六）。

（3）「通俗化」とは、いわば「合類節用集八巻一〇冊」という形式・体裁の崩れに注目したもので、必ずしも日常の文字使用へ影響を与えたということではない。もし、それをいうには『合類節用集』の用字と当時通行の用字とのかけ離れ方が大きいように思われる。ただ、その乖離があるからこそ、一般の用字から離れた世話字集への改編という事態につながるのであろう。

一方で、そのような用字の性格に注目するとき、改編本の一つに「誹林」の名が与えられた意義を考えるのも、『合類節用集』の本質へせまる手掛かりとなろう。初期の世話字集が俳句作法書の一部として編まれたことを思い合わせれば、ことにその可能性を感じる。まずは、多様な形態や奔放な文字遣いを許容した談林俳諧などとのつながりに注目することになろう。

易林本『節用集』は、「詩文等に用ゐる語が比較的多くして通俗の語は割合に少」く、他の特徴からも「通俗的辞書としては、必しも他の諸本に勝れて居るとは云はれない」という（上田万年・橋本進吉　一九一六）。『合類節用集』刊行当時、通行の節用集はこのような易林本の末流だったが、『合類節用集』はそれからも離れた側面をもつものと考えられる。このような『合類節用集』の逸脱ぶりは、俳諧の近世的な展開と軌を一にするようにも想像する。筆者には『合類節用集』が近世的「韻事の書」の在り方の一つを示しているものと思えるのである。参考、加藤定彦（一九七〇・一九七二・一九七六）。

（4）以下、「済帳標目」の引用は影印の宗政五十緒・朝倉治彦編（一九七七）★★★★★にもとづくこととし、かたわら、弥吉光長（一九八八）の翻刻を参照する。

（5）以下、大坂本屋仲間の記録の引用は、大阪府立中之島図書館編（一九七五〜一九九三）による。

（6）吉文字屋は、「板木五ケ一」（版木の五分の一の権利）を渡したのだから、非があったと見られる。あるいは、無駄な争いを避け、譲れる部分を譲ったとも考えられる。

（7）柏原屋清右衛門。「清右衛門」は柏原屋の本家当主の名であるらしい。佐古慶三（一九六二）参照。なお、右の「柏与」は柏原屋与左衛門である。

（8）「行司当役帳」「帳合仕法書」（大阪府立中之島図書館編〈一九八三。第一〇巻〉）の記述により筆者が判断した。

（9）「行司之聞届」という形式が確立していたのか、その件限りの措置なのかは確認できない。また、「聞届之書柄」との表現からは定まった書式があるようにも思われる。

（10）この資料の存在については、米谷隆史氏より御教示たまわった。記して謝意を表したい。

第二章　近世節用集の類版

——その形態と紛議結果——

少なくとも近世中期以降の版本には、その版木の所有者に版権が認められるのが普通であり、節用集においても版権をめぐってしばしば紛議となった。それらの大要は、早く蒔田稲城（一九二八）が紹介するところだが、ことに「節用集類と大阪本屋仲間」の一章を設けることは、節用集の版権問題が出版史の問題として小さくないことを示していよう。とりわけ、早引節用集に関しては次のように言うほどである。

　大阪書肆刊行の節用集中、新に板株として認められ、最も多く世に流布し、従つて類板重板の紛議を多く醸したものは柏原屋与左衛門、本《(ママ)》屋伊兵衛相同《(ママ)》板の「早引節用集」である。同書は『文字見出之節仮名之数に而引キ』文字を竪に並列したもので、この新索引方法に依つて板株が承認された。

したがって、当時の出版事情と節用集との関係をみようとするとき、早引節用集に焦点をあてることは豊富な事例が期待される点で有利であることになる。また、早引節用集の版元は大坂にあったが、三都の本屋仲間の記録のうち、もっとも充実した形で現存するのも大坂のものである。つまり、早引節用集の版権紛議においては、件数だけでなく、質・内容についても他の紛議に比べて密度の濃い観察ができるのである。早引節用集の類版事例だけを見る本章が「早引節用集の類版」と限定的に題せぬゆえんでもある。

版権の侵害には、名称上、重版・類版・差構の三類がある。それぞれ無断複製・意匠盗用・部分的模倣を意味するのだが、相互の境界は必ずしも明確でなかった。比較的判断のしやすい重版の場合すら、関係者の見解が異なることがあったのである。

行司内かつを屋六兵衛・吉文し屋市左衛門両人御役所へ罷出候所、右甲州朝比奈荻右衛門名前之早引[1]ハ所々違候、尤奥書名前も違候故、重板与申まても無之哉、行司共如何之存寄ニて、奥印致候哉之御尋ニ御座候、此義口上ヲ以重板に相違無之趣具ニ申上候（「出勤帳」二四番）

したがって、類版や差構の場合、定義が曖昧であったことは容易に想像される。[2]蒔田は類版について「恐らく当時の書肆或ひは紛議審判者たる行司自身すら、その定義または範囲を明確に表示することは至難であつたに違ひない。（中略）実際問題としての解釈は区々たらざるを得なかつた」という。このような曖昧さに乗じて、営業不振や先行き不安をひきおこしそうな書物を廃除・処分するという事態も想定される。「微塵にても疑はしきものに対して強いて異を立て、類板呼はりをな」すの類である。

近世節用集をめぐる出版界の諸事情を見ようとするとき、以上のような問題をもつ類版を糸口とすることが考えられる。類版の程度と紛議の結果とを比較対照することで、節用集と出版界との関係の一端を明らかにするのである。具体的には、類版の程度が重いながらも紛議結果が軽かったものと、その逆の関係にあるものについて対比的に記してみようと思う。

一　『長半仮名引節用集』類版紛議

まず、『長半仮名引節用集』（文化元〈一八〇四〉年刊。原題『偶奇仮名引節用集』）を採りあげる。これは、類版の程度は重いが、紛議結果は軽く済んだものの好例と思われる。

田宮仲宣（橘庵）[3]が編んだ本書には、種々の工夫が施されていた。書名にもあるように収載語を偶数奇数の別で紙面の上下に掲出するほか、各語の左下に門別を示したり、各語の音訓を右左の圏点で示したり（音訓混用語は字ごと）、新在家文字・本朝制作文字を明記するなどしてある。刊行者は、国会図書館亀田次郎旧蔵書によれば、須原屋茂兵衛・播磨屋五兵衛・銭屋長兵衛である。

このような工夫が盛り込まれていても、何事か既存の節用集の版権に抵触していれば、類版と指定されるのは免れない。本書の場合、それはどのような点であったのか。また、類版の程度はどのようであったのか。一旦は出訴した一件なので、文化元年九月の訴状からひいてみる。

一私共所持仕候早引節用集ニ限り、通例之節用集与者事替り、文字見出候節、仮名之数ニ而引キ、文字を求メ候書ニ而御座候御事

一此度、五兵衛方ニ出来仕候偶奇仮名引節用集茂、仮名之数ニ而引キ、文字を求メ候書ニ御座候御事

一右ニ奉申上候通、仮名之数ニ而文字ヲ引キ候節用集者、私共所持之早引節用集限り御座候得者、全重板同様之類板ニて御座候

依之五兵衛儀、京都本屋仲間内銭屋長兵衛与申者与申合、於京都板行奉願上、彫刻之後銭屋長兵衛所持之分之板木茂、五兵衛江買受置、其後御当地ニて売弘メ候様仕候段工ミ候致方ニ而、甚不得其意候事共ニ而（「偶奇仮名引節用集御公訴一件仮記録」。以下「仮記録」と略す）

ここでは、早引節用集の版権が仮名数検索の新案によって得られたものであり、その点を中心に検索法の類似を突こうとしている。また、後述のように類版の形跡や本文の流用が明白なためか、述べ方も具体的である。類似が顕著でないときには「早引節用同意之類板」などとして詳述しないこともあるところである。また、京都の銭屋から京都本屋仲間を通じて開版願いを出させ、その後に播磨屋で版木を買い取ったことにも、早引節用集の版元はよ

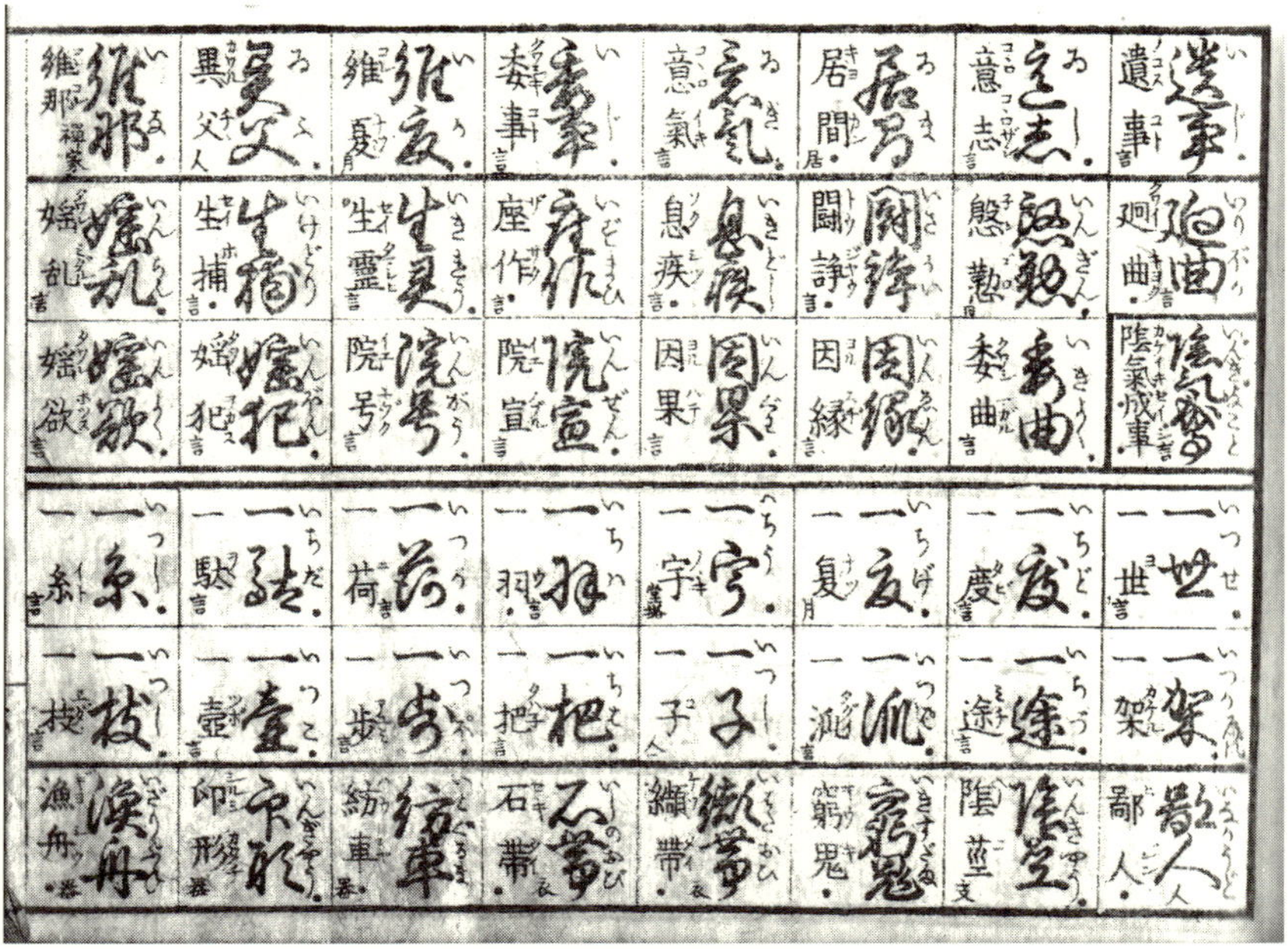

図７　長半仮名引節用集

い印象を持っていない。播磨屋在住の大坂で刊行手続きをする場合、まず他の版権に抵触しないかどうかを確認するため、大坂本屋仲間内に内容見本の写本を回覧することになる。その段階で早引節用集の版元の目にとまれば、クレームがつけられ、刊行できなかったはずである。『〔世用万倍〕早引大節用集』を刊行した藤屋宗兵衛に対し、仲間行司が類版の事実を認めるように迫った際、「全体名高キ早引類之事者、其方も乍心得取扱候故、不正之板木ニ間違無之」（「出勤帳」六〇番）という言い回しを用いたのは安政六（一八五九）年のことだったが、早引節用集の急速な流布や、それにまつわる版権問題の急増といった書肆たちの反応を勘案すれば、文化のころでも似たような状況があったと想像される(4)。つまり、早引節用集の版権がどこの誰のものであり、類似書を刊行したものたちの顚末がどうなったかなども知っていたはずであろう。そしてそのうえで、結果はどうあれ刊行にこぎつけるための便法・抜け道についても、書肆であれば、比較的容易に思いつけたのであろう。結局、京都での出願という事態も、ともかく早引節用集の版元のいる大坂本屋仲間からの出願を避けて刊行を急ぐための「工ミ」だったと考えられるのである。

引用部分は『長半仮名引節用集』の検索法が早引節用集の検索法と同一のようにも思える書きぶりだが、さきにも記したように、本文各面の上段に仮名数偶数語が配され、下段に奇数語を配するという工夫がなされており、さらに上段・下段それぞれを三段に分かち、それぞれの段に仮名数ごとに語を配するのである。たしかに同じ仮名数の語が縦ではなく横に並んでいくのは見せ方として斬新であって、通例からの大きな逸脱が認められることになる。そのこと自体は、創意として評価しうるのであるが、これほど仮名数を利用しているのであれば、やはり早引節用集の剽窃とされるのは仕方のないところである。

さらに収載語にも顕著な類似が見られる。いま簡単ながら、『大全早引節用集』（寛政八〈一七九六〉年刊）と語順を比較してみる。最上段には「遺事」以下仮名二字の語が並ぶが、『大全早引節用集』の「遺事」以下の語は次のようである。

遺事　意志　居間　意気　委事　維夏　＊幼　＊檮　＊尹　＊櫁　異父　維那（下略。二声増字）

＊を付した語は『長半仮名引節用集』の影印として掲出した面にはないが、他はこの語順のとおりに並んでいることが知られよう。同様のことは他の段にもあてはまる。いま各段の最初の語を『大全早引節用集』にもとめ、それ以下の数語を一括して示しておく。なお、字形の小異にはこだわらない。×印は語順の変更を示す。

仮名四字語（『長半仮名引節用集』の第二段と比較）

回曲　＊不審　慇懃　闘諍　息疾　坐作　生霊　生捕　＊家土産　婬乱　×婬欲　×婬犯（下略）

仮名四字語（同第三段）

委曲　因縁　因果　院宣　院号（下略）

仮名三字語（同第四・五段）

一世　一度　一途　一夏　一派　一宇　一子　一羽　一把　一荷　一歩　一駄　一壺　一糸　一枝（下略）

仮名五字語（同第六段）

鄙人　陰茎　＊再従弟　窮魂　纈帯　石帯　紡車　印形　＊紙鳶　漁舟（下略）

仮名四字語が『長半仮名引節用集』では第二・三段に並ぶが、いま段ごとに比較する。第二段では不載語をのぞけば「回曲〜婬乱」の語順は一致する。第三段では「委曲〜院号」が一致する。ただし、その後に第二段からの「婬欲・婬犯」が配される。第四・五段では行ごとに上下して比較すると、『長半仮名引節用集』の「一世」の次に「一架」が来るのを除けば、まったく一致する。第六段も流用しなかった語を除けば『大全早引節用集』と一致するのである。このように『長半仮名引節用集』は、内容上も『大全早引節用集』に依拠した可能性が高いこととなり、類版の事実は覆えないのである。

このような重度の類版書の紛議は、どのような経過をたどったのだろうか。「仮記録」を中心に大坂本屋仲間の記録類から読み取ってみよう。

まず、文化元（一八〇四）年七月五日の寄合で『長半仮名引節用集』が回覧される。これは、大坂で販売する際に大坂の添章（販売許可書）を取得するための手続きの一つである。二〇日の寄合において早引節用集の版元は別寄合（臨時の寄合）を要請した。二五日の別寄合では、『長半仮名引節用集』の類版について評議を求めた。即日、処分が決まるまで売買しないよう売留とし、京都・江戸の本屋仲間への書状が書かれた。七月二九日、八月三・五・一〇・二二・二四日の寄合で、当事者間の対談や仲介者の調停も不首尾だったことが報告される。九月一一日の寄合で早引節用集側は訴状を用意し、仲間行司に奥印を求めた[5]。一三・二〇日の寄合も同様である。

二一日の寄合で、最後の調停も決裂したことが報告され、行司二名が訴状に奥印することとなった。二三日、大坂町奉行所に出訴するが、担当与力は、仲間内で処分を徹底すべきこと、「京都御免之板行」ゆえ京都に願い出るべしとの判断をほのめかし、採りあげることがなかった。

これより紛議は京都へ舞台を移す。同日、京都本屋仲間あてに書状が書かれる。『長半仮名引節用集』の開版願いを通した事情を問うためであった。二五日、京都からの返事を検討したところ、『長半仮名引節用集』を刊行しうる正当な版権をもっていないと判断された。結局、河内屋喜兵衛ら大坂仲間行司三名が上京し、京都行事と話しあうことになる。

翌二六日出立、二七日着。一〇月一日、種々話しあうが、京都方はより軽微な差構と見ており、類版とみる大坂方と見解が一致しない。二・八・九日も同様である。一〇日、煮え切らない京都行事（小川多左衛門）に、「河喜大ニ立服《ママ》之体」で「先例申立」てたり出訴した場合の態度を述べたりし、「数引之一条者右凡例ニコソ留り候也」と「大ニツメカケ申入候ニ、小川氏もコロリトヨワラレ、成程類板ニ違無之様漸々承知」したのであった。一一日、京都方からすべてまかせて示談にするとの返事がある。一二日、大坂方、銭屋・播磨屋へ「板行一代限[6]四ふ通差置」くとの条件を示す。これは類版者に四割の利権を版木が磨滅するまでは認めるとの意であろう。大坂行司が早引節用集の版元に「京地行事へ義利合之義」など「何角利害申入」れたものだったので、一定程度、譲歩したことになる。一三・一四・一六日、掛けあいの詰めと証文の整備などあってまとまりかけていたところ、一七日、京都行事より部割を五分としたいなどの要求があり、「破談」の様相を呈した。が、一八日、前の条件[7]で示談が成立し、調印がなされる[8]。開版願いが通された京都での収拾を見たことにより、この件は落着することとなった。

右に長々と紛議の経過をみたが、これは大坂方の応対の有りようを示す意味もあってのことである。日付が飛ぶもののうち、一〇月三日は「休日」としたが、九月二八・二九日、一〇月四〜七日の六日は京都行事の都合で実質的な話し合いができなかった。また、話し合っても類版を認めようとしない。公訴すれば絶版も避けがたいにもかかわらず、「とふも和談出来不申候故、一先御役所へ双方共差出し可申候、其上ニ而双方行司取扱之義談合致呉候」などと無責任なことをいう。このような状況での大坂行司の示談交渉は、客観的な断定はできないけれども、粘り強く説得にあたったとの印象をいだかせるものである。

そこまでして示談を進めるのはそれなりの背景や理由があるはずである。その点について少し推測を重ねてみたい。公訴すれば「京都ハ差構与被申立候、大坂ハ急度類板与見定候、左候得者、御役所ニ而ハ勝敷負敷一ニ之外無之候」と、最悪の場合、絶版にまで及び、誰も再版できなくなる可能性がある。したがって、早引節用集の側としても示談にしておけば、類版書を再版することで利益も見込めるかもしれず、各語を仮名数ごとに横に配していくという新規の工夫を入手できる点でも有利である。ただし、これには、『長半仮名引節用集』(での工夫)が利益を生む存在であることが前提となる。実のところ、文化元年の相合版のほかには文政三(一八二〇)年に再版されただけのようなので、実利がどれほど得られたかは心もとないのではあるが、この紛議の最中にあっては、すでに現物は存在するわけであって、版木を彫刻するところからはじめなければならないような手間が一切必要ないのは魅力だったはずである。書肆の営業の在り方からすれば、再版の利益を見込んで示談することは、もっとも手堅い判断だったであろう。

このほか、京都の本屋仲間に対する配慮があったことも考慮してよい。「仮記録」には「元来右掛合之義は、京都江深切ヲ存候故、先日已来数日滞留致、当地御取斗ヲ相考候処」(一〇月一〇日)という京都行事への一節や、「京地行事へ義利合之義」(同一一日)といった文言がみえることから、京坂両本屋仲間の長年にわたる往来・協力関係や、今後への配慮から京都本屋仲間の判断を尊重しようとする意向があったことが知られる。公の手をわずらわせない示談であるからには、当事者間の経済的・社会的な関係の有りようが話し合いに影響することは十分に考えられる。本事例の場合も、そのような関係性が示談成立に寄与した可能性は十分にあると考えられるのである。

二　『早字二重鑑』類版紛議

次に、類版の事実が認めにくいのに重科を課せられた例として、『早字二重鑑』をとりあげる。『早字二重鑑』は、宝暦一二（一七六二）年に江戸・前川六左衛門から刊行されたイロハ二重検索の節用集である。内容の上では、漢字一字語を収載することが多く、字音で引かせるものも少なくないので、通常の節用集とはまた別の存在のように認められる。また、別訓を多く掲げることなどは、倭玉篇や伊（以）呂波韻を思わせる面がある[9]。あるいは、編集時の資料として、そうした漢字字書との交渉があったのかもしれない。このように、『早字二重鑑』は、検索法も内容も早引節用集との関係が認めにくいのであるが、宝暦一二年一二月に早引節用集の版元から類版書として出訴され、翌年、評定所の審判にまで至り絶版を言いわたされたのである。

早引節用集と関係の薄い『早字二重鑑』を、なぜ早引節用集の版元は類版と見なし、絶版にまでおいこんだのだろうか。いま、にわかに結論的なことはいえないが、可能性のある推測を行なうことで、所期の目的を果たしたい。まず考えられるのは権益の確保であろう。あたりまえのことだが、当時、早引節用集の版元にとっては、相当に危機感をもたざるをえない状況だったと推測される。それは、イロハ二重検索の節用集が相次いで計画・刊行されたからである。この検索法は、早引節用集の検索法を超える有用性の高いものであり（佐藤　一九九〇ａ）、近代以降の国語辞書における五十音検索もその発展型と言いうるから[10]、先見性は明らかである。また、表立ってはこないが、当時からイロハ二重検索には根強い支持があったことは容易に確認できるところである（佐藤　一九九一）。そのような節用集が、宝暦七年、大坂の吉文字屋市兵衛によって『国字節用集』として計画される。五年後、江戸で

『早字二重鑑』が、京都で『安見節用集』が刊行されることになる。いわば、三方から早引節用集に対抗する火の手が上がったようなものであった。

『国字節用集』の場合は直接には手を下さなかったが、刊行の手続きとして大坂本屋仲間一同に写本が回覧された段階で、早引節用集の版元・柏原屋与市は京都の木村市郎兵衛に対して、木村の蔵版書である『新増節用無量蔵』に抵触する旨を告げている(11)。この節用集は、イロハ・意義分類の従来型の節用集だが、言語門所収語には仮名二字めにおいてイロハ検索を施すものなのである。結局、『新増節用無量蔵』への類版・差構の疑いがあるものとして木村からクレームがつき、『国字節用集』の刊行は実現されることがなかった。

『安見節用集』の場合は、「京都御奉行所へ右御訴詔奉申上候所、未疾と御吟味不相済候」（「差定帳」二番）と差し戻され、結局は示談が成立することになった。

そして、『早字二重鑑』では、公訴が成功し、絶版という決定的な処分を勝ちえたことになる。このように、一連の類版指定の一環として『早字二重鑑』の一件は位置づけられる側面があるが、『早字二重鑑』のみ絶版にまでいたったことの説明は別に求められるべきであろう。

その一つとして刊行者・前川六左衛門が問題の多い人物であったことは考えておいてよい。当事者間の関係の有りようが示談交渉などに微妙な影響を与えるであろうことは、前節でみたとおりだからである。

前川六左衛門については次のように記されることがある。

寛延期抗争の発端になった問題の類板書『楚辞王逸註』を発行したのが前川六左衛門である。家号は崇文堂、江戸日本橋南三丁目（のち南鞘町・新右衛門町などにも移ったことがある）に店を構えていた。（中略）六左衛門は寛延二年（一七四九）十二月には漢鄭氏撰『詩経古注』（全一〇冊）を竹川藤兵衛・浅倉久兵衛・山城屋茂左衛門・藤木久市らと相板で出しており、この書も『楚辞王逸註』と同様、京都仲間から類板書として売買を拒否されている。さらに宝暦八年（一七五八）には井上通照校訂の『易古注』（全五冊）を須原屋茂兵衛と相板で売出し、これまた京都仲間は売買を拒否した。いうなれば前川六左衛門は、上方書商に対する最も反逆的な書商であった。（今田洋三 一九七四）

このように前川六左衛門が類版常習者だったことが知られる。そして彼が属する江戸本屋仲間の南組も類版を認める方針を持っていたことも知られている。この方針は、江戸本屋仲間の他の組や上方の本屋仲間と対立するものなので、それらとのあいだで種々軋轢があった。そのもっとも顕著なものが、「寛延期抗争」である。南組は江戸地元の書肆が中心だったが、他の通町組・中通組は上方書肆の出店が中心であった。その本店には先発の利として版権の蓄積があり、再版によって経営も成り立っていたが、南組の書肆は後発のため、そのような利権に乏しかった。そこで南組は、寛延三（一七五〇）年三月の惣寄合で類版差構禁止の申合せを廃止するよう主張し、さらに類版公認を求めて江戸町奉行に願い出たのである。結局、他の江戸二組に上方の本屋仲間が加勢したため実現はしなかったけれども、[12]南組の「危険思想」は続いていった。そのことは当の『早字二重鑑』の絶版を報告する文書からも知られるところである。

行事共義通町組・中通組申合ハ、重板は勿論類書板行等都而元板江障候義不致、南組ハ重板ハ不致、類書板行は差構無御座候旨申上候（「差定帳」一番）

早引節用集の版元のような上方の本屋を相手にする場合、こうした方針を持つこと自体、示談交渉に微妙な影を落とすことは十分に考えられることになる。

一方では、前川六左衛門と早引節用集の版元・柏原屋与市とには個人的な親交があったらしい。

六左衛門義は与市と心安、去午（＝宝暦一二年）四月与市方へ参り逗留いたし候得共、早字二重鑑板行之儀与市へハ不申聞、同年六月御当地江罷下り、早字二重鑑開板いたし度旨、御当地三組行事共改を請開板仕（中略）今般六左衛門方ニ而開板仕候真草両様之二重鑑ハ、与市方之早引節用集ニ似寄候所、一応之懸ケ合も不仕開板いたし候段、南組は勿論三組行事共幷六左衛門申分難立、右真草両様之二重鑑絶板仕（「差定帳」一番）

ただし、この場合「心安」くつきあっていたからこそ、六左衛門が大坂逗留時になにも語らず、その意味では無断で『早字二重鑑』を刊行したことが、柏原屋の態度を硬化させたと考えておいてよい。

また、一方では、前川六左衛門の方にも感情的なこだわりはあったであろう。現代の目から見ても『早字二重鑑』は、内容・検索法とも早引節用集に抵触するとは考えにくいものだった。そのうえ、『早字二重鑑』の刊行は、「南組は勿論三組行事共幷六左衛門申分難立」から推測できるように、江戸本屋仲間の総意とも言える。もちろん「三組行事」には、類版を容認しない方針の通町組・中通組を含んでいる。その中には早引節用集の江戸取次ぎであり、のちに重版紛議の解決に活躍する西村源六もいた。いわば、これら具眼の書肆たちから他の版権を侵さぬものと認められたのが『早字二重鑑』であった。六左衛門には正当な出版であるとの自信もあったのではないか。だとすれば、柏原屋の言い分は「類板呼はり」と聞こえたであろう。いきおい、示談交渉でも無実を強硬に主張したことが推測される。訴状の「是迄度々通達仕候へ共、右六左衛門我儘申不埒ニ付」は常套句ではあるものの、その「我儘」の中身は右のように推測してさほど誤りではなかろう。ただ、正当であるとの自負に裏打ちされた主張は、柏原屋の態度を硬化させるだけのことでもあった。

さらに、柏原屋が『早字二重鑑』の処分として、特に示談を望んでいなかったらしいことも考え合わせるべきであろう。それは、『国字節用集』のおりにみせた彼の挙動から推測されることである。前述のとおり、イロハ二重検索の『国字節用集』の出版が大坂で計画されていることを、柏原屋は京都の木村市郎兵衛に通報するが、そうした通報は柏原屋としては個人の立場での行為であったことがまず確認できる。知らせを受けた木村市郎兵衛が京都行事に依頼して大坂行司に問い合わせた際、大坂からの返事には「成程仰之通国字節用与申外題ニ而写本出申」とある。『国字節用集』が版権上問題になりうることを初めて知らされたとのニュアンスがにじみでた表現である。もし、イロハ二重検索が早引節用集の版権に抵触するのであれば、柏原屋が大坂仲間内での協議をリードしていったはずである。そうはせずに、京都の木村に通報したわけであるから、柏原屋は、早くから木村の『新増節用無量蔵』言語門における仮名二字めでのイロハ検索を知っており、これにイロハ二重検索が抵触するという定見をもっていたと考えられよう。したがって、イロハ二重検索への異議申し立てについても、京都の木村市郎兵衛からなされるのが至当だと考えていたはずであり、そのような背景があっての、木村への通報だったのであろう。

このように権利関係を認識していれば、イロハ二重検索の『早字二重鑑』については、たとえ柏原屋が示談に持ちこんだとしても、木村市郎兵衛の版権に抵触するのであるから、『早字二重鑑』を再版することはできず、利益も望めないことになる。つまり、はじめから『早字二重鑑』については示談にするつもりがなかったと考えられるのである。また、示談に持ち込んだ場合、『早字二重鑑』という存在が後々まで残ることになるが、これはこれで、早引節用集の版元としては脅威だったはずである。したがって、絶版という処分に持ち込むことの方が、より有益だとの判断もあっておかしくないことになろう。

このような要因・思惑により、『早字二重鑑』の場合は絶版とされたように推測される。最後に提示した早引節用集の版元の思惑が最大の要因のようにも思えるが、それを証する確たる証拠はなく、単に理詰めで推測したにすぎない。したがって、絶版にまで至った要因として、他の可能性を捨てるにはおよばないものと思う。

三　絶版の効用

天明以降の早引節用集の巻末広告に「二字引節用集」「五音引節用集」などの名が見える。前者は語頭と語末の仮名のイロハ二重検索で、後者は語頭のイロハ検索に語末の五十音検索を掛け合わせた仮名二重検索である。これらについても大坂本屋仲間の記録類によれば、天明元（一七八一）年以前に刊行されたものであること、早引節用集の版元は類版書とすることに成功したことなどが知られる。その際、類版と指定するにあたっては、おそらくは『早字二重鑑』絶版一件が先例として効果的に利用されたものと推測される。

実際、さきに見た『長半仮名引節用集』の一件記録によると、大坂方が示談とするよう京都方を説得する際に『早字二重鑑』の例を引いている。公訴しても分がないことを悟らせるため引き合いにだし、示談の利を説くのに利用するわけである。

元来右掛合之義は、京都江深切ヲ存候故、先日已来数日滞留致、当地御取斗ヲ相考候処、一向不筋之義斗被申候。此時二重鑑・万代節用抔先例申立、大ニ論談ニ及候（「仮記録」）

また、重版紛議の場合にも引き合いに出された。本章のはじめに引いた『〔訂正増益〕早引節用集』にかかわるものである。ただし、これは絶版という処分の先例を示すことに重きがあり、絶版とされたのが類版書であることに重点があるわけではない。

一早字二重鑑　〔大紙三ツ切／真字片仮名付〕

一同草字　〔半紙三ツ切／平仮名付〕

右、宝暦十二午年出来ニ付、江戸表江罷越御公訴奉申上、段々御吟味之上、同十三未年十一月御裁許、両板絶板被為仰付候御事（「差定帳」四番）

さらに、類版事例であるはずの『早字二重鑑』一件を「重板」として扱うこともあった。安永三（一七七四）年、仙台の柳川庄兵衛が早引節用集の重版書『近道指南節用集』を刊行した。その報を受けた柏原屋らは、処分方を仙台藩留守居役へ願い出るのだが、その書状に次のような一節がある。

右早引節用集、先年江戸日本橋前川六左衛門与申者、早字二重鑑と外題を直し重板仕候ニ付（中略）宝暦十三年未十一月十一日、御評定所江御取上ケ絶板被仰付候（「差定帳」二番）

また、天保一三（一八四二）年、大坂町奉行所から、公儀によって売買差し止め・絶版となった本を書きあげるよう求められたおりにも重版として扱われている。

一早字二重鑑　重板人　江戸　本屋六左衛門

右者、当地本屋之内柏原屋与市所持板行、早引節用集与申書、江戸表ニ而重板仕売弘候（「差定帳」五番）

このように早引節用集の版元は『早字二重鑑』の絶版一件を有効に利用し、時には一段重い重版事例として扱うこともあった。このような利用のさまから逆に推測すれば、『早字二重鑑』紛議への対応自体が、実は、見せしめを得るための所為だったかとすら疑わせるが、もちろん、これは憶測の域を出ないものである。前川六左衛門とは一応の交渉を経ているわけであり、民事訴訟かつ商業的な案件なのであるから、公儀の手をわずらわすのは最後の最後まで避けられたはずのものである。したがってやはり、見せしめをえるための紛議であったと見るのは躊躇されるのであって、前節で列挙したような、やむにやまれぬ事情によって『早字二重鑑』は絶版にまで追い込まれたものと考えておきたい。

四　区々なる紛議結果

以上にとりあげた二つの類版事例を見ると、実際の類版事実とその結果との齟齬がきわだってくる。絶版書といっても内容が類似するわけではなく、示談で済んだからといって剽窃がなかったわけではなく、むしろ明らかな剽窃が確認できたのであった。また、これは事後のことになるが、別件の紛議を有利に運ぶために、類版案件を重版へと重く位置づけなおすことまであったことが知られた。

結局のところ、近世の節用集とは、内容如何にかかわらず、出版機構ないし書肆間の関係性の兼ね合いにより、その存在が危うくもなり存続したりもする、はかない側面のあることを知ることとなった。近世の節用集は出版事情と深く結びついていると言われるが、本章でみたのはその負の側の関係であり、おそらくはその最たるものの一つなのであろう。また、そのような出版界の有りようは、近世という時代や裁判という事態に疎い我々の目には変幻自在の魔術のようにも思えてくる。第一節に採り上げた『長半仮名引節用集』は文政三（一八二〇）年に再版されるが、その刊記には柏原屋ら京坂の書肆とともに、前川六左衛門の名も挙げられる。『早字二重鑑』の絶版一件を知るものとしては不可解としか言いようがないけれども、その背景には何らかの必然があるのであろう。それを明らかにすることは少々難題であるけれども、少なくとも、敵・味方の関係は書籍ごと案件ごとに入れ代わるようなドライなものなのかもしれない。もちろん、『早字二重鑑』一件以来、四〇年を隔てている以上、過去については無いもののように扱いうるということもあろう。あるいは、早引節用集の版元にとって、江戸での諸事万端を担うものとして前川が適当な書肆だと捉えられるように変化したことも考えられる。書肆と書肆とのつながりには、一件の版権問題からだけでは、推測のつかない面があるようである。

注

（1）「甲州朝比奈荻右衛門名前之早引」とは『〔訂正増益〕早引節用集』（文化六〈一八〇九〉年刊）である。たしかに、役人の言葉のようにところどころ語の変更が認められるが、おおよそ『〔増補改正〕早引節用集』（文化元年版）などを下敷きにしたものと思われる（佐藤貴裕　一九九五b）。

（2）類版か差構かで判断が揺れた例としては、のちに見る『長半仮名引節用集』の紛議が挙げられる。

（3）洒落本や随筆などの著作がある。また、本書や『〔万家日用〕字引大全』（文化三〈一八〇六〉年刊）の凡例にみえる言語観にも興味が引かれる。なお、山田忠雄（一九六一）・高梨信博（一九八九）なども参照されたい。

（4）佐藤（一九九〇ａｂ）において、早引節用集に対する他の書肆の関心がかなり早くから認められ、それだけ関心が持たれていたものと考えられたことによる。

（5）内容証明のような役割を持つもの。訴状の最奥に行司が署名捺印した。また、公訴が本屋仲間の総意であることを表明する役割があったものと思われる。

（6）蒔田によれば「これは主として類板其他の紛議解決の結果生まれたもので、即ち権利を其の版木が磨滅するまでの一代限りとし、再版は勿論、増補訂正をも許さなかつたものである」という。

（7）ただし、「裁配帳」には五分の証文の控えがある。大坂方が条件を提示した際に「尤今一ふ通望之義も御座候得者、替本以遣し可申旨申入」とあるように、一分にあたる別の版権を含めての数字かもしれない。

（8）ただし、播磨屋は完全には調印せず、その後も調印に応じなかったので、最終的な収拾は翌文化二年二月にもちこされた。また、播磨屋は本屋仲間除名処分となるが、親類・扇屋徳兵衛を介して詫びをいれ、事なきをえたようである（「出勤帳」二一番・「裁配帳」二番）。

（9）宝暦版本の現存は確認されていない。いま、東北大学狩野文庫蔵天明三年写本による。

（10）ただし、『言海』「本書編纂ノ大意」に見るように近代国語辞書の場合は西洋の辞書からの触発だったと思われる。が、イロハ二重検索の有用性の評価に影響はなかろう。なお、節用集以前にイロハ二重検索を採ったものとして鈴木博（一九六八）が挙げるように、『名語記』『仙源抄』『類字仮名遣』『鸚鵡抄』などがある。

（11）以上は、木村が、所属する京都仲間行事に、『国字節用集』の検索法が『新増節用無量蔵』に抵触する旨を大坂本屋行司に伝えるよう要請した書状による（「備忘録」）。

（12）以上、主として今田前掲論文によった。

第三章　早引節用集の危機
――明和元年紛議顛末――

宝暦二（一七五二）年、大坂の柏原屋与市と木屋伊兵衛が『〔宝暦新撰〕早引節用集』を刊行した。同書は、それまでの節用集が採用してきた意義分類を煩雑なものとして廃し、新たに仮名数検索を採った節用集である。この検索法は、イロハ・仮名数というシニフィアンに属する指標だけで構成される点が近代的であると評しうるが、当時においても簡便さが受け入れられて短期間に広く迎えいれられ、近世後期から明治にかけて通俗辞書の代表格となるのである。その影響は、早引節用集の模倣版や検索法の新案の続出を招来するとともに、ゴシケービッチ・橘耕斎編『和魯通言比考』（安政四〈一八五七〉年刊）の主要な原拠となる異本を生じさせ、ヘボン編『和英語林集成』（慶応三〈一八六七〉年刊）の編纂資料としての可能性が検討される異本を派生するなど[1]、節用集だけにとどまらないものであった。このように、早引節用集は、近世辞書史上に固有の位置を占める存在なのである。

こう記せば順調に歴史を重ねたかに見えるが、実は、刊行間もない時期に存亡にかかわる危機が二度あった[2]。一度めは『早字二重鑑』『安見節用集』（宝暦一二〈一七六二〉年刊）の刊行に伴うものである。この二書は、イロハによる検索を仮名書きの二字めまでに及ぼした節用集である。イロハさえ知っていれば効率よく検索できるものであり、早引節用集のイロハ・仮名数検索に優るのは明らかだった。順調に刊行されれば、明治を待たずに仮名順多重検索という近代的な検索法が流布したであろうし、そのあおりにより、イロハ・仮名数検索の早引節用集は廃れていったことであろう。ところが、柏原屋らは、この危機を逃れることができた。『早字二重鑑』を、早引節用集の意匠と同種の類版書として出版界から締め出すことに成功したのである（佐藤 一九九〇 a。一部前章参照）。

二度めの危機は、明和元（宝暦一四）年、大坂の書肆である吉文字屋市兵衛・堺屋清兵衛が『千金要字節用大成』の版権（板株）を江戸から購入したことにはじまる。この書は、早引節用集よりも早く仮名数検索を採用した書籍だという。同年、柏原屋らが早引節用集の大判書『早引大節用集』の刊行手続きをしたところ、吉文字屋らは『千金要字節用大成』の版権に抵触するものとしてクレームを付けたのである。仮名数検索の明確な先例に基づくクレームだったため、早引節用集全体に影響が及びかねない重大な危機を迎えることになったのである。

この明和元年の件を検討していくといくつかの不審にでくわす。のちに見るように、大坂本屋仲間の議決は吉文字屋側の意向をくんで『千金要字節用大成』の再版を認めるが、再版された形跡はない。また逆に、この件以降も柏原屋らは早引節用集を刊行しつづけており、明和八年には、吉文字屋らとともに、差し止められたはずの『早引大節用集』を刊行しているのである。

こうした疑問点のある明和元年の紛議について少しく検討を加えて真相に迫り、節用集史上への位置づけを試みたく思う。

一　明和元年紛議概要

明和元（一七六四）年三月、柏原屋らは『早引大節用集』の見本写本を大坂本屋仲間に提出した。出版実務に先だって、他書の版権に抵触しないか公序良俗に反しないかなどの確認を得るためである。これに対し、吉文字屋らは『千金要字節用大成』の版権に抵触すると抗議した。これ以降、大坂本屋仲間内で議論が交わされることになるのだが、詳細は現在に伝わらない。大要だけは大坂本屋仲間の記録類にあるので引いておこう。いま、大阪府立中之島図書館編『大坂本屋仲間記録』により、一部、句読点・鍵括弧を私に補って示す。

覚

一此度吉文字屋市兵衛殿・堺屋清兵衛殿相合ニ而、江戸表より千金要字集株被買請候。然ル処、柏原屋与市殿・本屋（ママ）伊兵衛殿より早引大節用大本写本仲間江板行被願出候処、吉文字屋・堺屋より右千金節用集ニ差構被申出候処、柏原屋・村上被申候ハ「右早引節用ハ小形ヲ大本ニ致シ候儀故、何方へも構無之、其上当三月御仲間へ差出シ置候写本。又千金節用集之義ハ当五六月之比差出シ被申候義ニ御座候。手前写本先ニ相立可申哉」と被申出候。吉文字屋・堺屋よりハ「右千金節用集ハ数十年以前之古株ニて、其上当二月ニ買請証文御座候間、手前共先ニて御座候」様被申、此義難一定候故、仲間惣寄合ヲ以評義之上相糺シ申ス定之事

一千金要字集ハ古株ゆへ、古株之通ニ増減之義ハ勝手次第ニ再版可被致事、尤一二三付外之節用へハ不取用、猶又小本半紙本等ニも被致間敷定之事

一早引大節用集大本ハ、板行願可被相止メ事、且又半紙本ニも被致間敷定之事

右之通銘々共立合相定候、以上

明和元年申ノ年十二月四日（「差定帳」一番）

まず、問題の両書について。『早引大節用集』は、それまで三切縦本・半切横本のような小本だった早引節用集を、大本（美濃判）にしたものである。『千金要字節用大成』は、現存が確認されないが、右引用の「一二三付外之節用へハ不取用」や、次に引く別件記録(3)に「かな之次第」とあるので、仮名数検索を採ることが知られる。

一早引節用之義、惣打込(4)かな之次第ニ而、文字引出し候書ニ而御座候

一千金節用之義、廿一門分ケかな之次第ニ而、文字引出し候書ニ而御座候（「差定帳」一番）

なお、早引節用集にはイロハ検索があるが、この記録ではその旨を記さないので、やはり特記しない『千金要字節用大成』にもイロハ検索があったと思われる。とすれば、イロハ・意義・仮名数の三重検索となるが、イロハ検索を備えると判断できる材料はこの記録しかなく、またその判断も右のように間接的な推測であるから確実なところは不明とすべきで、三重検索についても可能性としてだけ捉えるのが穏当かもしれない。

ついで、両書の版権の正当性を確認しよう。まず、この紛議までに柏原屋らの早引節用集は『〔宝暦新撰〕早引節用集』（宝暦二〈一七五二〉年刊）・『〔増補改正〕早引節用集』（宝暦七年・一一年刊）・『〔増字百倍〕早引節用集』（宝暦一〇年刊）と四度刊行されている。この間、どの書肆からも版権侵害等で訴えられなかったので、仮名数検索が柏原屋らの版権に属するのは確実といってよい。なお、『早引大節用集』の刊行は、すでに『〔宝暦新撰〕早引節用集』の刊記にも次のように予告されるので、早引節用集の登場時、すでに計画されたものであった。

早引大節用集〔大本一冊〕山下重政著述

日用重宝品々入近刻

一方、『千金要字節用大成』は「数十年以前之古株」とあるように『早引大節用集』はもちろん、他の早引節用集にも先んじるのが強みである。『新書籍目録』（享保一四〈一七二九〉年刊）に「千金要節（欠ママ）用」とあるのを『千金要字節用大成』のことだとすれば、確かに「数十年以前之古株」であって、こちらも版権に不安はないものと思われる。

このように双方とも版権は確か[5]なので、「此義難一定候」とあるように議論は紛糾したのであろう。その末での議決は、吉文字屋らには「古株之通」に『千金要字節用大成』の刊行を認めるものであり、かつ、判型については大本（美濃判）のみが許されることになった。一方、柏原屋らには『早引大節用集』の刊行を中止させたものの、小型の早引節用集の刊行は認めることとしたものである。

つまり、議論紛糾のポイントとなる仮名数検索のプライオリティについては結論を出さずに両者に刊行を認めるが、その代わりに判型の大小によって分有させるという妥協案を双方に飲んでもらったということになる。なお、中間の判型となる半紙本については両者ともに刊行することが認められていないが、これは、完全な不可侵領域を設けて判型の大小を明確にすることを目的とするのであろう。もちろん、第三者が半紙本の仮名数検索の節用集を刊行する版権上の隙間を持たせるためのものではない。

ともあれ、この明和元年紛議は、節用集おける仮名数検索の版権を争うかに見えたものであり、柏原屋の早引節用集の存亡のかかる紛議ではあったが、判型の限定を受けただけで済んだとも捉えられるものだったことになる。当面の危機は回避できたとしてよいかと思われる。

二　議決の真意

仲間議決は折衷案とはいえ、『早引大節用集』をしりぞけ『千金要字節用大成』の刊行を認めたのだから、吉文字屋らに有利なものと考えられる。しかし、議決を受けて「古株之通ニ」『千金要字節用大成』を刊行した場合、小さからぬ問題がある。『千金要字節用大成』の検索法には意義分類が含まれるが、これは曖昧・不分明な場合があって、必ずしも優れた検索法ではない。そのうえ、意義分類の欠点を自覚してこれを排除した早引節用集がすでに刊行されている以上、「古株之通」の『千金要字節用大成』が購買者をひきつけたかどうかは疑わしい。ならば、意義分類を廃してもよさそうだが、それは「古株之通」ではなくなるので仲間議決が許さないのであった。結局、明和元年紛議の議決は、仮名数検索の版権への食い込みを認めた点では吉文字屋らに有利なものなのだが、意義分類の排除を認めない点では必ずしも有利には働かなかったと考えられるのである。

改めて議決をふりかえろう。吉文字屋・柏原屋に認められたのは次のような組織・体裁の節用集であった。

書肆	書名	検索法	体裁
吉文字屋	千金要字節用大成	（イロハ）・意義・仮名数	大本
柏原屋	早引節用集	イロハ・仮名数	小本

したがって、吉文字屋・柏原屋両者に認められた特徴を合わせもった節用集、すなわち、〈意義分類を廃した仮名数検索〉の〈大本節用集〉は刊行できないことになったのである。

単に早引節用集を大型化したものを何人も刊行できなくなった、そしてそれが仲間議決という組織の決定として、つまりは制度上から規定されてしまったことについては、現代の眼から見ても不条理というに近いものを感じるが、それはやはりこの議決が真の解決策ではなく、長引く紛議を収束させるための方便であるからかもしれない。

その方便の有りようとして、両者が望んだことを共に諦めさせるという途がありうる。仲間議決では吉文字屋・柏原屋両者に大本の仮名数検索の節用集の刊行が認められなかったのだから、早引節用集の刊行当初より『早引大節用集』を企画していた柏原屋らはもとより、吉文字屋らもそれをこそ刊行するつもりであり、また主張したのであろう。これは当て推量で言うのではない。仲間議決では、吉文字屋らの『千金要字節用大成』に対し、「古株之通ニ増減之義ハ勝手次第ニ再板可被致事」との制約を加えているのが証拠である。もし、当初から『千金要字節用大成』の再版だけを望んだのなら、こうした制約事項は添えられなかったはずである。したがって、吉文字屋らは、『千金要字節用大成』を根拠とし、それを発展・改編した仮名数検索の大本節用集を企図し、その版権をこそ主張したものと思われるのである。

三　紛議後の動向から

明和四（一七六七）年一一月、京都の梅村市兵衛らが刊行した『万代節用字林宝蔵』が京都町奉行により絶版に処せられた。[6]同書は「本文之かな付一より段々次第を分チ候書」（「差定帳」一番）なので、仮名数検索の可能なものであった。この件は、いくつかの点で明和元年紛議の影響下にあり、興味深いことを教えてくれる。

記録には「柏原屋与左衛門・村上伊兵衛所持仕候早引節用、吉文字や市兵衛・堺屋清兵衛所持仕候千金節用、右両書ニ差構候」とあって、吉文字屋らも名を連ねるのが興味深い。これは『万代節用字林宝蔵』が〈仮名数検索の可能な〉〈大本〉であったため、[7]柏原屋だけでなく吉文字屋の版権にも抵触すると考えられたからである。

また、公儀の裁定にいたった点も興味深い。当時の民事裁判で、しかも商業的な案件については内済（示談）による解決が大原則であり、公儀もそれを強く勧め、[8]当事者たちも経費や煩雑な手続きを厭うてこれに努めた。ならば、公儀の裁定にまでいたったのは、当事者同士がよほど互いの主張を譲らなかった場合ということになろう。とすれば、梅村市兵衛らも版権を強固に主張し、それを支えるほどの確たる根拠もあったことになる。が、梅村や、共同出版した山田屋三郎・津国屋嘉兵衛・菊屋長兵衛・加賀屋卯兵衛らに、そうした根拠や実績があることは確認できない。ならば、彼らの主張の根拠がどこにあるのかといえば、仮名数検索を採る大本節用集が他に存在せず、それを初めて世に送り出した、ということにしかないように思うのである。

そもそも近世的版権（板株）は、それまでに存在しなかった本を創出することで得られるから、『万代節用字林宝蔵』はその条件にかなってはいる。ただ、この場合、誰も案出しなかったために存在しないのではない。明和元年紛議の議決によって、仮名数検索を採る大本節用集の刊行が何人にも許されなかったためであった。が、そうした経緯はどうあれ、現象としては仮名数検索の大本節用集がこの世に存在しないことに変わりはない。梅村らは、それを踏まえてプライオリティを主張したのではなかろうか。

　版権の間隙を突いたに過ぎない存在ではあるが、その主張に誤りはない。それだけに、内済交渉では理解に苦しむ場面もあったであろう。まず、柏原屋・吉文字屋両家が仮名数検索を分有するという事態が理解しにくかったであろうし、大本の早引節用集を刊行できない両家が『万代節用字林宝蔵』にクレームを付けるにいたっては奇怪至極とも感じたことであろう。梅村らには、そのような両家に正当な版権があるとは納得できなかったのではなかろうか。そうでなければ、己が版権を主張するあまり、訴訟さえ受けて立つことにはならなかったはずである。思えば、『万代節用字林宝蔵』一件は、明和元年紛議議決の変則がもたらした不幸な事故であったのかもしれない。

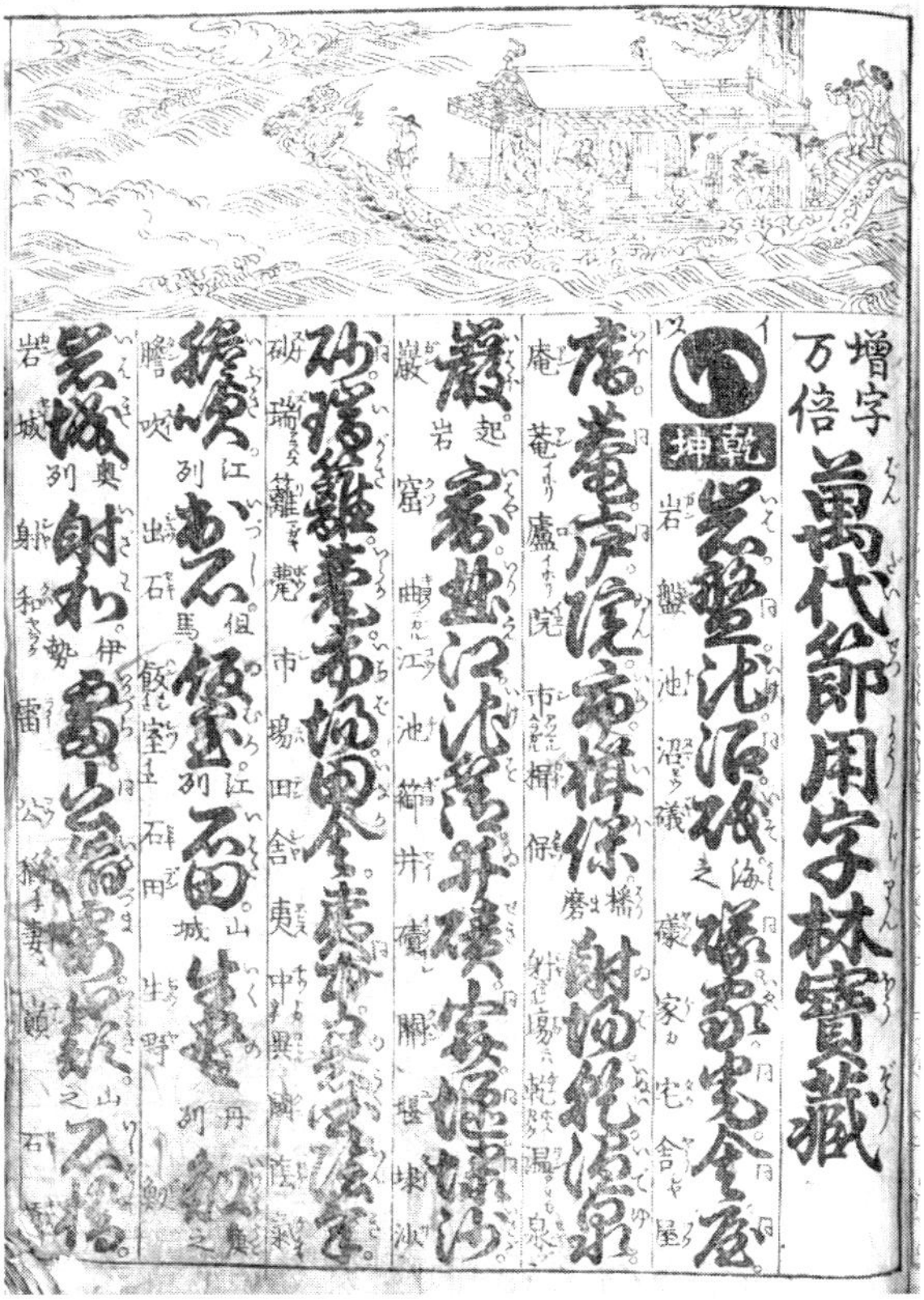

図８　万代節用字林宝蔵。仮名二字語から配列。

　『万代節用字林宝蔵』一件で最も興味深いのは、柏原屋・吉文字屋が共同した点である。明和元年紛議の議決で版権が分割された以上やむをえない協調体制であったろうが、裏返せば、両家の版権を合すれば早引節用集大本を刊行できることになるわけである。考えてみれば、明和元年紛議の議決は両家が求めたであろう早引節用集大本を共に諦めさせた、いわば負の平等をはかった議決であると判断されたが、反対に、両者に早引節用集大本の刊行を認めることも平等なはずであった。もちろん、すでに版権分割は決定されたので議決そのものを改めるのは困難だが、共同で刊行する相合版であれば何ら差し障りはない。そうした便法があることを、柏原屋・吉文字屋は『万代節用字林宝蔵』一件で確認したのかもしれない。本事例ののち、明和八年にいたって相合が実現し、『〔明和新編〕早引大節用集』として早引節用集大本が誕生するのだが、明和元年紛議以降、踏むべき段階を経て刊行に漕ぎつけているように思われるのである。ともあれ、ここに、明和元年紛議の最終的な収束があったと見ることもできそうである。

四　早引節用集の弱みと強み

吉文字屋らが『〔明和新編〕早引大節用集』の刊行にあずかったのは、さかのぼれば明和元年紛議に端緒があった。そこでの成功の要因には、『千金要字節用大成』の存在もさることながら、早引節用集の側にも重大な落ち度があったことを考慮すべきように思う。先に要点を言えば、柏原屋らの早引節用集は、辞書の生命である本文と検索法とを、吉文字屋側の書籍に依拠していた節があるのである。

まず、早引節用集の嚆矢『〔宝暦新撰〕早引節用集』とその直系といえる『〔増補改正〕早引節用集』の本文は、実は、吉文字屋らの『蠡海節用集』〈延享元〈一七四四〉年刊〉に依拠することが明らかである。たとえば、『蠡海節用集』のア部言語門の本文を示せば次のようになる。各語に通し番号を付して示す。

1 剰《あまつさへ》　2 欺《あざむく》　3 嘲《あざけり》　4 鮮《あざやか》　5 遽《あハたゝし》　6 怪《あやしひ》　7 危《あやうし》　8 諦《あきらむ》　9 強《あながち》　10 扱《あつかふ》　11 曖《あつかひ》　12 欠《あくび》　13 泡《あわ》
14 暑《あつし》……

これを仮名数の別で順にふりわければ次のようになり、

仮名二字　13……　仮名三字　12 14……　仮名四字　2 3 4 6 7 8 9 10 11……　仮名五字　1 5……

これはそのまま、『〈宝暦新撰〉早引節用集』ア部の仮名二字から五字の部の配列なのである。この範囲での例外は、仮名数四字の項で9（強）の次に「適」が入ることだけである。このような配列上の類似は、冒頭のイ部では異同のある部分があるものの、他の部では同様に認められるものである(9)。

つぎに検索法についてだが、早引節用集の仮名数検索については、吉文字屋の江戸出店・結城次郎兵衛の刊行書である勝田祐義編『早引和玉篇大成』（享保五〈一七二〇〉年刊）との関係が疑われている。本書は、部首を八九に抑える一方、部首検索しにくい字を「雑部」に集め、総画数検索にするものである。関場武（一九九二）は、『早引和玉篇大成』と『〈宝暦新撰〉早引節用集』の関係を示すものとして、検索法での数の重視、書名における「早引」の共通を指摘する。さらに「雑部引ヤウノ指南」で従来の倭玉篇の部首が多すぎるという指摘が、『〈宝暦新撰〉早引節用集』において意義分類の多さや煩雑さを説くのに通ずるという。

このように『〈宝暦新撰〉早引節用集』の成り立ちについては、吉文字屋の刊行書二書に本文と検索法そして書名要素の上で依存することが可能性として考えられることになるのである。

ただ、こうしたことは現代の我々が気づくのであって、吉文字屋らが気づいたかどうかは、また別の問題とすべきかもしれないが、熟知してもいたかと思う。たとえば、『早引和玉篇大成』との関係なら、書名の「早引」の相通から検討した可能性があろう。節用集の版権問題においては軽微な抵触ではあろうが、書名の類似が問題にされた事例もないではないからである。『蠡海節用集』の本文流用の方は仮名数で改編しないと分からないが、当時、吉文字屋らは新たな検索法の開発に注力しており（本書第三部第二章参照）、自身の版権書の本文を種々加工していたようである[10]。その過程で、『〔宝暦新撰〕早引節用集』『〔増補改正〕早引節用集』の本文が『蠡海節用集』からの流用であることは容易に知りえたように思うのである。

とすれば、吉文字屋らは、早引節用集誕生の当初、すなわち『〔宝暦新撰〕早引節用集』の刊行時点から版権侵害として争いそうなものだが、記録類からは知られない。また、理屈のうえではともかく、実際問題としては、吉文字屋が、仲間寄合などで自家刊行書と早引節用集との関係を証するだけの根拠を示すのは困難だったともいえる。たとえば、仮名数検索の発案のきっかけとして『早引和玉篇大成』を示したとしても、それより早く画数順を採った『字彙』があり、これにならって倭玉篇を改編した『字集便覧（和字彙）』も承応二（一六五三）年には刊行されており、これ以降、漢字字典において画数順を採ることは珍しくなくなっていくのである。また、『増続大広益会玉篇大全』の享保二〇（一七三五）年再刊時には、吉文字屋だけでなく、柏原屋も本家の清右衛門がやはり版元として名を連ねており、柏原屋らはこちらから考案したと主張できることになる。書名についても同様で、共通する書名要素の「早引」も固有の関係を証するにはあまりに普通名詞的でありふれたものである。

書籍としての側面からだけでなく、柏原屋を紛議の相手とすることも不利であった。というのは、柏原屋らは、明和元年紛議の直前、早引節用集にさして抵触するとも思われないイロハ二重検索の『早字二重鑑』『安見節用集』を絶版・版木買収に追い込んでおり（前章参照）、そこまでにいたる交渉術の力量を考えれば、よほどの根拠なくしては、軽々には争えない相手だったと思われるのである。

このように悪条件が重なっていることを考えると、正面から柏原屋らと争っても、吉文字屋らが早引節用集の版権を〈奪還〉できる可能性は少なかったと推測されるのである。

五　『千金要字節用大成』の強み

　ところが、吉文字屋が版権を購入した『千金要字節用大成』は、早引節用集の弱みを突くだけでなく、強みを切りくずしうる特徴を備えたものであった。重要なのは「数十年以前之古株」の語彙集であるために、日本語の仮名数検索のプライオリティの上で早引節用集に先行することである。さらに見逃せない特徴が二つある。その一つは編者が『早引和玉篇大成』と同じ勝田祐義であることである。まず、大坂本屋仲間の『書籍分類目録』五（寛政二〈一七九〇〉年頃編）に、

　千金要字節用大成　作者勝田祐義　全一冊

とあり、また、『新書籍目録』四（享保一四〈一七二九〉年刊）に、

　金言童子教　勝田祐義　（三二丁オ。最終行）

　千金要節用　　　　　　（三二丁ウ。第一行。「字」字および編者名の欠はママ）

とある。「千金要節用」の直下に勝田の名はないが、直前の行にあるので省略されたのでもあろう。このように『千金要字節用大成』の編者は『早引和玉篇大成』と同じく勝田祐義であることが知られる。とすると、さきに、早引節用集の仮名数検索が『早引和玉篇大成』からのものとする関場武の説を紹介したが、その編者・勝田祐義自身が、すでに仮名数検索による節用集をも編んでいたことになるのである。

　こうした『千金要字節用大成』の存在は、明和元年紛議において吉文字屋らが主導権をにぎるのに効果があっただろう。柏原屋らに『千金要字節用大成』とともに『早引和玉篇大成』を提示することで、仮名にせよ筆画にせよ数によって検索するアイディアが吉文字屋に属することを強調できるからである。

『千金要字節用大成』の第二の特徴は、大本であることである。そのことを直接示した資料はないが、吉文字屋らが大本の『早引大節用集』を版権侵害としたこと、議決で『千金要字節用大成』には小本としての再版が認められなかったことから判断できる。幸い、柏原屋らが明和元年紛議以前に刊行した早引節用集は小本だけなので、大本の仮名数検索の節用集であれば、『千金要字節用大成』のような確たる根拠があればその版権を主張する余地があったのである。

判型の大小で版権を分有するのは少々奇異に思えるが、先例はあるところである。それゆえに、吉文字屋らも分有の可能性にかけたのであろう。たとえば、節用集では、明和元年紛議直前に起きたイロハ二重検索の『安見節用集』一件が参考になる。同書は、早引節用集の版権侵害書として柏原屋らが買収したが、判型が他書に抵触するため、柏原屋ら自身も再版できなかったのである。

京師ニ出来候安見節用集之板木、他所へ遣シ候而ハ、本形ハ懐宝節用ニ差構候（中略）大坂ニおゐて本壱部も摺被出候義、かたく相不成候趣之相対ニ而、内済仕候事（「差定帳」一番）

また、大坂本屋仲間の「絵本出入格式之事」（元文二〈一七三七〉年刊）は、まさに判型の大小によって版権の範囲を画定する規矩であった。

一三ツ切二ツ切寸珍本ヲ以、大本半紙本ニ仕候事不相成、大本半紙本之株ヲ以、三ツ切二ツ切寸珍本ニ不相成事（「差定帳」一番）

ただし、これをそのまま節用集に適用できたかどうかは知られない。が、さきに掲げた『早引大節用集』の広告に「日用重宝品々入」とあるのは付録の絵入り日用記事のことであって、これをもって絵本の一種とみなし、「絵本出入格式之事」を適用することも考えられないではないけれども、そこまで行かずとも、参照・準用することはありえたであろう。そうなると、柏原屋らの「右早引節用ハ小形ヲ大本ニ致シ候儀故、何方へも構無之」との主張は、説得力はともかく、有効性は大いに揺らぐことになりそうである。

以上、『千金要字節用大成』は、早引節用集以前に仮名数検索を実現しており、『早引和玉篇大成』と同じ編者の手になる大本であったため、明和元年紛議以前における吉文字屋らの不利な状況を一掃したのであった。そして吉文字屋は首尾よく明和元年紛議によって仮名数検索の節用集の版権に食い込んだだけでなく、柏原屋に仮名数検索の大本節用集を刊行させないという結果を勝ち取ったのであった。

六　明和元年紛議の意義

明和元年紛議の前後と経緯について見直しつつ、その真相に迫ってみた。結局のところ、明和元年紛議とは、仮名数検索の版権を柏原屋らが専有することに対する、吉文字屋らからの異議申立てではなかったかと考えられそうである。

そこからの連想でいえば、吉文字屋らの節用集を見返すと、早引節用集に対抗するかのような熱気を感じさせるものがある。たとえば、検索法では『国字節用集』のイロハ二重検索や、『早考節用集』の濁音仮名の有無によるもの、『連城節用夜光珠』の濁音・長音・撥音仮名の有無によるものなどがある。『連城節用夜光珠』や『大成正字通』などの特殊仮名検索では、再版のたびに改良することも怠らない（山田忠雄　一九八一下）。なかには、仮名遣いではなく発音を同じくする語を一まとめにしたり、人間の目と指の動きに配慮して丁付けの位置を決定するような、細やかで現代的な工夫も見られる（佐藤　一九九六ｃ）。さらに、他分野書籍と合冊して節用集を構成するという大胆な試みまで行なうところである（本書第三部参照）。

このようなことを見るとき、吉文字屋らが、早引節用集とその版元・柏原屋らをライバル視していたことは容易に想像されるし、だからこそ、両家が共同出版（相合版）することは考えられないのだが、唯一の例外に『〔明和新編〕早引大節用集』があることになる。なにゆえ『〔明和新編〕早引大節用集』の版元に吉文字屋らが加わるのか、筆者が近世節用集の研究を開始した当初からの疑問であったが、明和元年紛議に端を発するものと解されるのである。

ところで、明和元年紛議につき、蒔田稲城（一九二八）が「爾今早引節用集の板株に或る制限が付けられたことは注意を要すべき点である」と評するのは興味深い。蒔田がどこまで見通していたのかは不明だが、確かにこの紛議の議決は、右に検討してきた以外にも重要な影響を与えた。早引節用集が三切・半切などの小本であるのは、必ずしも携帯性への配慮だけから求められた形態ではなく、明和元年紛議議決において大型本を刊行できなかったという制約をも考慮すべきだからである。天保の改革で本屋仲間が解散させられて版権の管理に書肆がたずさわることができなくなると、早引節用集は多くの書肆から刊行されるようになる。そうした状況であっても美濃判半切本や三切横本が横行し、大型本を刊行するものはないのであるが、これなどは「早引節用集は小型であるべきもの」との通念まで醸成した現れと見ることができそうである。近世的版権の崩壊した明治以降でもやはり、早引節用集は小型本（多くは横本）が刊行されるのである。

明和元年紛議は、佐藤（一九九〇ａ）で確認した検索法の開発集中期のさなかに起こった。したがって、右に検討してきたのは、そのような時期における書肆の対応の有りようをやや詳しく見、その経緯についてもできるかぎり想定して、十全な把握につとめたものということになる。今後、こうした検討を重ねることで、近世節用集史を記述するうえで避けて通れない検索法の開発集中期について、その意義と本質を解明するための、一段深い検討へ向かいたく思う。

注

（1）以上、佐藤（一九九〇ａｂ）、中村喜和（一九七三・一九八六）、飛田良文（一九六五）、山田忠雄（一九八一上）ほかを参照。

（2）宝暦三年に、京都の長村（半兵衛か）・菱屋（治助か）らから判型についてクレームが付けられたが、大事にはいたらなかったようなので考慮しない。本書第四部第二章参照。

（3）明和四年、京都五書肆相合版『万代節用字林宝蔵』の件。「京板万代節用出入之覚」（大阪府立中之島図書館編一九八一）による。同書は、『早引大節用集』と『千金要字節用大成』の版権に抵触するとして絶版に処せられた。本書第四部第二章参照。なお、本章第三節でもやや詳しく触れる。

（4）「惣打込」は、ウチコムが「入り交じる」の意であろうから、「廿一門分ケ」と対比して「一切意義分類せずに」の意であろう。意義分類を廃した早引節用集の検索法をよく表している。

（5）蒔田稲城（一九二八）では「仲間創制前の古板の節用集は板株が認められてゐなかつたから、その欠点に乗じ古板の株を買収して早引節用集を模倣することが行はれた。左に記す千金要字集は其の一例である」と見る。が、これは、早引節用集の版権問題では対立する側が侵害書であるという図式に捕らわれた誤解であろう。単純な偽造であれば長々と仲間間で議論されるはずもない。また、吉文字屋は当時最大の大店であるから（濱田啓介　一九五六）、信用を落としかねない偽造に手を出すとも思えない。

（6）注3参照。なお、各所に現存する『万代節用字林蔵』（天明二〈一七八二〉年刊）は、仮名数検索を廃した別書である。書名内題は「宝」字の有無で弁別ができるが、本屋仲間の諸記録ではこの弁別を反映しないことが多い。

（7）安永三（一七七四）年、仙台の柳川庄兵衛が早引節用集を重版（無断複製）した折りの大坂本屋仲間の記録に「万代節用集与中大本節用集」（「差定帳」二番）とある。

（8）たとえば、「近世期の内済制度は寧ろ民事裁判は原則として総て、一定の内済手続を経て裁判役所に提出されるものであり、然らざる場合に於ても裁判役所は訴の審理に先立ち、当事者間に於て内済和融をなす可き事を要求した」（小早川欣吾　一九五七。八二ページ）といい、また「内済に依りて事件を平和的解決に導く事を企図した」ため、故意に「重大なる争訟、例へば論所の如き事件は急速に取扱はざる事を裁判の格式と」（同、七七ページ）するほどに内済を重んじたという。

（9）佐藤（一九八七）による。また、高梨信博（一九九四）は『蠡海節用集』から『〔宝暦新撰〕早引節用集』への改編例を種々示している。

（10）たとえば、『蠡海節用集』は当時通行の節用集と異なって意義分類を言語門から始めており、『袖中節用集』（宝暦八〈一七五八〉年刊）では乾坤門からに改め、『大節用文字宝鑑』（宝暦六年刊）・『新撰部分節用集』（宝暦九年刊）では意義分類をイロハ検索の上位に配している。米谷隆史氏の教示によれば、これらの本文は、小異はあるものの、基本的には『蠡海節用集』に依るという。また、刊行には至らなかったがイロハ二重検索の『国字節用集』（宝暦五年成。現存せず）も、時期からみて『蠡海節用集』の本文に依った可能性が高い。

付説　「出勤帳」の欠落について

明和元年紛議は、右のように再構成され、また解釈されるものと思われる。これは大坂本屋仲間の「差定帳」での記載を資料としたのであった。本来であれば、さらに細部について「出勤帳」で補完する手順となるところだが、明和元年紛議とほぼ同時期の記載が欠落するため、その手順を採ることが不可能であった。ただ、その欠落の有りように不自然な点があるので、欠落自体を考察してみたい。

まず、明和元年紛議が議論された時期は、柏原屋の『早引大節用集』の写本回覧と吉文字屋の『千金要字節用大成』の購入記録とが現れた明和元年の「五六月之比」を上限とし、議決の日付けである「十二月四日」を下限とするものである。この範囲を含む「出勤帳」を大阪府立中之島図書館所蔵の原本で確認すると、七月二〇日の寄合記録が「出勤帳」一番の二六丁表で終わり、その最終行と丁の折り目のあいだに、

此寄合より九月廿日迄、行司出勤之用書相見へ不申

との一行が記される。ついで、同丁裏以下には次のようにある。

明和元年申九月廿一日より同二年酉正月廿一日迄

行司　吉文字屋市兵衛／本屋清左衛門／柏原屋与市／本屋弥兵衛／糸屋源助／加役　正本屋小兵衛／升屋

大蔵／加役　阿波屋平八

右行司中出勤之用事書、相見江不申候

同酉正月廿一日より同五月廿日迄
　行司　池田屋三郎右衛門／敦かや九兵衛／本屋新右衛門／糸屋市兵衛／本屋伊兵衛／秋田屋太右衛門／加役
　　伊丹屋庄次郎／同断　浪花屋忠五郎
　右行司中出勤之用事書、相見へ不申候

右の記載は貼紙などの後補ではなく一紙に記されており、行司役の書肆名も略されることなく詳細に記されている。おそらく、これらの覚え書きは、紛失が明らかになった時点で、明和二年五月二一日から行司役を担当した者によって記されたものなのであろう。つまり、欠落部分は現在までの伝存過程で紛失したのではなく、明和当時から存しなかった、あるいは元々記載されることがなかったのではないかと疑われるのである。このような紛失ないし不記載という事態は、仲間行司が役務として「出勤帳」を記すようになるのが明和元（一七六四）年からなので、不慣れのための事故のようなものと捉えることがひとまず考えられることになる。

しかし、そうとばかり言えない面もある。当時は仲間全体を五組にわけ、各組から行司を選出し、正・五・九月に交替することとなっていた。そこで、まず、起筆以下明和年間における組ごとの執筆量を見ておこう。

組（仮称）	A組	B組	C組	D組	E組
明和元年	正月～　二九六	五月～　七〇	九月～　〇	明和二年 正月～　〇	五月～　五六
明和二年	九月～　一六四	明和三年 正月～　四八	五月～　二〇	九月～　三一	明和四年 正月～　四四
明和四年	五月～　二〇三	九月～　一二六	明和五年 正月～　八	五月～　一八	九月～　四五四
明和六年	正月～　一八五	五月～　一五六	九月～　一〇	明和七年 正月～　一六	五月～　一二四
明和七年	九月～　二六五	明和八年 正月～　一三〇	五月～　〇	九月～　三八	明和九年 正月～　九〇
組平均量	二一三	一〇六	八	一五	一五四

＊当時の組名は知られないので仮にＡ～Ｅとした。最上欄はＡ組の行司担当月の年を示す。各欄の月名は行司役を引き継いだ月である。数字は大阪府立中之島図書館編の翻刻本の行数で、一字でも記されれば一行とした。

ＣＤ組の執筆量は一貫して僅少であることが明らかである。これは、重要事項は「差定帳」「裁配帳」「鑑定録」などの専用の帳面に記せばよく、日常的なことがらは記すに及ばないとの判断があるからなのだろう。言わば「出勤帳」軽視の傾向があるものと推測されるのだが、そのような行司なら、何らかの事情で「出勤帳」に記録しないことも考えられる。つまり、不記載という事態がＣＤ組の行司担当期間に起こったのは、偶然の事故ではなく、相応の必然性があるように思われるのである。

そこで不記載期間の行司に注目しよう。Ｂ組の行司は宝暦一四（明和元）年五月二五日の記事で全員の名が知れ、ＣＤ組のは先の引用箇所から知られる。注意が引かれるのは、いずれの組にも明和元年紛議の関係者が含まれることである。

Ｂ組　五月二五日より九月二〇日　　　堺屋
Ｃ組　九月二一日より翌年一月二一日　吉文字屋・柏原屋
Ｄ組　一月二一日より五月二〇日　　　木屋（「出勤帳」中では「本屋」として）

「出勤帳」の不記載期間は、主に「出勤帳」軽視のＣＤ組担当期間であり、かつ明和元年紛議およびその事後処理の時期にも相当しており、記載すべき行司役には明和元年紛議の関係書肆が含まれる——このような一致は、構成員数も限られる本屋仲間行司であれば、偶然にもありうるとして顧慮しない立場もありえよう。

しかし、明和元年紛議は、右に検討してきたように、利害関係の入り組んだものであった。吉文字屋にとっては筋の通った主張ではあったが、第三者からは早引節用集への切り崩しと見られかねないものである。柏原屋らにとっては早引節用集の成立背景を暴露されかねない、暴露されれば醜聞に近い内容を含む重い紛議であったはずである。おそらく、「差定帳」にも現れていない細々とした駆け引きもあったことであろう。

結局、明和元年紛議の関係者にとっては、細部にわたる紛議の成り行きなど書き残さないに越したことはなかったのであろう。また、関係者の一人・吉文字屋は当時もっとも活動的な書肆であったし、柏原屋の本家・清右衛門家もそうであった。柏原屋は明和紛議の翌年、本家を継ぐという位置にもあった。彼はまた、大坂仲間設立当時からの由緒ある書肆でもあった。このような有力書肆であれば、同時期に行司役を勤めた他の書肆にも、細部についは記録を残させないよう働きかけることも容易だったのではなかろうか。

このような推定は、吉文字屋・柏原屋のC組担当期間――すなわち、明和元年紛議で仲間全体が紛糾した時期――の説明としてよくかなうものである。残るB・D組担当期間についても、吉文字屋・柏原屋の影響力と紛議関係者の存在を考えることで説明できそうにも思うが、記録自体が存在しないのであるから、これ以上の追究は避けておくこととする。

このように「出勤帳」への不記載は、明和元年紛議に由来する可能性が考えられることになる。先にも記したように通常の手順なら「出勤帳」の記述から紛議の細部を再構成することになるが、明和元年紛議にあっては、逆に、「出勤帳」に記されなかったことを手がかりとして、紛議の背景や性格を推測することになるのかもしれない。

第三部　『錦嚢万家節用宝』考

第一章　合冊という形式的特徴を中心に

二〇〇一年二月、少々特徴的な節用集を入手した。寛政元（一七八九）年、大坂の書肆・吉文字屋市兵衛刊行の美濃判縦本である。表紙の表皮のごとき薄紙の大半は題簽とともに失われ、見返しにある『錦囊万家節用宝』が、唯一示しうる統一的な書名である。「統一的」などとあえて記せば奇異に見えるが、本書は、独立した四書——表紙見返しの表記に従えば『人家日々取扱要用之事』『伊呂波分字引節用集』『訓蒙図彙　一名万物絵本大全』『年中行事綱目』——の合本なのである。

これとは別に特徴的なのは、合冊された四書すべてが、版面を縦三段に分かって印刷されることである。これは、本来、美濃判三切横本として製本されるべきものであるのに、裁断せずに美濃判のまま製本したためのことである。したがって、上中下各段の印刷面のあいだに、三切本としての余白と裁ち代分の空白が来てしまうのだが、これが、美濃判書籍の版面としてはすこぶる異様にみえる。普通、こうしたことはありえない。三切本であれば三段に裁断・製本するはずであるし、その必要がなければ、つまり美濃判書籍として仕立てるなら、余分な空白が紙面を横断するなどという不体裁が生じないよう設計するはずである。いや「設計」などという言葉を使うのもおろかであって、美濃判の書籍を作るということは、その通念として紙面全体に文字を配置することであるから、意図して設計するに及ばないのである。それだけに『錦囊万家節用宝』の紙面は不自然というより奇妙というほかない。

このような『錦嚢万家節用宝』も、一言でいえば、付録付きのイロハ検索の節用集であって、そのように表現できる点では当時通行の節用集と変わらないとすることができよう。しかし、当時の典型的なスタイル——行草体と楷書体とで漢字を表示する辞書本文を本体とし、その前後（巻頭・巻末）・上部（頭書）を日用教養記事による付録が包み込み、あたかも一体化したように組成されたもの——からは、大きく逸脱する。逸脱は、次代に花開く萌芽である場合と、単なる奇形にすぎない場合とがある。が、『錦嚢万家節用宝』においては、『人家日々取扱要用之事』『伊呂波分字引節用集』『訓蒙図彙　一名万物絵本大全』『年中行事綱目』を一冊に製本しただけのことであり、しかも紙面は三分割されたままである。「組成」という言葉から論じるほどの計画性・完成度もないのであるから、やはり奇形ということになりそうである。が、それほどまでに見事な逸脱ぶりを見るにつけ、そうした体裁を採ることになった理由を追究したいという欲求が湧いてくる。もちろん、そのための一連の検討は、当時の節用集刊行の具体的な過程を詳らかにしていくことにつながるであろうし、『錦嚢万家節用宝』を近世節用集中に位置づけることにもなるであろう。

一方で、『錦嚢万家節用宝』が、これまでの近世節用集研究を振り返らせる契機にもなるかと思う。一八世紀の縦本節用集には、巻頭・頭書・巻末に付録を配するといった典型的な組成があった。これは、典型であると容易に指摘できるほどの多くの節用集が採用するものであり、頭書などは、それを配するのが不利であるはずの横本にも追随するものがあるほど、影響力の強いレイアウトであった。それだけに、研究者も無意識のうちに典型を絶対視し、それに対する検討や評価を下すことがなかったように思う。というより、客観的に評価するなどという発想を起こさせないところにこそ、典型としての所以があるというものであろう。

そのようなかで『錦嚢万家節用宝』が出現したことは衝撃とも言えそうである。徹底した逸脱が、よりいえば徹底した逸脱をあっけなく具現化したという事実が、典型に捕らわれた目を覚まし、典型を相対視するきっかけになるのではないかと思うのである。『錦嚢万家節用宝』とは、単なる逸脱として奇矯の名のもとに節用集史の片隅に追われるものではなく、むしろ、一度は中心に据えて基準となし、そこから当時の節用集をかえりみるような、いわば逆向きの検討を迫る存在のように思えてくるのである。

このような基本的な見通しがあるわけだが、ここでは、まず『錦嚢万家節用宝』の紹介を中心とし、節用集における合本という事態について考えることから始めたい。

一　『錦嚢万家節用宝』概観

あらためて『錦嚢万家節用宝』を紹介する。

表紙見返しに合冊各書の内容紹介があり、ついで四書の合冊となる。最後の裏表紙見返しには、吉文字屋の刊行書七書の広告と刊記（寛政元巳酉年／心斎橋南四丁目／浪花書舗　吉文字屋市兵衛板）がある。

表紙見返しの各書の内容紹介は次のようである。振り仮名は適宜省略し、句読点を私に補った。

第壹　人家日々取扱要用之事
　数々あつむ。則、左の目録をみれバあきらかなり
第弐　伊呂波分字引節用集
　黄紙の跖を開き見るべし。字の引様くわしくしるす
第三　訓蒙図彙　一名万物絵本大全
　天地のあらゆる事悉く絵にあらわす。第三黄紙に目録あり
第四　年中行事綱目

日本国神社・仏閣・祭礼・斎会・見物事・登山、都て日並にかゝわる事、悉く記す。第四の黄紙に目録あり

黄紙とは、丁子・黄檗などで染色した紙のことだが、それに目録が印刷されるという。目立ちやすい料紙であれば四書間の境界を明示できるので、利用の便をはかる工夫なのであろう。しかし、架蔵書にはそうした色あいは認められず、褪色したのか、はじめからそうした料紙は用いなかったのかも判断がつかない。ただ、黄紙が来るはずの箇所の用紙は本文よりもやや厚手になっており、裏面の文字が透けるようなこともなく、見やすいものとなっている。もちろん、これは合冊に際して設けられたものなので、合冊四書の美濃判三分割の体裁に習いつつも、別仕立てである。

『錦嚢万家節用宝』の特色の第二として特筆すべきは紙面構成であった。合冊された四書ともそうなのだが、各丁を三段に分かって記事が記されるのである。ただ、現代の辞書類などにおける三段組のように、一面内を上段から下段へと下るように本文が続いていくのではない。合冊四書とも、本文を初・中・末に三等分したものを三段に配するようになっているので、本文の流れは段を単位として次丁へ続くことになる。各丁表上段の本文は丁裏の上段につづき、さらに次丁表上段へと続くのである。本文の初め三分の一が配された段の最終丁は、中の三分の一が配された段の最初の丁へ、その段の最終丁は本文末部の三分の一が配された段の最初丁へ連続することになる。本来、三切本である版面を裁断せずに美濃判のまま綴じたことからくる煩雑さがあることになる。

このように特異に過ぎる構成を持つのが『錦嚢万家節用宝』であるが、体裁はともかく、その内容については、他の書籍の広告に記されており、相応に知られていたかと思われる。

錦嚢万家節用宝　全一冊

口にハ人家日用もちゆる所の重法成る事八十ケ条を集め、つぎにいろは分ケ字引節用集、次に万物絵本訓蒙図彙を出す。この絵本ハ上日月星辰より下羽毛鱗芥の細き迄、国々山川人物生類草木其外天地の間にあらゆる物、

悉く集めのせ、終に年中行事一切参詣事其外月日に抱《ママ》（拘か）る事、のこらず集。誠に節用宝なり。（小泉吉永編〈二〇〇五〉所掲『筆道稽古早学問』巻末広告による）

節用集の広告文といえば、語の増補や仮名遣いの訂正、用字の精選、有益な付録の掲載など、その真偽はさておき、イメージ先行の言辞を連ねたものが多い。が、右の広告文は、きわめて具体的な書きぶりであって真実味が感じられる。ことに「口には・次に・終に」といった順次を示す語句につづけて内容を紹介するのが印象的である。それも、『錦嚢万家節用宝』原本を目にした今では、合冊体であるがゆえのことと了解されるのである。

このような『錦嚢万家節用宝』も、一言でいえば付録付きの節用集だが、それを合冊という手法で達成しているのが特色である。本書の位置づけを考えるには、まず合冊による利点を考える必要があることになる。そのために、まず合冊された四書それぞれについて検討しておきたい。先には、四書がそれぞれ独立の存在であるといったが、その程度を確認することで『錦嚢万家節用宝』における合冊という事態をより的確に把握できるものと思う。

二　合冊四書概観

（一）人家日々取扱要用之事

本書は二三丁で、三切時の丁付けは、最初丁の「目録」になく、次の「大日本国図」よりはじまるため、最終丁は「六十五」となる。三段への配置は、本文の初・中・末各三分の一が、それぞれ中・上・下段に配されている。(1)

本文一丁表中段に「目録」と大書し、その裏に記事名だけ列挙する簡単な目録がある。以下、内容紹介の意味ですべて記してみる。なお、この目録は、各行を上下二段に分かっているが、内容上、それぞれの段で一続きと見られるので段ごとに示す。また、この目録に掲げられた記事と実際の収録記事とは、名称をはじめ、内容も一致しないことがある。ことに、最後の「不成就日」以下の七項は存在しない。

日本の図・近江八景・永代大雑書・和漢歴代・年数一覧・和漢百官名・進物の書法・目録認やう・折方の図・万積物の図・絵馬書様・扇の書様・色紙短冊法・書翰礼式・封文認やう・女中文書法・書翰端書・月の異名・五節句同・書札同・諸文づくし・斤目づくし（以上、目録上段）

四目録の占・六曜くり様・破軍星同・男女相生・相生名頭・同書判尽・ちしごくり様・うけむけ・中将棊の図・衣服着やう・ごふくざん・和漢尺の法・古文字偏冠・印肉拵やう・石刻印譜・不成就日・服忌令・年暦六十図・しほの満干・十干十二支・鬼宿吉日・願成就日（以上、目録下段）

一見、占いの記事が多く、いわゆる大雑書に似るが、図絵・手紙文や日用の作法、百官名等もあって、当時通行の節用集の日用教養記事付録そのもののような印象を受ける。逆にいえば、一書としては内側から支える何事かを欠くようにも思えるし、序・跋・刊記・内題までないので一書としての形式も整わない。もちろん、序・跋・刊記などは別の版木で補うこともありうることではあるけれども、その内容からすると『人家日々取扱要用之事』は、単独で刊行されることがなかったのかもしれない。(2)

なお、記事中の「年数一覧」の末尾に「各宝暦十二午年までの年数をしるす」とあって、およその成立時期が知られるのは幸いである。やはり吉文字屋の刊行した『文宝節用集』（外題。宝暦一二〈一七六二〉年刊。(3) 米谷隆史蔵）が『人家日々取扱要用之事』と『蠡海節用集』（宝暦一二年再版）の合冊本であるらしいからである（米谷氏談）。『文宝節用集』を組成するにあたって、付録の少ない『蠡海節用集』に、通行の節用集並みの日用教養記事を添えたいとの方針があったのであろう。そのための、いわば付録集としてだけ機能するような内容を満たすものとして『人家日々取扱要用之事』が編集されたのであろう。そう考えれば、『蠡海節用集』再版と同じ宝暦一二年の年記が『人家日々取扱要用之事』に存する理由だと推測できるのである。

この推測は『人家日々取扱要用之事』の目録の不備が裏付けてもくれる。目録末部の「不成就日」以下七項目は相当する記事が存在しないのだが、それらはそのまま『蠡海節用集』の巻末付録「不成就日・服忌令・年代六十図・潮汐満干・十干十二支・鬼宿大吉日・願成就日」と一致するのである。すなわち、『人家日々取扱要用之事』の目録は、合冊した『蠡海節用集』末尾の付録記事名をも含めて記したのであって、『人家日々取扱要用之事』が『蠡海節用集』と切り離されたとき、「不成就日」以下の記事は存しないことになるのである。逆に、それほどまでに『人家日々取扱要用之事』は『蠡海節用集』に依存した書籍だったということになろう。

以上のことから、『人家日々取扱要用之事』とは、もっとも具体的な有りようをいえば『蠡海節用集』との合冊を前提として生まれた書籍ということになる。やや拡張的にいえば、付録の乏しいタイプの三切横本節用集に当時通行の節用集並みの付録を提供・補足するための存在だったということになる。

(二) いろは字引節用集（伊呂波分字引節用集）

黄紙にあたる丁は、「いろは字引節用集目録〔丁附合文〕」との題名こそ三段ぶち抜きで一行に記されるが、イロハ各部部名とその丁付けを示す部分〔丁附合文〕は、三段に分かたれる。各段冒頭には「此段ノカナ、本文モ此段ヲ開キ字ヲサグルベシ」と注意書きする。続いて、上段にはテ部からス部および付録類の、中段にはイ部からカ部の、下段にはカ部からテ部の丁付けが記される。

本文部分は、「字のよみはじめ／字の繰出し様」からはじまる七二丁〔美濃判としての丁数〕である。合冊四書中、最も紙数が多く、統一的な書名『錦囊万家節用宝』に「節用」の名が入るのにも符合する。三段への配置は、本文の初・中・末各三分の一が、それぞれ中・下・上段に配される。なお、三切時の丁付けをたどると、冒頭に欠落があることが知られる。最初丁中段は、「字のよみはじめ／字の繰出し様」と「字の引様」の前半が一丁で「ロノ三」と丁付けされ、「字の引様」の後半と「門部の註」が一丁で「ロノ四」となっており、「ロノ一」「ロノ二」がない

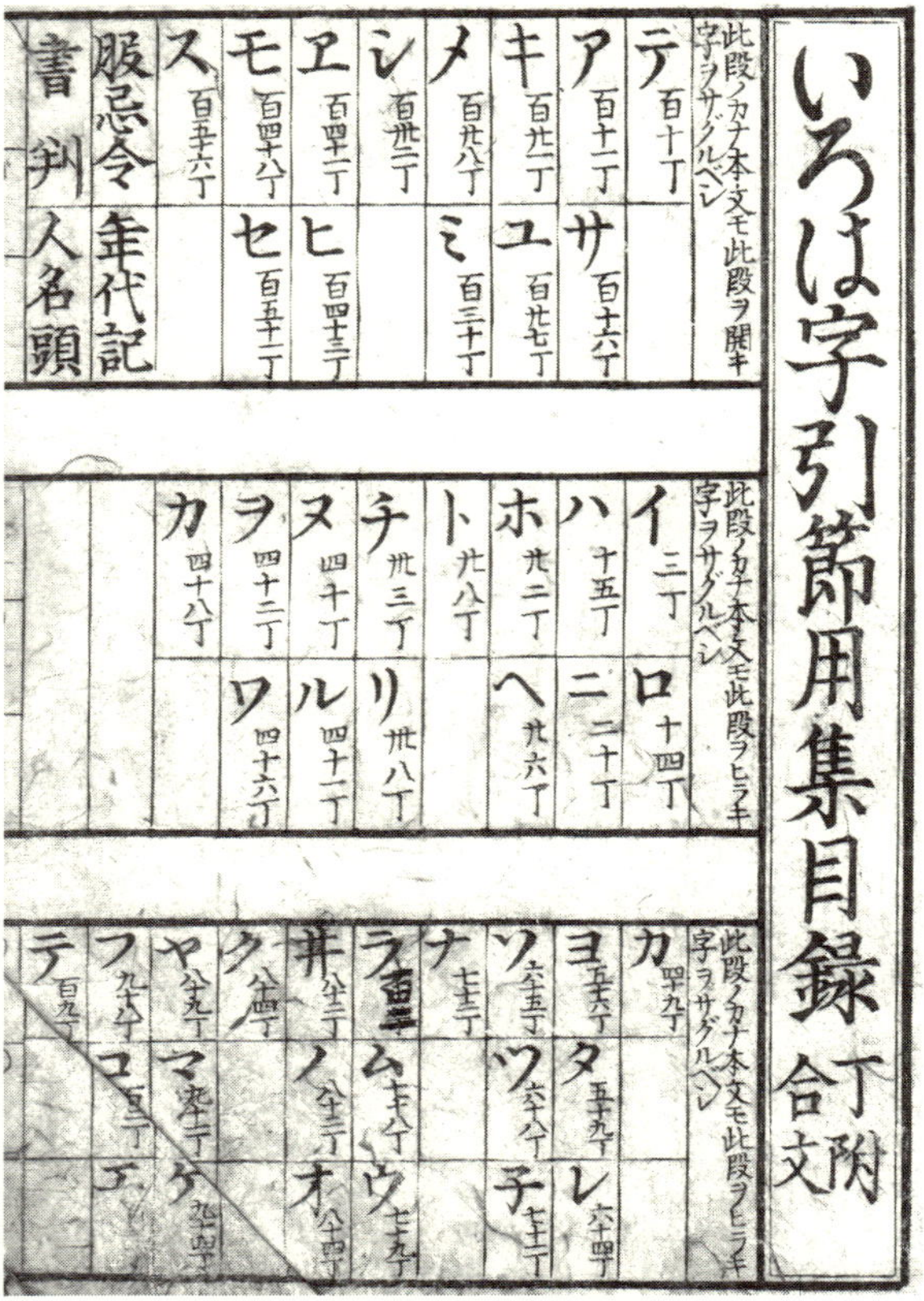

図9　いろは字引節用集目録

のである。ならば、本文を三分し、三段に配する書なのであるから、三切時の丁付けで都合六丁分の欠落が想定されるが、本文中に四丁の欠丁はなく、丁付けもすべて連続するので、「ロノ一」「ロノ二」は別の版木に刻されていたのでもあろう。

「ロノ三」「ロノ四」ののち、真草二行体の辞書本文となる。中段から下段・上段へと本文が連続し、上段末に付録がある。「石刻印譜・本朝年鑑六十図・服忌令・潮汐満干・五節句異名・願成就日・鬼宿大吉日・不成就日・相性名頭書判・中花開闢・覚書の哥・諸宗しやうじん日」で、計一二種となる。ただし、このあとに「凡例・小引」が来、相場割（仮称）が配されるので、実際には一三種の付録があると見ることになる。

本書は、辞書本文のあとに付録が来ること自体、一書としての結構を相応に備えていることになるが、本文末尾の「凡例・小引」の存在、「小引」末尾の「天明六丙午年再刻」との刊年の明記、最終丁裏の「心斎橋南四丁目／大坂　吉文字屋市兵衛／同　高田清兵衛／日本橋通三丁目／江戸　吉文字屋次郎兵衛」との刊行書肆の明記など、単独刊行を証する特徴を完備する。

では、単独刊行された『いろは字引節用集』とは何であったのか。書名の手がかりは、内題・柱題ともになく、巻末の「凡例」中にも現れない。わずかに「小引」に「即坐引ノ虚題ナラザルヲ」（読みくだし）とあるだけである。内容から推せば、冒頭の「字の引様」に「字のよみ終、すべてひく、はねる、すむ、にごる、の四つにもれ申さず候間」云々とあること、続く「門部の註」に「ざつ・天地・人のるい・どうぐいふく・草木くだもの・生るい」と六種の意味分野が記されること、「天明六丙午再刻」の年記などを考え合わせれば、山田忠雄（一九八一下）にいう『急用間合即坐引』（真草二行本）天明六（一七八六）年再版本と知られる。これは、亀田次郎旧蔵書において「節用集」と仮称される三切横本天明六年刊本と同一であり、匡郭の切れなどから同版と認められるものである。[4]

(三)『訓蒙図彙　一名万物絵本大全』

黄紙相当丁には、まず、右端に三段ぶちぬいて「万物絵本訓蒙図彙目録」と記される。残る紙面は、上中下三段に分け、それぞれに記事のありかを記す。各段のはじめには「此段目録本文も此段の丁付の所を出し絵を見るべし」と記し、特異な三段組を周知する配慮がなされている。ただし、示される丁付けは複雑である。たとえば、中段に「人物上　廿七丁目」があるが、これに続くはずの「人物下」は来ず、「山海経　九十三丁目」と記されており、「人物下」は上段の最初に「人物下　三十丁目」と記されるのである。同じような跳躍は、上段・下段にも認められる。このような不都合は、『訓蒙図彙　一名万物絵本大全』が本来上下二巻本であって、上・下巻それぞれが一まとまりに刻されることから来るものである（次章に詳述）。

目録の次丁から本文になる。全六三丁のうち、初め三五丁が上巻に、残り二八丁分が下巻になる。一丁三段への配分も上巻・下巻ごとになるが、本文の初・中・末各三分の一が、それぞれ中・上・下段にあてられる。

さて、一丁目中段、すなわち三切本時の一丁目（丁付けなし）の表は枠のみとし、裏に「序」を配する。次丁

（丁付け「二」）は「凡例」である。内容紹介の意味で、ともに翻刻する。

　いにしへより画本の書多く、刊《ゑり》行ハれて誠に世の重宝たり。今此書ハ上天象より下万物迄、悉く其図を正し、各々名義の文字をあらため、彩色の調要をあらハし、あまねく撰ひ集め、万物絵本大全調法記と名付て世にひろむる事しかり（序）

一此書の中の図、本朝出生の生類・樹竹・穀類・菓蓏・草花迄、直に其象を見て写せる図を集め、直ニ見る事あたハざる物ハ、よく知る人に尋求めて是を写す

一本朝に見へざる図ハ、三才図絵・本草綱目・山海経等を本として是をあらハし、しれざる物ハよく知れる人に尋て是をあらハす

一名義幷文字ハ、三才図絵・本草綱目の文字を本として是をあらハす

一和名ハ、本朝に古へより用ひ来たる所の順の和名抄・多識編・節用集・下学集等のよミをしるす

一春夏秋冬の文字を付ルものハ、和歌・連誹の季をわかつためなり

一彩色絵具つかひ様の秘伝、こゝにしるす也

三丁目（丁付け「三」）一行に「万物絵本大全調法記」と内題があり、残りの紙面と四丁目表裏に目録を記す。ただし「巻之上目録」につづけて「巻之下目録」を記している。内容紹介の意味で一九項目すべてを掲げる。なお、各項目の頭にくる「一」字と、項目に続く注記は煩雑なので省略した。

三国名山図・天象図・地理図・居所図・人物図・身体図・衣服図・宝貨図・器用図（以上、巻之上）

山海経図・畜獣図・禽鳥図・龍魚図・虫介図・米穀図・菜蔬図・果蓏図・樹竹図・花草図（以上、巻之下）

五・六丁目（丁付け「五・六」）に「絵具製法」を載せる。七丁目から新たに丁付けがはじまり、横長の紙面を二～三分した絵本本文となる。上巻・下巻の境界は先に記した通りで、中段部の丁付けで言えば「廿九」を含む丁ま

でが上巻になる。

三切本として裁断・製本したおりの下巻最終丁（丁付けなし）の表には単独刊行されたおりの刊記があり、「画工下村氏／房供書之／元禄六癸酉歳／五月吉旦／書林高屋平右衛門／日本橋南一丁目／江戸　村上源兵衛」とある。「高屋平右衛門」のみ、細く、筆圧の差の弱い書きぶりだが、他は、縦画太く横画細く記されている。この刊記から、単独で刊行されたことが知られる。『国書総目録』に「万物絵本大全調法記　二巻一冊（類）絵画」とするものであろう。

本書については長友千代治（二〇〇一）に論があり、成立・編集に関して次のような見解が示されている。

この『万物絵本大全調法記』は『訓蒙図彙』を、懐中本、すなわちコンパクト版にしたものである。（中略）『万物絵本大全調法記』の巻之上「三国名山之図」、巻之下「山海経之図」の各巻頭の項目を除くと、特殊項目等については若干の削除、また二図三図を同一画面に描くなどの調整はしているものの、全体としては『訓蒙図彙』の掲載順、また事物の描画構図、その名称の正名・異名・和名・俗称等をそのまま踏襲している。

『訓蒙図彙』からの抜粋については、「おそらく第一の目的は、凡例の五番目に記す、和歌・連俳の季語を描画によって示すことであったと思われる」との見解と合わせ、両書の出入りを検討し、「日常的に熟知された連俳に無関係な瑣末な事項、あるいは、身体語彙、とくに内臓器官の語彙などは捨てられたと思われる」という。

（四）年中行事綱目

黄紙相当丁は、まず三段ぶち抜きで、標題「年中行事」と記し、その下に「日本国神社仏閣祭礼仏事見物事登山すべて月日の定りし事、もらさず記す」と注する。目録部分は、上段最初に「四月八日より八月十五日迄此段に記ス」、中段最初に「正月より四月八日迄此段に記す」、下段最初に「八月十五日より十二月迄此段ニ記ス」と記し、それぞれの段に各月と丁付けを示す。

本文部分は、目録の示す三段の配しかたと齟齬がある。中段に正月から四月までの記事がくるのは一致するが、上段には八月から一二月と付録、下段には四月から八月の記事がくることになる。最初丁表中段は枠のみで、裏中段に「開巻一覧」と称する序がくる。三切にした場合には、この丁が表紙見返しにあてられるのであろう。三切時の丁付けは「序」。なお、「開巻一覧」の記事は左のようである。末尾の浅井素封堂は、『国書人名辞典』に「生没年未詳。江戸中期の人」「浅井氏。通称、徳右衛門。号、素封堂」と記される書肆・秋田屋徳右衛門であろう。

夫れ国々の大社又者仏場の行事ハゆへあることなれハ、絶たるハおほやけ是を再興し玉ふ。参詣も此時をこゝろがくべきものか。其格古雅にして見るにそのよし深し。興もこゝにあり

宝暦乙亥歳

浅井素封堂［印］

「開巻一覧」についで本文になる。丁付けは一から六十六。本文冒頭に「諸国年中行事綱目」との題がある。内容については、目録標題下の注文や「開巻一覧」からも大方は知られるので詳述しないが、まま挿絵のあることのみ触れておく。なお、巻末に付録として「潮汐満干」「略服忌令」を載せる。また、刊記にあたるものはないので、おそらく別の版木に刻されたのでもあろう。

『年中行事綱目』の紙面構成で興味深いのは、美濃判時の丁付けがあることである。三切本にしたときの版心に丁付けがあるのは当然だが、裁断されるまえの、一紙面に三段が配される場合の丁付けが、丁裏の綴じ元中央、言い換えれば丁裏中段の左欄外に記されるのである。丁合いをとるおりの心覚えでもあろうか。

本書が単独で刊行されたことは、比較的容易に知られる。内題「諸国年中行事綱目」を『国書総目録』で検すると、同じ書名の項目があり、編者は高萩安兵衛で、宝暦五年の刊行という。これは、江戸本屋仲間の「割印帳」に「同亥年（＝宝暦五年）　年中行事綱目　墨付六十六丁　高萩安兵衛　全一冊　版元大坂亀屋安兵衛　須原屋茂兵衛」

とあり、「墨付六十六丁」も『年中行事綱目』と一致するので、宝暦五年には単独で刊行されたものと思われる。

三　合冊の利点

以上、見てきたように『錦囊万家節用宝』として合冊された諸書は、『人家日々取扱要用之事』をのぞけば、単独刊行されたことが確認でき、独立的な存在であったことが確認できた。そうした諸本による合冊である『錦囊万家節用宝』は、近世節用集のなかでも異彩を放つ内容を持つものになろう。

もちろん、独立性の高い書籍の合冊であれば、全体としての統一が欠けたり、齟齬をきたしたりするなどの欠点もあろう。ことに三切にすべきを裁断しなかったのはその最たるものである。が、現に『錦囊万家節用宝』は刊行されたのだから、そうした欠点は承知のうえのことであり、それでもなお、合冊の利点があると考えたからにほかなるまい。そこで、そのような利点について考えておこうと思う[5]。そのことを通じて『錦囊万家節用宝』の性格をより深く理解することができるはずである。

(一) 構成の自由度

考察の手順として当時通行の節用集との比較が欠かせないので簡単に振り返っておく。

当時通行の節用集には日用教養記事が付録されるが、それは巻頭・頭書（辞書本文上欄）・巻末にあるため、あたかも辞書本文を包み込むかのように配されている。見方をかえれば、すべての丁に付録があることになり、巻頭と巻末の付録を橋渡しするように頭書の付録があるともいえる。こうした配し方は、合冊にくらべて、一体感を醸しだしやすく、辞書本文と付録を切り離しがたいもののように感じさせる。すなわち、辞書と付録とが、融合とまでは言わないものの、一つのまとまりであるとの印象を受けやすくしているのである。いま、そうした有りようを仮に「複合体」と呼び、『錦嚢万家節用宝』のようなものを「合冊体」と呼んで対比的に扱うことにする。

複合体の節用集を編集するには、相応の苦心があったことと思う。購買者の嗜好にかなうような編集をするには、右のような構成からして、一から作らなければならず、それはそのまま、経費の増大と利益の縮小を意味するからである。が、これも、合冊体であれば、いとも容易なことで、購買者の嗜好にかなう書籍を取りあわせれば済むことになる。もちろん、そのためには、それぞれの書籍の版権を所持している必要があり、少なくとも、版権を持つ書肆との共同出版（相合）ができなければならない

また、合冊体なら、売れ行きを見ながら増減することも可能である。『錦嚢万家節用宝』のように四書合冊に手を出しにくい客には三書・二書合冊に、四書では半端だと考える向きには五書・六書合冊にすればよい。こうなると、ただ単に増減するだけでなく、合冊する書籍の組み合わせも自由になる。たとえば、『錦嚢万家節用宝』の『いろは字引節用集』（実は『急用間合即坐引』）の検索法は、イロハ・清濁引撥・意義分類による三重検索になるので複雑である。しかし、合冊体なので、より単純な検索法のものに代えることもできることになる。実際、大坂本屋仲間の記録から『錦嚢万家節用宝』の記述を見返すと、自由な増減や差しかえが行われていたように見えるのである。

たとえば、「寛政二年改正株帳」の「錦嚢万家節用宝」の項には、右傍に小字で「年中行事　万物画本大全　正字通　文宝節用　合本外題改」と記される。「年中行事・万物画本大全」はそれぞれ『年中行事綱目』『訓蒙図彙一名万物絵本大全』だろうが、「文宝節用」が先にも見た『文宝節用集』ならば、『人家日々取扱要用之事』と『蠡海節用集』の合冊なので実質的には五書合冊となってしまうが、「正字通」が増えるとともに、辞書部分は『急用間合即坐引』ではなく『文宝節用集』に合冊されていた『蠡海節用集』に代替させたと読めることになる。(6)

また、大阪図書出版業組合（一九三六）には、寛政四（一七九二）年八月の開版御願書の控えに「万家節用宝」

の名が見える。「錦嚢」の二字がないので別書かもしれないが、本屋仲間の記録類では書名が省略されることがままあるので、仮に『錦嚢万家節用宝』と見ておく。これには「万宝即座引之入事、万宝絵本大全、早考節用の三書合本一冊とし、外題相改申度候」とある。「万宝絵本大全」は『訓蒙図彙　一名万物絵本大全』であろう。「早考節用」は『早考節用集』であろうから『急用間合即坐引』と差し替えたのであろう。残る「万宝即座引之入事」とは、「万宝即座引」という書籍の付録部分という意味なのだが、『錦嚢万家節用宝』の中にそれをさがせば、『人家日々取扱要用之事』と『年中行事綱目』のいずれかか、あるいは両方ということになろうか。

さらに、『字典年中重宝選』の存在も興味深い。大阪図書出版業組合（一九三六）によれば吉文字屋により天明六（一七八六）年八月に開版願が出されたもので、その内容は次のようであったらしい。

字典年中重宝選　懐中小本　全一冊
右ハいろは分字引節用也。口に人家要用の事八十ケ条を集め、終に八年中行事、国々にある神社仏閣の祭礼斎会、その外すべて月日の定たる事ハ悉くもらさず是を集めのする。〈小泉〈二〇〇五〉所掲『筆道稽古早学問』巻末広告による〉

「口に・終には」の文言から合冊体かと思わせる。内容は、『錦嚢万家節用宝』から『訓蒙図彙　一名万物絵本大全』を除いたものに等しい。「懐中小本」とあることからすると、『錦嚢万家節用宝』が三切本を裁断せずに美濃判で合冊したのに対し、『字典年中重宝選』では各書本来の判型である三切本にしたのであろう。ただ、そうなるとかなりの厚みになるので、薄手の料紙を用いるか、辞書本文を行草一行で表示する『早考節用集』『蠡海節用集』『急用間合即坐引』（行草一行本）のようなものに差し替えていたことが考えられる。

これらの諸書は、現存が確認されないものなので確実なことはいえないが、合冊体の可能性は十分に考えられると思う。合冊体における組成の自由度を生かせば、和歌を好むものには百人一首を、学齢期のものには往来物を、日常生活の指針を欲するものには大雑書を合冊するなどのことが考えられる。購買層の要求に、版権と相合の許すかぎりの組み合わせで対応することが理論的には可能なのである。辞書本文も同様で、検索法を、イロハ・意義分類の『蠡海節用集』のような従来型のものにするか、清濁引撥仮名の有無や仮名遣いによらず同一の発音になるものを一括掲出する『急用間合即坐引』のように高度（ないし複雑）なものにするかも自由である。このように、合冊体は、構成の自由度という点で大きな可能性を有するものであって、そうした利点をある程度以上、生かしつつあったのが、吉文字屋刊行の節用集であったのである。

（二）情報量

複合体の付録は、スペースの制約もあって中途半端な内容になりがちであり、はじめから付録として企画されるから添え物の気味もあったものと考えられる。これに比して、合冊体なら、もともとが独立した書籍なのだから、それぞれの属する分野で一人立ちした存在であり、それだけに内容の豊かさが保証されている可能性がある。つまり、複合体の付録記事とは一線を画する充実が期待され、それはそのまま、合冊体の大きな利点ともなるはずである。

もちろん、内容の豊かさと言っても、あくまで相対的なものである。たとえば、『訓蒙図彙　一名万物絵本大全』には、その書名からも知られ、長友（二〇〇一）の指摘があるように、中村惕斎『訓蒙図彙』（二〇巻。寛文六〈一六六六〉年刊）がおそらくは底本であり、上に位するものとしてある。図版も大きく、書籍としての威容もある。さらに詳細な解説まで欲するなら、寺島良安『和漢三才図会』（一〇五巻。正徳二〈一七一二〉年序）があり、これはまさに偉容をほこるものである。これらにくらべれば、『訓蒙図彙　一名万物絵本大全』は、片々たる小冊子にすぎない。しかし、いまは、節用集の付録として考えているのであって、やはり、分量にはおのずと上限があることになる。その範囲でいえばということだが、『訓蒙図彙　一名万物絵本大全』は、十分な読みごたえ見ごたえを持ったものと考えてよいであろう。

ただ、より厳密にそれをいうには、複合体節用集の付録と綿密に比較する必要があり、また、それこそが求められる検討であろう。幸いにも、恰好の比較対象に『万福節用大乗大尽』（正徳二年刊。山口大学棲息堂文庫蔵）がある。『錦嚢万家節用宝』の刊行から七〇年以上もさかのぼるため、刊行事情がまったく同じとは言い切れず、比較・対照に好適かどうかは心もとない。が、『万福節用大乗大尽』の頭書には、富士之図からはじまる小型の図絵が掲載されており、それらは図柄・構図とも『訓蒙図彙　一名万物絵本大全』とほとんど同一であるという、他には求めがたい好条件を備えてもいるのである。参考としてでも、比較しておく価値はあろうかと思う。

まず、『万福節用大乗大尽』の頭書の画題を、はじめからいくつか示してみる。

富士山・霊鷲山・竹生島・音羽滝・高野山・龍宮・那智山・比叡山・鞍馬山・石山寺・稲荷・神泉苑・厳島・城・麒麟・獬豸・騶虞・獅子・山豬・野豬・巴蛇・犀・象・熊・貘・虎・豹・豺・狼・狒狒・猿・猴・鹿

（下略）

これは、『訓蒙図彙　一名万物絵本大全』の「三国名山」のほぼすべてを一部順不同に掲げ、天象・居所・人物・山海経各部を省略し、畜獣の多くを掲げ、地理の「城」と山海経の「巴蛇」を補ったものに等しい。こうした抜粋の有りようを全体的にみれば、『訓蒙図彙　一名万物絵本大全』の一九項のうち、三国名山・畜獣・禽鳥・龍魚・虫介の多くを掲げ、まま他の部の図を補ったものが『万福節用大乗大尽』頭書の図絵となる。単純な計算をしてみよう。頭書の一丁のスペースは、三切横本一丁の版面にほぼ等しいので、丁数の差が記事の量に比例することになる。すると、『万福節用大乗大尽』二五丁半に対し『訓蒙図彙　一名万物絵本大全』一八三丁分であるから、やはり、本来単独刊行書であるだけに五倍強の図絵があることになる。それを擁した『錦嚢万家節用宝』の優位も揺るがないことになろう。

ただし、『錦嚢万家節用宝』の場合、単に合冊といっても、本来は三切本であったものの合冊だから、三切本の情報密度を勘案しておく必要がある。判型は小さいながらも、細字などを用いて内容を濃くすることが考えられるからであるが、それを加味すれば『錦嚢万家節用宝』の総丁数に対する情報量は、他の節用集に比して、飛躍的に高いとの予想も可能なところである。合冊体の利点を強調することになりこそすれ、その逆は少々考えがたいということになろうか。

四　吉文字屋による合冊体節用集の展開

合冊体には、複合体にない利点のあることは、前節でみたとおりである。では、それを承知していたであろう吉文字屋は、合冊体節用集を単発的に刊行したのか、それとも組織的に多産したのであろうか。この二つの差は大きい。合冊体節用集が『錦嚢万家節用宝』のほか、前述の『文宝節用集』だけであれば、気まぐれというべきであって、合冊体の利点への信頼を証することもできない。逆に、多く企画・刊行していたのであれば、合冊体への志向の強さや、並々ならぬ決意・期待を読みとることもできることになろう。

そこで、一八世紀後半における、吉文字屋の合冊体節用集の企画・刊行を総ざらいしてみたい。便宜、年の順に掲げることとし、現存の確認されるものは刊年に、確認されないのものは記録類の年記にしたがうこととする。

万世節用集広益大成（宝暦六〈一七五六〉年刊。亀田次郎旧蔵書。刊記には、吉文字屋以外の書肆名もある）

本書は、辞書本文を『万世節用集広益大成』とするが、目録以下の冒頭付録のほとんどと刊記は、『宝暦節用字海蔵』（宝暦六年刊）のものである。他の合冊体と刊行事情が異なることも考えられるが、掲げおく。

文宝節用集（宝暦一二年刊。米谷隆史蔵。前述）

『錦嚢万家節用宝』の『人家日々取扱要用之事』と『蠡海節用集』の合冊
錦嚢重宝文字選（天明元〈一七八一〉年閏五月。大阪図書出版業組合〈一九三六〉による）
「以前『節用文選』と題せしものと『四体千字文』と題せしものとを合冊とし此度改題板行申出」
博学文要四民宝（天明元年七月。大阪図書出版業組合〈一九三六〉による）
「以前『節用文選』と題せしもの、内六丁と『文会節用』と題せしものとを合冊とし此度改題板行申出」
万宝字典（天明二年五月。大阪図書出版業組合〈一九三六〉による）
「以前『万宝即座引』と題せし内の人事部に『字典節用』を合せて一冊とし此度改題板行申出」
急用間合即坐引（天明二年ごろ刊。美濃判。架蔵）

山田忠雄（一九八一下）に紹介された美濃判『急用間合即坐引』と同一のものであろう。ただし、山田は、ほぼ検索法のみを紹介するので、山田蔵本が合冊体であるかどうかは不明である。山田蔵本も架蔵本も巻末欠脱のため刊行書肆は知られないが、三切横本の同名書（ただし書名は外題としてのみ存する）は吉文字屋・堺屋の刊行であり、節用集本文も清濁引撥を示す仮名の有無による検索法を導入するなどの点では同一である。株帳の記載なども考えれば美濃判『急用間合即坐引』も吉文字屋らの刊行であろう。

美濃判『急用間合即坐引』には複合体（非合冊）のものがあるが（高梨二〇一四）、架蔵書は、それに、柱題を「宝暦通宝」とする書翰文例集四三丁分を別途挿入（合冊）するものである。その位置は辞書本文直前であって、このために、本来の辞書本文直前に来るはずの検索法の説明が書翰文例集の直前に来るという不体裁が生じている。なお、合冊体になったものは内題を変更しているとする向きもあるが、架蔵書の内題は『急用間合即坐引』のままである。
万徳節用集（天明二年刊。稼堂文庫蔵）

『急用間合即坐引』（美濃判）の合冊体の改題。

節用年中行事（天明六年八月以前）

次項によれば、『年中行事綱目』と何らかの節用集一本とを合冊したものか。

字典年中重宝選（天明六年八月。前述）

大阪図書出版業組合（一九三六）には「以前『字典』と題せしものと『節用年中行事』と題せしものとを合本にし此度改題発行申出」とある。文書中に現れた書名から推すと、『字典』はイロハ・意義分類の三切本節用集『字典節用集』であり、『節用年中行事』は何らかの節用集一本と『年中行事綱目』を合冊したものと思われる。ただし、これでは節用集が重複することになるので、『節用年中行事』の「節用」は、日用教養記事付録のことを指すような、本来の意味からシフトした用法とみるべきかもしれない。その場合、『節用年中行事』は『人家日々取扱要用之事』と『年中行事綱目』との合冊と考えることになろう。小泉（二〇〇五）所掲の広告文から推せば『人家日々取扱要用之事』『年中行事綱目』と節用集一本の合冊かと思われる。広告文の記し方は『錦嚢万家節用宝』のそれに似て具体的なので、実際に刊行・販売された可能性が高いように思われる。

錦嚢万家節用宝（寛政元〈一七八九〉年刊。架蔵）

『人家日々取扱要用之事』『急用間合即坐引』『訓蒙図彙　一名万物絵本大全』『年中行事綱目』合冊。

万宝即坐引（大坂本屋仲間「寛政二年改正株帳」による）

『錦嚢万家節用宝』裏表紙見返し広告に「万宝即坐引　懐宝小本　此本ハ日用の重法成事を集めのせ候へハ、万事の用を達す事、本を見て知へし」とあることから、『人家日々取扱要用之事』と『急用間合即坐引』の合本かと推測される。「懐宝小本」とあるので、三切横本として製本されたものであろう。当然、『急用間合即坐引』も大本ではなく三切横本の版となる。

万物急用間合即坐引（大坂本屋仲間「寛政二年改正株帳」による）

詳細を知るすべはないのであるが、書名から推して『訓蒙図彙　一名万物絵本大全』と『急用間合即坐引』の合冊本であろうか。

万家節用宝（寛政四年八月。大阪図書出版業組合〈一九三六〉による。前述）

あるいは『錦嚢万家節用宝』と同一書か、一部別構成のものか。

国宝節用集（文化七〈一八一〇〉年刊。架蔵）

『万徳節用集』の改題。これが、大坂本屋仲間記録に見える「国宝節用新増大全」と同一のものとすれば、「寛政二年改正株帳」には書名の右傍に「万物即坐引　宝暦用文　合本外題替」とあることから、「宝暦用文」は挿入された書翰文例集（柱題・宝暦通宝）を指し、これを除いた部分が「万物即坐引」となる。すなわち、複合体版の美濃判『急用間合即坐引』であることになろう。ただし、架蔵の『国宝節用集』はさらにいくらかの付録を増補している。

以上のことから、吉文字屋が、精力的に合冊体節用集を企画・刊行していたことが知られる。一八世紀後半の吉文字屋は、節用集以外にも多くの合冊本を企画・刊行している（後述）。こうした吉文字屋の合冊体の多産が、他の書肆に影響を与えたことも考えられないではない。単に、合冊体節用集が存在するだけでなく、合冊によって節用集を構成することが特別なことではないとの印象や雰囲気を醸成することもあったろう。が、一方では、合冊体の利点は、書肆であれば容易に気づくはずのものであるから、吉文字屋の版行以前にも合冊体が存在しており、そうした前例があればこそ、吉文字屋も合冊に踏み切ったとも想像される。一度は、吉文字屋以外の書肆による合冊体節用集の刊行例を通覧する必要がありそうである。

五　合冊体節用集諸例

右のような経過からすれば、吉文字屋以外の書肆による合冊体節用集を見ておきたいところである。ことに吉文字屋以前の合冊体と、以降の合冊体とで何事か変容が認められるのであれば、吉文字屋の自由闊達ともいえる合冊出版の有りようが影響した可能性を考えることになるだろう。ただし、組織的な調査もいまだ中途の段階である。その経過報告は、また別稿を準備することとし、ここでは、吉文字屋以降の、いくつかの特徴的な合冊体節用集を見ることにより、節用集における吉文字屋の合冊体刊行の史的位置づけ・意義づけの見通しがえられればと思う。

(一)　字会節用集永代蔵（安政三〈一八五六〉年頃刊）

まず、複合体の節用集に他書を合冊するという単純なものが考えられる。この種のものとしては、『国書総目録』にみえる『大増節用万宝蔵』（ただし、寛政一一〈一七九九〉年再版）は『大豊節用寿福海』と『用文筆道往来』を合冊したものという。また、江戸本屋仲間の「割印帳」の『増補節用字海大成』（文化七〈一八一〇〉年ごろ刊）には「付録／和漢朗詠／雑書大全」とあって合冊体かと疑われる。

これらを除くと『宝暦大雑書万万載』を合冊した『字会節用集永代蔵』（亀田次郎旧蔵書等）が目をひく。それぞれ単独刊行されたものを旧蔵者が合冊したことも考えられるが、同じ体裁のものが架蔵本（首尾欠）にもあること、そして、その背は、きれいに化粧断ちされていて二冊であった名残りを留めないので、初めから合冊されていたものと考えられる。

(二)　倭節用集悉改大全（文政九〈一八二六〉年刊）

『倭節用集悉改大全』文政九年版においては、「和漢武将名臣略伝」ほか三〇丁分を巻頭付録中に挿入する改編本と、これを有しない通常本があり、こちらの方が現存数が圧倒的に多い。ただ、両書の付録目録は同一内容であって、挿入箇所である「大日本之図」と「改正御武鑑」のあいだには、挿入の事実を反映する項目が記載されないのである。なお、「大日本之図」と「改正御武鑑」は一四丁めの表と裏に当たるため、「和漢武将名臣略伝」の挿入にあたっては、一四丁の表と裏とをそれぞれ彫り改めたようである。なお、この挿入により、丁付けも変調をきたしている。「大日本之図」と「和漢武将名臣略伝」の丁は「武ノ壱　十四」のように新旧併記し、それ以降「武ノ二」から「武ノ三十」まできて、挿入部最終丁は大空社の影印本によれば、「武ノ卅一　十四」のごとく見える。次丁からは「十五」以下となって本来の丁付けになるのである。

それにしても、この挿入の例は不自然である。改刻、丁付けの変調、目録の不備、そして三〇〇丁を超える大部なものにしては、三〇丁ほどの挿入では僅々たるものともいえ、何ゆえなされたのか理解に苦しむところである。逆に、だからこそ、挿入という手法を考えるにあたって注目に値する事例となろうか。

(三) 玉海節用字林蔵（文政元〈一八一八〉年刊。外題『万会節用百家選』）

本書の構成は次のようであり、柱題に注目すると、複合体の節用集の複数箇所に付録類を挿入するものである。

イ　十三門部分絵ほか　…………………丁付け「一～十九」。柱題・玉海節用
ロ　野馬臺詩注ほか　……………………丁付けなし五丁。柱題なし
ハ　唐子図・手形請状案文ほか　………丁付け「口ノ一～口ノ卅七」。柱題・新刻文林節用筆海往来
ニ　玉海節用字林蔵（辞書本文）　………丁付け「一～百十四」。柱題・玉海節用
ホ　文林節用筆海大全（往来物本文）　…丁付け「一～百八十五」。柱題・新刻文林節用筆海往来

『玉海節用字林蔵』の頭書「大倭年代皇記」の最新年は「延享二年」（一七四五）なので、七〇年以上もまえの本に、付録を挿入して新たに刊行したことになる。柱題の異同を見ていけば挿入・合冊の事実は明らかであるから、

手法としてもプリミティブである。

ただ、イ・ロ・ハなどをニ「玉海節用字林蔵」の直前に置くのは、それらを辞書本文に対する巻頭付録として捉えているからと見られ、ニ「玉海節用字林蔵」の直後にホ「文林節用筆海大全」を配するのも、やはり巻末付録と捉えているのではあるまいか。つまり、志向としては複合体節用集の構成を意識しているように思えるのである。もちろん、これは、右のように整理して得られた、いわば知的な腑分け作業を通してそのように解釈できるということである。実感としては、柱題の異なりをはじめ、版面の様相も異なるのであり、丁数上も、ホを単なる付録と解するには無理がある。やはり、節用集なり往来物なりそれぞれのまとまりを意識させてしまうから、まごうことのない合冊体節用集なのではある。一九世紀においては、美濃判節用集の大型化が一つの明確な特徴として認められるようになるが、それを複合体節用集で実現することは相応の困難をともなうことであり、実例としてはそうは多くない。そこで、大型書を組成する現実的な有りようとして合冊体という道があり、それを実現してみせた一例として文政版『玉海節用字林蔵』を捉えることになる。

なお、『玉海節用字林蔵』を中心とした合冊体は亀田次郎旧蔵書中にも見いだせ、架蔵書とは一部異なる部分があって興味をそそられる。が、いまは架蔵書での例を提示しておくにとどめる。

（四）字宝早引節用集（安政四〈一八五七〉年刊）

『字宝早引節用集』では、美濃半切縦本の紙面を利用し、辞書本文頭書に付録を配している。つまり、体裁上は複合体節用集のレイアウトを流用するのだが、辞書本文を早引節用集に差し替えたようなものとなっている。

構成は次のようである。

イ　序・目録等　…………………………　丁付けなし三丁

ロ　夢はんじ・安政年代記など　…………　丁付け「一～五十」

ハ　魚類精進当世料理　…………………　丁付け「一〜十五」
ニ　字宝早引節用集（辞書本文）　…………　丁付け「目・一〜百二十二」
ホ　商売往来・年始状等　…………………　丁付け「一〜四十八」

本書には、ニだけで構成された異本もあり、それを合わせ考えると、右の構成は相応に練られたものと思われる。すなわち、合冊・挿入といえば増補を思い浮かべやすいが、合冊体なら一部を間引いて、安価に販売することも考えられるわけであって、そうした利点をいかすための構成と思われるのである。

まず、ロ以下でそれぞれに丁付けを改めるのは、いかにも合冊体的だが、これも、複数の異本を作り分けるには有利であろう。ロ・ハ・ホのうち、一つないし二つを間引いても一書となるからである。また、版心に注目するとイ〜ホすべての丁に同じ書体で「萬代」とあって、間引いても合冊しても統一感が失われないようになっている。単純・不自然な合冊・挿入とは次元の異なる周到な配慮があるように思われ、注目に値するわけである。ただし、「目録」は、それぞれで別立てになっている丁付けをそのまま記すので、実際に本文に接した場合には混乱しやすく、この点は『錦嚢万家節用宝』ように各部分の境界を明示した方が勝っていると言えよう。

（五）万世早引増字節用集（文久三〈一八六三〉年刊）

本書は、横本の早引節用集なので、これまでの例と異なる部分もあるが、より一層洗練された点もあるので、採りあげる。構成は次のようである。

イ　序・目録・士農工商之図などの付録　…………　丁付け「ロノ一〜ロノ五十四」
ロ　万世早引増字節用集序・文字検索法見方　…………　丁付け「ロノ一・ロノ二」
ハ　万世早引増字節用集　…………………　丁付け「一〜五百八十四」
ニ　年代記・武家諸役名目抄などの付録　…………　丁付け「五百八十五〜八百四十」

版心も、魚尾の形式・柱題（早引増字）・丁付け（「〇」下に丁数）など、すべての丁に共通するので統一感がある。ロ・ハで丁付けが改まるのは合冊体的で、統一感を欠くようにも見えるが、辞書本文から丁付けを改めるのは複合体節用集にも例がある。また、本書は美濃判半切横本の早引節用集のため、ハでは辞書本文だけが紙面にあり、絵図を中心としたイとは視覚印象も変わるので、丁付けの改まりもさして不自然ではないかもしれない。

複合体節用集なら巻頭付録が厚く巻末付録が薄くなるが、本書では逆の配分になるのが興味深い。その理由は、ハとニの丁付けが連続することと関係しそうである。本書は外見だけでもかなりの存在感があるが、丁付けを連続させて「八百四十」という大きな数字にすることで、購買者に偉容を明示する意図があったかもしれない。これは、何も、当て推量で言うのではない。『大日本永代節用無尽蔵』嘉永二（一八四九）年刊本の最終丁は、本来「三百廿一」あるいは「三百二十一」とでも記すところを、「口画百十四丁　本文奥合四百卅五丁」とあえて総丁数を記している。そうする必然性を考えるとき、筆者には、右のような書肆のテクニック(7)がまず思い浮かぶのである。このような意図があるなら、連続した丁数は大きいほどよく、そのために巻末の付録を厚くすることは十分にありうることと考えられるのである。

ならば、巻頭付録の丁付けも連続させた方が効果的なはずだが、かえって不都合な点もある。本書にはロ・ハだけで構成した異本があるのだが、その場合、丁付けが連続していては辞書本文の最初の丁付けが「五十七」となり、いかにも不自然になるからである。逆に、巻末付録（ニ）は取り去れるのだから、丁付けが連続していても何ら問題ない。

さて、いま巻末付録（下巻）のない版について言及したが、これも実際に、そのような版が販売されていたことは確認できるのであって、論旨展開の都合での仮定・仮構ではない。本書は、実は版権侵害の書であり、慶応元年閏五月には売留の通達が出されている。幸い、そのなかに本書の体裁を記した部分があり、大坂本屋仲間の「仲間触出留」では「一　万世早引増字節用集　江戸板全壱冊／一　同　雑書入　同（＝江戸板）全弐冊」のように節用集本文を中心とする一冊本と、大量の付録類を添えた二冊本とが記されるのである。このように見ると、本書の丁付けの連続と改まりは、二タイプの異本を準備した上でのことと確認でき、周到な配慮に基づくものと考えられるのである。

六　合冊の意義

右に、一九世紀の節用集の合冊・挿入を見てきた。粗野なものもあったが、洗練されたものもあり、合冊体の利点が相応に活かされていることが確認できた(8)。これらの例は、ともすると、一九世紀にもなれば種々の試みがなされて当然のように捉えられそうな事例であろう。しかし、諸事象が自然発生的に起こると見るのは、節用集諸本の消長の説明まで求めようとする記述的研究の視点からは採りにくい態度である。ある事象が現れるにあっては、先行する要因・契機があるはずと見込んで検討を加える必要があり、さもなければ重要な事実をとりもらしかねないのではあるまいか。

さて、一部の工夫については、吉文字屋の合冊体に及ばないものもあり、逆に、合冊を前提とした本造りを志向するものなどの例を見れば、吉文字屋の合冊体はいかにも場当たり的にも見えてこよう。もちろん、一九世紀の合冊・挿入を、一八世紀後半の吉文字屋のいとなみと直接的に対比して捉えることができるほどに調査・検討が進んでいるかといえば、いまだそのような状況にないとしかいえない。両者を因果の関係で結ぶ理由は、いまのところ先後関係しかなく、決定的な何事かを欠いているからである。いまは、可能性としてでも提示できたことに満足し、今後の調査・検討に待つこととしたい。

決定的な徴証を提示できないのは、今の段階では調査が進んでいないこともあるが、一九世紀の合冊体の例が案外に少ないことも影響していよう。逆に、そこから、なぜ、一九世紀にいたっても節用集は複合体を固守しつづけるのかという根本的な疑問も発せられることになる。もちろん、この疑問は、合冊体の利点や吉文字屋の試行的とも言うべき展開があったにもかかわらず、との注記を含めて発せられるものである。

一つには、複合体が典型的なスタイルだったから、ということがあろうか。俗に「形から入る」というが、一目見て節用集とわかるスタイルをまとえば[9]、その本は、容易に節用集になりうる。また、典型的なスタイルならば、購買者にも体裁のイメージは醸成されているだろうから、受け入れられやすくもある。つまり、典型である複合体を採ることは、安心して出版・販売ができることを意味するのである。もちろん、そうした典型のありがたみを書肆たちが自覚していたかどうかは、また別のことである。典型が、通念・常識の域にまで達していて、それに反するものに出くわして初めて意識されるという状態だったのではなかろうか。

そうした典型の在り方が二つめの回答になる。通念だからこそ、典型のスタイルを無批判に踏襲することができた、ということである。それだけに、複合体という典型のスタイルが、いかに根強いものであったかを知ることにもなるわけである。たとえば、判型の大きさと書籍のジャンルには一定の対応関係があることが多い、とは書誌学の初歩的な知見としてよく知られた事実であろう。そうした約束事が、現代の眼から見ても明らかなのであるから、近世においてはより以上に実感されたのではあるまいか。そうした素地のある時代における、通念としての典型の強さは、あるいは我々現代人には想像する以上に絶大なものであったのかもしれない。

今後の調査いかんにもよるところだが、数のうえでは必ずしも十分な展開を見なかったらしい合冊体節用集も、『錦嚢万家節用宝』の存在を契機に、右のように典型である複合体節用集への新たな問いかけを行なう重要な基準点となり得、典型の質的な有りようにも言及しうる存在と知られたのは収穫であった。それだけでも、合冊体節用集の存在価値はあり、検討に値する存在でもあると思っている。

注

（1）この配置に、どのような利点があるかは知らない。あるいは、一丁ごとに各段を裁断してから製本するのではなく、美濃判の段階で丁合い・仮綴じしてから各段を裁断し、できた束を重ねて仕上げの製本を行なうという手順であれば、初めの三分の一にあたる段の束を切り出した際に生じる誤差を、中・巻末それぞれの三分の一にあたる上段・下段の余白にて調整するという工程にふさわしかったものか。

（2）内容の傾向が『人家日々取扱要用之事』に近いものに『家内重宝記』（元禄二年刊）がある。小川武彦（一九八一）によれば、「御改正服忌令、八卦之鈔、日用さつしよ、万病食物よしあしの事、万病の妙薬、万しミ物おとしやう、絹のねりやう、万そめ物、八算見一の割、日本国諸道中、料理のこん立の十一部に分けて元禄二年に出版されたものである。当時の書籍目録である『広益書籍目録大全』（元禄五年刊）によると「一　家内重宝記」と見えて、一巻一冊で出版されたものであろう」という。したがって、内容・傾向だけからいえば『人家日々取扱要用之事』も単独刊行の可能性がないわけではない。ただし、『家内重宝記』は『人家日々取扱要用之事』と同じ三切ながら、ほぼ倍の一三八丁もあり、記事を一一部にしぼった分、内容の濃さも相応のものがあろうから、直接的な参考にはなりにくいともいえる。

（3）念のためにいえば、『文宝節用集』（文政一二〈一八二九〉年、橘屋儀兵衛刊）は、まったくの別本である。

（4）この亀田次郎旧蔵書を『急用間合即坐引』と推定したのは高梨信博（一九八八）である。先に丁付け「口ノ一」「口ノ二」相当分が欠けるとしたが、その分は、亀田次郎旧蔵書では「字のよみはじめ／丁付合文」が一丁半にわたって存する。

（5）ただし、節用集と倭玉篇など辞書同士の合冊は考慮にいれない。一七世紀末以降の節用集の在り方を、日用教養記事が付くということと捉え、それをどのような手法で実現するかに注目していく。

（6）これはごく単純に考えた場合の例である。株帳の記述スペースは狭いので、必要な情報が省略されていることも考えられるから、たとえば「正字通」とだけあるものが、『新撰正字通』（明和六〈一七六九〉年ほか）ないし『大成正字通』（天明二〈一七八二〉年刊）を意味するなら、他に節用集は必要なくなるので、「文宝節用」がさすのは、合冊『文宝節用集』のうちの『蠡海節用集』を除いた付録部分『人家日々取扱要用之事』とも考えられる。ここでまた推測を重ねると、『大成正字通』の検索法は、この時点では、天明初版時の清濁引撥の仮名の有無という基準を交えるものであり、ならば『急用間合即坐引』と相近いものとなる。このため、株帳への記載に際して何らかの取り違えが生じ、「急用間合即坐引」と書くべきところを「(大成)正字通」と誤記した可能性もあることになろう。もし、この推測が正しいのなら、「寛政二年改正株帳」に記載されているのは、ここまで扱ってきた『錦嚢万家節用宝』そのものを指すと見てよいことになる。

(7)　こうした数字は購入者にも効用があったろう。たとえば、購入者自身その数字を見たり、他人に見せたりして所持する満足を得たこともあったろう。支払った金額への未練を絶ち、高い買い物をしたとの後悔をなぐさめ、価格相応の買い物であると自得する契機になったかもしれない。

(8)　『字宝早引節用集』『万世早引増字節用集』二書の洗練は、一方で、合冊体の利点を一つ諦めることにもなりそうである。合冊体なら、もとの書籍はそれぞれに単独で刊行したり、他の書籍と合冊したりすることができた。が、右二書の間引ける部分については、柱題を「万代」とする前者はまだよいが、「早引増字」とした後者は潰しが効かないように思う。

(9)　この「スタイル」については通行の節用集を多く見ることで知られるわけだが、節用集の典型がどのようなものとして捉えられていたかは、『芝翫節用百戯通』『戯場節用集』などの戯作（つまり非節用集）が、パロディのために採った体裁を見ることで知られる部分があろう。その意味では、これら疑似節用集の検討も興味深いことがらと考える。

第二章　不整合の解釈

『錦嚢万家節用宝』は、合冊という自由度の高い方法で多くの本格的な付録を付し、一冊にまとめたものとしうる。ただし、『人家日々取扱要用之事』（にあたるもの）を除けば、合冊された書籍はいずれも単独の書籍として刊行されたものなので、『錦嚢万家節用宝』として合冊されるという前提がないのであるから、合冊にあたっては齟齬を来してしまう部分がある。ことに三切横本として刊行されたものを美濃判のままで合冊するのであるから、なおさらである。また、後述のように書肆による単純なミスや重大な計画変更もあって、より以上に、書籍としてのまとまりを欠くものとなっている。

ここでは、『錦嚢万家節用宝』に対する過不足ない評価・位置づけを行なうべく、齟齬や欠陥などの不整合にどのようなものがあるかを言挙げし、どのような経緯で生じたかを検討しておこうと思う。

一　不整合一覧

『錦嚢万家節用宝』にはどのような不整合が見られるのか、合冊に起因するものに限らず、まずは一覧しておきたい。

A　刊行手続きの先後

『錦嚢万家節用宝』の刊行は刊記によれば寛政元（一七八九）年だが、大坂本屋仲間の「新板願出印形帳」には「万家節用宝」の名があり、これは寛政四年八月に出願したことになっている。この願書が『錦嚢万家節用宝』のものとすれば、願書よりも刊行の方が先になる点、不審である。

ただし、「新板願出印形帳」には「万宝即座引之入事／万宝絵本大全／早考節用／右三書合本一冊」とあり、ここに扱ってきた『錦嚢万家節用宝』の構成とは異なる部分があるので別書と考える余地がある。ことに、節用集本文が『急用間合即坐引』ではなく、「早考節用」（『早考節用集』）であることが整合しない。しかし、後に検討するところからも明らかなように、本来は『早考節用集』が合冊されるはずだったらしく考えられる。そのことを踏まえれば、この願書は『錦嚢万家節用宝』の本来の有りように近いものとしうるのである。また、他に『錦嚢万家節用宝』の願書に相当するものがあるわけでもないので、この願書が現『錦嚢万家節用宝』のものである可能性は消えないことになり、刊年と出願年の齟齬は解消することがないことになってしまう。

右に「寛政四年八月に出願したことになっている」と不明確な書きかたをしたが、これは願書自体に年記がないためである。大阪府立中之島図書館編の影印本によれば、前後に配された他書の願書には、ともに寛政四年八月とあるため、これにしたがったのである。厳密にいえば、寛政四年八月のところに「万家節用宝」の願書はあるが、それ以前に、たとえば『錦嚢万家節用宝』に記された寛政元年以前に書かれたものが、文書を整理する段階で寛政四年八月のところに紛れ込んだことが考えられる、ということである。とすれば、刊行手続きの先後の問題は、解消される可能性もないわけではないことになる。

なお、大坂本屋仲間行司の業務日誌である「出勤帳」により、どのような書籍の新版願い出があったかを確認したが、寛政四年八月分については簡単な記述になっていて詳細が知られない。なお、江戸本屋仲間の「割印帳」にも『錦嚢万家節用宝』は見いだせず、江戸で正式に販売されたかは知られない。

B　三切本の不裁断製本

『錦嚢万家節用宝』では、本来三切本である書籍を裁断せずに製本したため、本文は美濃判の版面を三段に分かって印刷される。そのため、本文の流れは、『いろは字引節用集』を例にとれば、

中段初丁　↓　中段末丁　↓　下段初丁　↓　下段末丁　↓　上段初丁　↓　上段末丁

と不自然なものになっており、このような不都合が他の三書にも見られるわけである。このために黄紙に当たる用紙に存する目録に依存することになる。もし、本来の三切製本になっているのであれば、たとえば『いろは字引節用集』ならば、イロハを記憶しているものであれば、無造作に丁を繰っていくだけでも、求める語は得られるであろう。が、三切せずに、しかも変則的な中段・下段・上段という本文の続き具合では不便きわまりないのである。たとえ、製本時の便宜によるという必然性はあったとしても、この不便を引き受けるいわれは、購買者には存しないはずである。

C　記事の重複

独立的な書籍を合冊したために、内容が重複することがある。

まず、『いろは字引節用集』の巻末付録にある「服忌令・潮汐満干」は『年中行事綱目』の巻末付録「潮汐満干・略服忌令」と重複する。また、同じく『いろは字引節用集』の「石刻印譜・五節句異名・相性名頭書判・中花開闢・諸宗精進日」は、『人家日々取扱要用之事』の「石刻印譜・十二月五節句異名・相性名頭書判・中花開闢・諸宗精進日」と重複する。ただし、「石刻印譜」（印影集）については、二書それぞれに収められた印影自体は重複しないので収載する価値はあることになる。もちろん、合冊とはいえ、一書のなかに同名同旨の付録が離ればなれに存するのは不体裁である。

D　目録での不備

『錦嚢万家節用宝』に合冊された四書はそれぞれに独立的な存在なので、どこからどこまでが当該書であるかを明示する必要があった。また、三切本を裁断せずに製本したため、本文の流れ方が不自然になってしまった。これらに対応するため、各書間の境界と目次を兼ねた「黄紙」と称する丁を設けたのであるが、かならずしも有効に機能してはいない。

『人家日々取扱要用之事』には黄紙がない。『錦嚢万家節用宝』の最初に位置するので境界表示は不要だが、三切不裁断の本文なのだから丁付け目録まで不要なのではない。にもかかわらず、三切時の目録だけで済ませているのは不審である。しかも、三切時の目録は丁付けを示さず、標目も簡略なので検索の便は得にくい。

また、『人家日々取扱要用之事』の目録末尾に挙げられた七項目「不成就日・服忌令・年歴六十図・しほの満干・十干十二支・鬼宿吉日・願成就日」に相当するものが存在しない。これは前章にも記したが、『人家日々取扱要用之事』が『文宝節用集』（外題。宝暦一二〈一七六二〉年刊）として『鼇海節用集』と合冊されるために編集された書籍であるからであった。すなわち、『鼇海節用集』巻末に「不成就日・服忌令・年代六十図・潮汐満干・十干十二支・鬼宿大吉日・願成就日」として七項目があり、それを先取りする形で『人家日々取扱要用之事』の目録に含めたものと考えられた。このような摺り合わせを受けた『人家日々取扱要用之事』は『鼇海節用集』とだけ合冊しうることになるが、『錦嚢万家節用宝』では『鼇海節用集』が合冊されないため、不都合が生じることとなった（より正確には『鼇海節用集』でなくともよいが、『鼇海節用集』と同じ巻末付録を有する節用集であればよい）。

このほか、『年中行事綱目』の目録には上段と下段の内容を取り違えて記す単純なミスがある。

E　『いろは字引節用集』目録における丁付けの齟齬

目録の丁付けが、本文の丁付けとまったく一致しないという決定的な欠陥がある。検討の結果、目録の丁付けにほぼ一致するのは『早考節用集』（宝暦一一〈一七六一〉年初版、天明五〈一七八五〉年再版）であると知られた。このことから、『錦嚢万家節用宝』の計画当初においては『早考節用集』が合冊される予定だったと考えられ、右に見た「新板願出印形帳」中にも「早考節用」の文言があることにも合致することになる。ところが、何らかの事情により急遽『急用間合即坐引』に差し替えられたということなのであろう。この件は、目録の異同なので前項Dに含めてもよいのだが、『錦嚢万家節用宝』の中心的な内容である『いろは字引節用集』におけるものなので、その重要さから別項とした。

F　書名『いろは字引節用集』

表紙見返しの内容紹介中の「伊呂波分字引節用集」にしても、はなはだ簡明な書名である。また、要素「いろは（伊呂波分）・字引・節用集」を見れば、当時の節用集はイロハ分類の字引なのであるから二重・三重の重言ということになろう。なお、統一的な書名『錦嚢万家節用宝』とまったく異なるのも問題になりそうに思える。すなわち、他の通常の節用集であれば、節用集本文の直前に内題があるが、統一的な書名と見なすことのできる外題は、これとそう大きくは異ならないものが採られるのが普通だからである。ただ、このあたりが、合冊体と複合体との異なりが端的に現れるところなのかもしれない。

また、内題に相当する『いろは字引節用集』がなぜこのように、二重・三重の重言となるほどまで分かりやすい書名にならねばならなかったのかを問うことも生産的な議論が期待できそうである。ひるがえって、統一的書名『錦嚢万家節用宝』が対照的に修飾過多であるのも興味深い。ただ、宝飾性（錦嚢・宝）・普遍性（万家）を現わすような要素が多用されるのは、一八世紀の節用集の命名傾向にはむしろ合致している。このように見れば、内題相当の書名と外題相当の書名とが異なると指摘するのだけでは済まない問題があるものと捉えられよう。

おおむね、右のような問題点があるのだが、これだけでも『錦嚢万家節用宝』が書籍ないし商品としての整然さがないことは知られるかと思う。もちろん、それは、版元・吉文字屋も承知のことであったろうが、そのうえで、刊行に踏み切った事情・背景を考えてみたい。とはいえ、A～Fの問いに対する検討の準備状況はまちまちである。Aは資料にめぐまれないため、これ以上検討することは困難である。CDについては、ほぼ記しえたことと思う。したがって、残るBEFについて検討してみよう。

二　三切不裁断製本

(一) 特徴と不都合

前章では、合冊という手法を重視したため、もうひとつの特徴である三切不裁断製本については、ほとんど触れられなかった。そこで、不整合の検討に先立って、三切本の刻み方をめぐることがらに触れておく。

まず、『錦嚢万家節用宝』によって、三切本の版木の製作がどのようなものであったかが知られるのは興味深い。合冊された四書とも、本文を三分して三段に配するので(以下「三分三段配置」という)、当時においては、そうした刻し方が通例だったのであろう。また、本文の初め三分の一が中段に来る点は四書に共通しており、これもまた通例だったと思われる。ただし、本文中部・末部が、上段・下段のどちらに配されるかは一定していないのも興味深い。

なぜこのような配し方になるか、確かなところは分からないが、実際に三切横本を製本する工程を思えば推測は示せそうである。

まず考えられるのは、刷り上がった丁ごとに三切裁断することである。三切された各丁を丁合いして製本するという手順である。しかし、これだと丁合いに時間と手間がかかることにならないだろうか。横長の、つまりは短冊状になった薄い用紙を一冊にまとめるのは、少し想像しただけでも手間がかかるように思える。もちろん、実際に、そのような手順で製本したものも少なくなかったであろう。というのは、近世の和本における丁合いは、袋綴じの輪に現れる下の匡郭が、他の丁と同じ位置にくるようにまとめるからである。したがって、上の匡郭は丁ごとに上下の微差を形成してしまうことにもなる。現代の印刷技術からすればとても信じられないような精度不足と言えよう。が、これは必要以上の精度を求めるあまり、経費がかさむようでは利が得がたいとの考えもあってのことだろうし、購買者の側にもそうしたものとの合意が形成されていたことであろう。

ただ、さらに経費を削減するのであれば、製本にあっても能率を求めるはずである。上中下各段ごとに本文が連続していくことを思えば、横三つに裁断する前に丁合いを終えて仮綴じまでしたところで、段ごとに裁断し、できた三つの冊子を順次積み重ねて本綴じに移ることも考えられる。このような手順で三切本が製本されたとすれば、本文の初め三分の一を中段に配した意味も分かっている。中段の上辺を裁つときは上段下辺の余白を案配しながら、中段下辺を裁つときは下段上辺の余白を案配しながら裁つことになる。もちろん、同時に中段自体の上辺・下辺の余白も案配することになるが、このとき、中段の裁ち幅を、製本後の化粧裁ちと同じか極く近いようにすれば一層効率がよいであろう。中段は、本文の初めの部分なのだから三つの冊子を重ねたときに一番上に来る部分でもある。この中段部を定規がわりにして最終的な化粧断ちを行なえばよいことにもなる。こう考えると、中段は、上下段の裁ち方とともに、全体の裁ち方の基準を決める唯一の段であることになる。したがって、本の先頭部である本文初めの三分の一が中段に来ることになったのではなかろうか。逆に、残る本文の中・末の各三分の一は、上段であっても下段であっても構わないことになる。このことは、先に述べた三分三段配置の上段・下段に配される本文が、中・末の三分の一のいずれであるか一定しないことの説明にもなろう。このように、三分三段配置の特異な配し方は、裁断・製本までを考慮した周到なものであったと推測されるのである。

こうした配し方がいつからあったかにも興味が向く。合冊された四書はそれぞれ『訓蒙図彙　一名万物絵本大全』は元禄六（一六九三）年刊、『年中行事綱目』は宝暦六（一七五六）年刊、『いろは字引節用集』（『急用間合即坐引』真草二行本）は天明六（一七六二）年刊であり、『人家日々取扱要用之事』は宝暦一二年の刊行と考えられた。したがって、遅くとも一七世紀末には三分三段配置が採られていたことになる。おそらくは、これ以前の半切本・三切本など、小型の判型のものは同様の刻し方をしていたのではなかろうか。ただし、本文初めの三分の一が中段に来るというスタイルは後に変更があったらしい。山田（一九八一上）の口絵には『鮮明いろは字引』（柱題）の銅版一枚の写真が掲げられるが、丁付けは上段から「五十三・百十八・二百八十三」と見える。これは、本文の初・中・末の三分の一がそれぞれ上・中・下に配されていることを意味するのである。幕末・近代には製本技術も向上し、用紙についても和紙から洋紙への変化もあって、異同を生じることになったのでもあろう。[1]

右のように推測される本文三分三段配置の特徴からすれば、『錦嚢万家節用宝』合冊四書は、やはり三切にすることが前提で作られた書籍であって、三切にしない美濃判のままでは不自然なのである。以下、繰り返しになる部分もあるが、その不自然さについて確認しておきたい。

三切にしない場合、本文の流れは丁よりも段を優先して進むことになり、ことに本文初めの三分の一が中段に来るのが不自然であった。やはり、通常の本文であれば、上から下へと流れるのが自然であるからである。さらに、『錦嚢万家節用宝』合冊四書では、本文中・末の三分の一の位置が上段にくるか下段にくるかで統一されていないのだから、利用者の混乱を招くおそれがあったはずである。いや、事は利用者にとどまらないとすべきであって、『年中行事綱目』の目録では上段の内容と下段の内容とを取り違えていたのであった。書肆自身ですらミスをおかすほどの混乱を招来するものなのである。

この種の複雑さは『訓蒙図彙　一名万物絵本大全』で頂点に達すると言えよう。というのは、この書籍では上巻・下巻の二巻構成であって、それぞれの巻を単位として本文が構成されているからである。本文の流れは次のようになる。「〜」は同じ段での連続を、「↓」は末丁から初丁へ戻ることを、「⇓」は上巻から下巻へ移ることを示す。

上巻中段初丁〜末丁　↓　上段初丁〜末丁　↓　下段初丁〜末丁
⇓
下巻中段初丁〜末丁　↓　上段初丁〜末丁　↓　下段初丁〜末丁

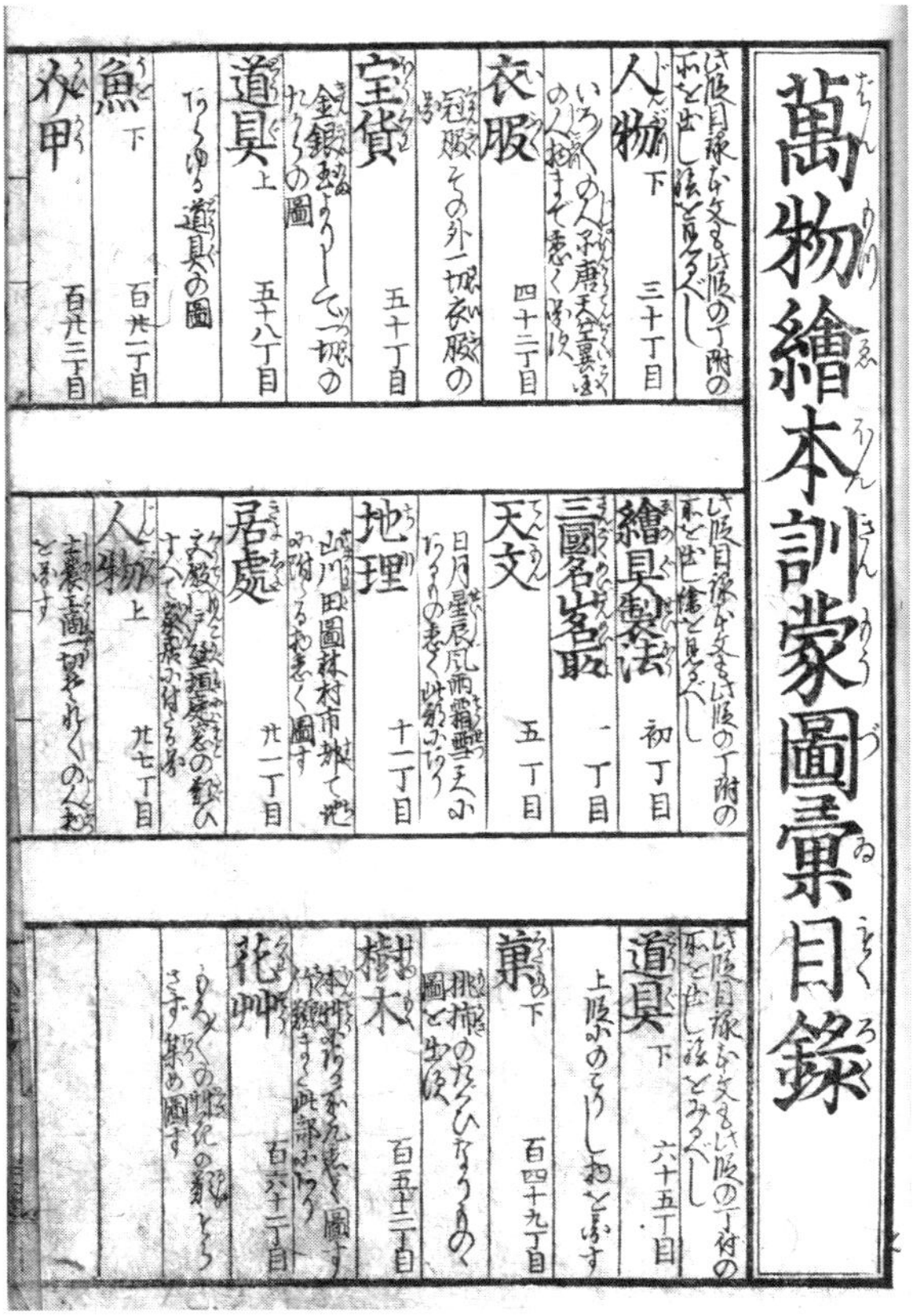
萬物繪本訓蒙圖彙目録
人物 下　三十丁目
衣服　四十二丁目
宝貨　五十丁目
道具 上　五十八丁目
魚 下　百卅二丁目
介甲　百八十二丁目
繪具製法　初丁目
天文　五丁目
地理　十二丁目
居處　廿一丁目
人物 上　廿七丁目
道具 下　六十五丁目
菓 下　百四十九丁目
樹木　百五十二丁目
花艸　百六十二丁目

図10　万物絵本訓蒙図彙目録

つまり、一冊本の場合の三分三段配置の複雑さが、二巻構成のために倍加されるのである。いや、中段・上段・下段という本文の流れが下巻の初めから再び改まることにより、本文の続き具合とともに巻の境界部も意識しなければ十全に利用することはできない。いっそ、上下巻のあいだに黄紙を設け、それぞれに目録を作った方が利用しやすかったかもしれない。もちろん、『訓蒙図彙　一名万物絵本大全』の目録には丁付けが記してあるので相応に円滑な検索ができることになるが、その目録も、本文の複雑な進み方に同期した複雑なものである。たとえば、目録上段の「道具上　五十八丁目」の左隣には「道具下」があってほしいが、その位置には、下巻の「魚下　百廿一丁目」が来ており、「道具下」は下段の最初に配されるのである。もちろん、そのような目録ではあっても、なければ困るものではある。

（二）踏み切る条件

このように三切不裁断製本は煩雑なだけで、利用者にとって利点になるところがない。それだけに、なにゆえ、刊行に踏み切れたのかが問われることになる。この問いは素朴ではあるが、『錦嚢万家節用宝』を見たもの誰しもがもつ疑問であろうし、であればこそ、その答えを求めたくも思う。以下、三切不裁断製本を促した要因なり条件なりを言挙げしてみよう。

まず、三切に裁断しないことの利点を考えてみよう。たとえば、裁断しないことで手間・経費が省けるということはあったであろう。詳しくは綴じ糸の長さによる経費・手間賃などについて正確な数字が必要だが、手間の上では、三切は小さいため製本に神経を使いそうなことは明らかで、美濃判のままの方が製本しやすいはずである。

不裁断を発想するにあたって、吉文字屋が、多くの三切本を手がけていたことも注目してよい。宝暦以降には節用集だけでも、高田（堺屋）清兵衛との相合版も含めて次のようなものがあった。寛政の直前、天明までの再版年を併記する。山田（一九六一・一九八一下）・米谷隆史蔵書なども援用した。

蠡海節用集　延享元（一七四四）年・寛延三（一七五〇）年・宝暦四（一七五四）年・宝暦一二年・明和六（一七六九）年

字典節用集　寛延四年・天明六（一七八六）年

大節用文字宝鑑　宝暦六年

新撰部分節用集	宝暦九年	
早考節用集	宝暦一一年・天明五年	
袖中節用集	宝暦八年・天明九年	
連城節用夜光珠	明和五（一七六八）年・明和七年＊	
新撰正字通	明和六年・安永九（一七八〇）年	
急用間合即坐引	安永七年・安永九年＊	行書一行本
急用間合即坐引	安永七年・天明六年	真草二行本
大成正字通	天明二年	

＊付録中の最新年記による

こうした三切諸本の処分に手を焼いていたとは言わないが、豊富に蔵していたからこそ、その（再）利用法については常に考えていたはずである。三切本は携帯に便利であるという利点があるため需要が見込めるから再版も容易だったであろう。その分、携帯性を確保するための経費はかかるが、それは価格に上乗せすればよい。しかしながら、購買者にとっては割高に見えたことであろうし、そこまでは吉文字屋も考えられたはずである。もちろん、三切の携帯性を望むものは割高などとは言わないだろうが、それでは、購買層の開拓はできない。何らかの形で経費・手間をはぶき、より売れやすい価格を実現することは考えていたであろう。このように、多くの三切本を抱えるからこそ発想できること・ものがあることは確かかと思われる。三切不裁断製本を行うにあたっての必要条件として注意しておきたい。

三切不裁断、その結果として段ごとに本文が次丁へと移ることになる点は、実は、在来の節用集の中に先蹤が認められるところで、一七世紀末以降の節用集の巻頭付録では、紙面を三・四段に分割して段ごとに付録を書き進めるのが普通であった。このような展開の有りかたは、節用集としては『頭書増補二行節用集』（寛文一〇〈一六七〇〉年刊）の採用した頭書（本文上欄）にさかのぼることになるのであろうが、ともあれ、丁よりも段を優先したレイアウトが吉文字屋の念頭にあれば、三切不裁断についても容易に実行に移しえたものと考えておいてよい。ただ、そうだとしても、在来の節用集の巻頭付録と『錦嚢万家節用宝』の三切不裁断本文との決定的な違いは、前者が段ごとに記事が終了するのに対し、後者は、中段から上段（あるいは下段）、さらに下段（あるいは上段）へと最終的には一連なりになることである。したがって、こうした欠点をいかに利用者に知らしめ、より違和感なく利用させるかが問題となるのである。

そのためには、目録の整備がもっとも重要な課題となる。どこに何があるかを周到に知らせる必要があるからだが、この点、吉文字屋は、以前より目録を重視する書肆であり、目録やそれをめぐる工夫に自信のある書肆だったようである。というのは、『錦嚢万家節用宝』以前に吉文字屋が刊行した『急用間合即坐引』『大成正字通』には一連の周到な工夫を見ることができるからである。『急用間合即坐引』『大成正字通』では、仮名遣いよりも発音が同一の語を一か所にまとめて示すことがある。ことに長音・拗長音がかかわる仮名二字以上で表されるものについては意を用いている。そのために通常の節用集とは異なる変則的なイロハ順をとるのだが、これを周知せしめるために詳細な目録（丁付合文）を用意しており、それを表紙や裏表紙という、もっとも目につく場所に配置するのである。

さらに、この丁付合文をより使いやすくするために、版心の文字を左側（つまり丁裏右端）に寄せることまでしている。

実際に字を引くとき、ことに手の動きに注目してみたい。丁付合文で目当ての丁付けを確認し、それよりもやや多めの箇所に右手親指の腹をあてて開き、目当ての丁まで親指の力をぬいて丁を送る。一丁ずつ送ってもよいが、目当ての丁まで一度に過不足なく送ることができればなおよい。そのためには、開かれている丁の丁付けと送るべき丁の数あるいは目当ての丁付けを把握したうえで、親指の位置・力を加減することになる。このとき、丁付けが各丁裏右端にあるので、各々の丁と丁付けと親指の位置関係が一目で把握できることになる。つまり、目の動きを最小限に抑えることになり、ひいては検索に集中できることにもなるのである。こうしてみると、板心文字の偏心はエルゴノミクスの領域に踏み込んだ考案であり、それを彫刻・製本の通念をまげて実現したものということになる。（佐藤　一九九六c）

これは、変則なイロハ順を利用者に飲み込んでもらうための、かなり周到に練られた工夫であったと評しうる。そこまで目録の効用をきわめた書肆ならば、はなはだ単純な言い方だが、どのような構成の書籍であっても「目録さえ完備していればよい」との判断が芽生えてもおかしくないように思うのである。

右に見てきたのは、なぜ三切不裁断を実行しえたかということだったが、逆に、三切に裁断できなかったと考え、その理由を考察するという行き方もあろう。三切に裁断して製本すれば書籍の厚みは三倍になる。『錦嚢万家節用宝』に合冊された四書は、『人家日々取扱要用之事』二二丁、『いろは字引節用集』七二丁、『訓蒙図彙一名万物絵本大全』六三丁、『年中行事綱目』二二丁で、計一七九丁となる。単純計算で三倍すれば五〇〇丁を優に上回ってしまう。このような厚みの、しかも三切の節用集は、分冊ならまだしも、一冊本としては異様というほかない。したがって、合冊することが前提なら、三切にするなどということは考える余地もなかったと思われるのである。

右のように三切不裁断製本の実現については、いくつかの解釈の可能性があることが知られた。それらは互いに排他的ではないから、特にどれを採るということはせず、とりあえず、すべての可能性を認めておくこととしたい。

三　『いろは字引節用集』目録の齟齬

（一）目録の齟齬

『いろは字引節用集』の冒頭に備えられた目録は、その丁付けが節用集本文とまったく一致しない。このことに気づいたのは旧蔵者の書き込みによってであった（前掲図9参照）。目録の「ラ」部の丁付け「七十八」の上に「百二」と墨書するのだが、前後の「ナ・ム」はそれぞれ「七十二丁・七十八丁」なので、確かめたところ、墨書の方が正確だったのである。

そこで、この目録の丁付けに合致する節用集をさがすこととした。とりあえず、架蔵書や手近にある複製本などで吉文字屋刊行のものを数種みたが、いずれも合致しなかった。このような経過を米谷隆史氏に知らせたところ、吉文字屋の『早考節用集』がかなり近いとの教示を得た。実際には、丁付けの合わない部が二四箇所あるが、そのずれ方は規則的で、目録の丁付けは『早考節用集』の丁付けよりも一丁減じた数であって例外がなかった。このうち一九箇所は、『早考節用集』における部のはじまりが丁の表、すなわち見開きの左側であった。結局、『早考節用集』の目録には見開きを単位とする方針があり、見開きの前半、すなわち見開き右の丁付けを示していたのである。こうした方針は、前節で紹介した『大成正字通』『急用間合即坐引』において、丁付けを見開き右端で見せる工夫に通ずるものと考えられ、吉文字屋の方針として一貫して採られてきたことを示すものであろう。

そうした工夫はともあれ、『いろは字引節用集』の目録の齟齬は、たしかに吉文字屋の不手際にほかならない。単純に誤りということもあるが、当初合冊を予定していたのが『早考節用集』であり、『急用間合即坐引』に急遽変更したとしても、目録だけ刷りなおすことができたはずだからである。ただ、そこまで考えるとき、『いろは字引節用集』の目録の齟齬を単純なミスとするよりも、合冊する節用集の差し換えの理由に検討の重心を置くことがあってよい。とすれば、二つの問いに分けて考えるのが効率がよい。すなわち、『早考節用集』が採られなかった理由と、『急用間合即坐引』が選ばれた理由とである。

(二) 検索法の検討

『早考節用集』も『急用間合即坐引』も検索法に特徴のある節用集なので、その点から検討する。

『早考節用集』は、イロハ・意義分類の下位を濁音仮名の有無によって細分する。まず、意義分類は次のように六門に分かれる。「凡例」につづく「門部」から引いておく。

言語　書翰方　世話字
天地　乾坤　時候　国郡　社堂　家居
人倫　官位　人倫　支体
財衣　器財　衣裳
植食　草木　飲食
禽獣　気形

細分類されているようだが、本文では一々の標目まで示されていない。伝統的な意義分類を応用した説明ということなのであろう。なお、従来型の節用集では、一〇門以上に分類され、かつ、乾坤門が最初に、言語門が最後に来るのが普通である。『早考節用集』では、六門に集約しつつ、言語門を最初に掲げることなどが新味になる。異なる部分はあるものの、従来の意義分類に親しんできた利用者には、さして違和感なく使えたかと思われるし、表現全般を担うことになる言語門がまず最初にあがっているのは使いやすいともいえる。これは、他の古文字屋の節用集の多くに当てはまる特徴でもある。

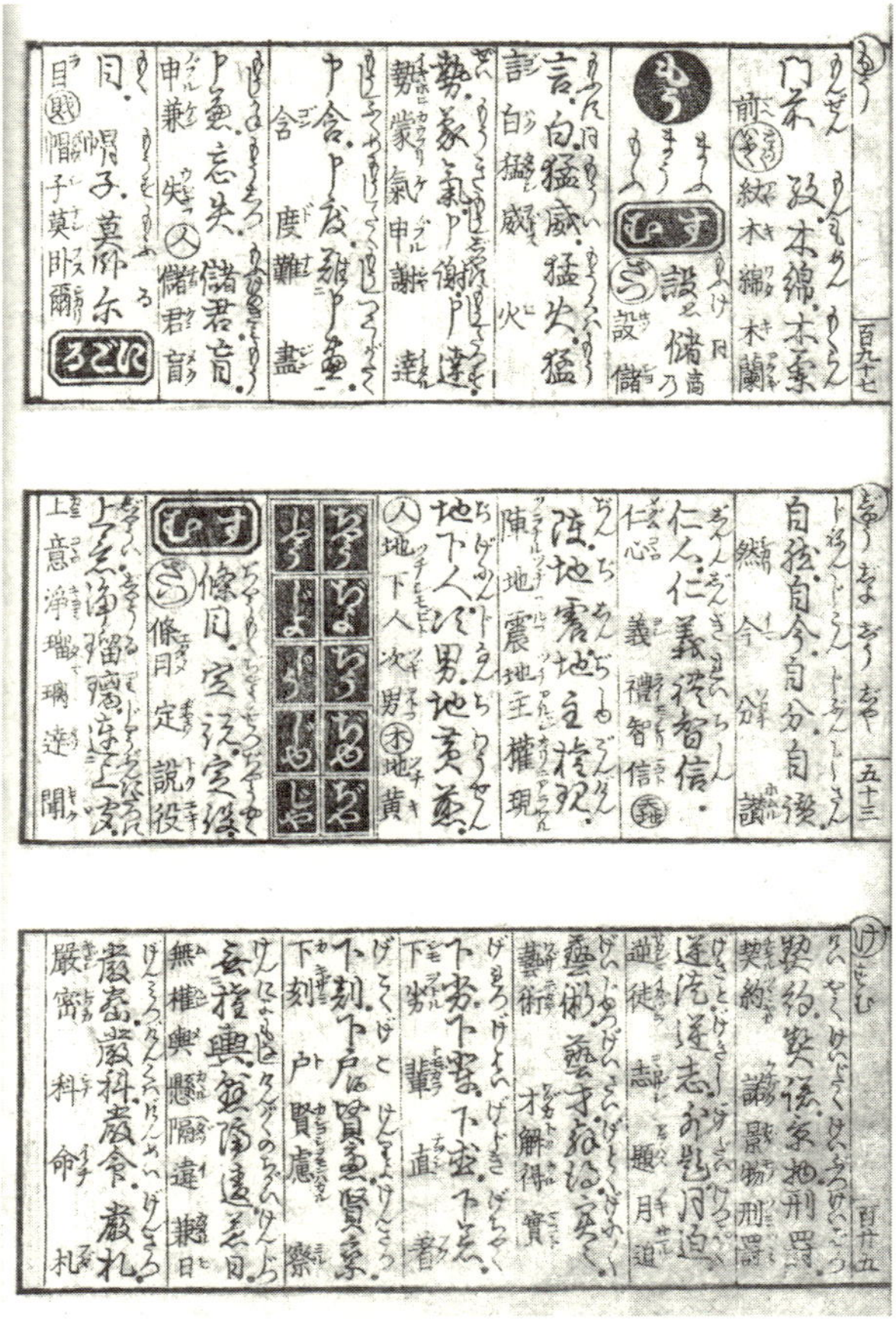

図11　いろは字引節用集（急用間合即坐引）

さて、その第三検索は、仮名書きしたときに濁点の付される仮名が一字でもあれば「濁」に配し、なければ「清」に配するものである。これも新味だが、単純に二分するだけのことであり（逆に、二分しかしないので検索効率は高くない、ともいえるが）、また清濁でゆれる語形もさして多くはなさそうなので、利用者から強く拒否されるようなものではなかったろう。

これに対して『急用間合即坐引』は、より以上に特徴的ないし変則的である。検索法を構成するのは『早考節用集』と変わらず、イロハ・仮名検索・意義分類であり、この順に適用して語を探すことになる。が、意義分類は『早考節用集』並みに整理されるものの、イロハ検索・仮名検索は凝ったものである。以下、その有りようを見ておきたい。なお、『急用間合即坐引』を称する三切の節用集は、行草一行表示と真草二行表示とで二種存在するが、いま、『錦嚢万家節用宝』に合冊された真草二行本によりイロハ・仮名検索の特徴を見ていく[2]。

第一検索の語頭のイロハ検索は、仮名遣いにかかわらず、発音の同じものを一所に集めようとしている。巻頭の「字のよみはじめ／字の操出し様」では次のように示している。陰刻を隅付き括弧で、割行を亀甲括弧で包み、句読点を私に補って示す。

光《くハう》《かふ》　こう　口上《こうぢやう》《かふじやう》　くハうぜう

かやうの字ハ【く】【こ】【か】いづれの部にあるかしれ申さず候ニ付、【こう】〔くハう／かふ〕と中部を別に出し申候

長音・拗長音以外では「地〔ぢ／じ〕治定〔じじやう／ぢぢやう〕」のような、四つ仮名のうちイ段のものも同種のあつかいをする。こうした工夫のため、イロハ以外の部を一九部立てたという。その一例としてチ部以下の部分けを記してみる。一つの部ごとに改行し、部名についで、その注記（亀甲括弧包み）も掲げる。

ち〔ぢとにごるハ、をくにべつにあり〕

ちやう〔てふ〕ちう

ちよ・ちや〔ちやう・ぢよ・ぢう・ぢや、にごるハおくニ別に有〕

ぢ・じ

ぢやう・ぢよ・ぢう・ぢゆ・ぢや・じやう・じよ・じう・じゆ・じや

チ部もチヤウ部も対等な部として別立てするわけだが、こうした変則的なイロハ検索を周知せしめるため、単独刊行された亀田次郎旧蔵書では一丁半にわたる詳細な目録（丁付合文）がそなわる。普通、四七字だけなら半丁で済むところなので、部立ての緻密さとともに目録の周到さがうかがえる分量である。

第二検索の仮名検索も凝ったものである。「字の引様」から仮名の類別の説明を示せば次のようである。

【すむ】家《いへ》　石垣《いしかけ》　隠居《いんきよ》　〔字のよみ終、ひかず、はねず、すみて読字、この部に入〕
【にごる】砂《いさご》　池田《いけだ》　院家《いんげ》　〔字のよみ終、にごる字すべて此部に入〕
隠者《いんじや》　印数《いんじゆ》　〔右のるいハ、よみ終の声にごり候ニ付、にごる部に入〕
辺鄙《へんぴ》　一派《いつぱ》　〔右よみ終、半濁に御座候。此るいも、にごる部に入申候〕
【ひく】　印籠《いんらう》　衣装《いしやう》　一町《いつてう》　〔右のごとく、よみ終を引字、すべて此部に入〕
【はねる】　衣冠《いくハん》　一献《いつこん》　一樽《いつそん》　〔字のよみ終、んとはねる字、すべて此部に入〕

「よみ終」は、「にごる字・引字・はねる字」とあるように仮名に注目させるので、原則として語末の仮名と見てよい。ただし、【にごる】の項では細則がある。まず、「辺鄙・一派」から語末半濁音仮名も【にごる】に配される。また、「隠者・印数」からは語末の仮名「や・ゆ」ではなく、その直上の仮名が濁音であることから【にごる】に配されることになる。これは、濁音の拗音にかぎって「よみ終の声」と呼ぶように、発音を重視するので変則的である。「声」を音読みとみれば字音語末尾漢字の字音という別の単位を持ち出したものとも捉えられる。あるいは、拗音を仮名二字ではあっても一単位（一拍）としてのことかとも思われるが、いずれにしても単位が仮名ではなく発音に変わっているのが注意される。

　実際に本文にあたれば、他にも細則があるようである。濁音をもつ拗音には右のような特例があったが、濁音をもつ拗長音は長音仮名を優先させて【ひく】に含める。また、各部の【ひく】をみれば、「祝《いはふ》・誘《いざなふ》」など、語末を「ふ」とするものも含まれる。「引字」には「ふ」を含むか、実際の発音によっていることになる。後者の方が、「芭蕉《ばせを》」を【ひく】に配することからは考えやすい。ただ、「祝・誘」は、長音にするか割って発音するかは個人差があるように思われる。もちろん、当時において割らずに発音するのが一般的であれば問題はないけれども、そうだとしても語末を「ふ」と書けば【ひく】に含める、つまり仮名書きを基準としておけば、割る発音にも長音的発音でも応じられることになる。

結局、『急用間合即坐引』における仮名検索は、大略は理解できるものの、細則があったり、実際に本文にあたって試行錯誤しなければならなかったりなど、厄介なものとせざるをえない。活用するまでには、相当の時間と根気が必要だと思われる。こうなると、第三検索の意義分類も、普通なら多少の違和感でとどまったであろうが、凝った第二検索のあとでは、引きがたさは心理的にも倍加したのではなかろうか。

以上のことから『錦嚢万家節用宝』を構成するのに、『早考節用集』と『急用間合即坐引』のいずれがふさわしいかは明らかであろう。三切不裁断製本で複雑になった本文の流れのうえに、さらに複雑さを増すような節用集は無用だからである。おそらく、こうした検索のしやすさを買われて、当初は『早考節用集』が合冊されることになっていたのであろう。

(三)『早考節用集』の欠陥

検索法からみた場合、『早考節用集』が合冊されなかった理由も『急用間合即坐引』が採用された理由も見えてこなかった。むしろ、目録まであがっている『早考節用集』から『急用間合即坐引』への変更はありえないとしか考えられない。したがって、『早考節用集』に、他に何らかの重大な欠陥が生じたことを考えることになる。たとえば、版権上の支障があったり、版木が磨滅して再摺に耐えなかったり、などのことである。

当時の節用集の多くが真草二行表示であることをおもえば、『早考節用集』が行書一行表示であることは、一つの欠陥と見なすこともできよう。もちろん、行書にかぎったのは、当時、もっとも一般的であった書体に限定することで『早考節用集』の実用性を強調したり、真字（楷書）を省くことで紙数を抑えたりするなどと、相応に積極的な理由も考えられるところである。

現存する『早考節用集』に天明五（一七八五）年刊の亀田次郎旧蔵書があるが、その印刷面を見るかぎり、相応に明瞭に読める部分がある一方、版木の磨滅のため、何が印刷されているか即断できない部分がある。たびかさなる印刷によるものと考えられるので、天明五年刊とはいえ、版木自体は、より古くからあった可能性があろう。そこで、『早考節用集』が天明五年以前に刊行されていたことを、まず確認しておきたい。

江戸本屋仲間の「割印帳」(3)には、宝暦一一（一七六一）年六月二五日の項に本書と同名書の記述がある。

早考節用集　全一冊　穂積義雄作　板元　大坂　鳥飼市兵衛
　　墨付百六十三丁　　　売出し　　吉文字次郎兵衛

「割印帳」は「開板赦免ののち印刷本が行事に提出された時点で記載され」（多治比郁夫 一九八四）るものなので、『早考節用集』という書名の節用集が宝暦一一年に実際に刊行されていたことが知られる。(補注) 問題は、これが天明五年刊『早考節用集』の初版本かそれに準ずるものかどうかである。「墨付百六十三丁」は異同がない。ただし、天明版のこの数字は最終丁の丁付けであり、表紙見返しなどは含まない数字である。また、編者を穂積義雄とするが、寛政二年に成立したかという大坂本屋仲間記録の「書籍分類目録」では「早考節用集　作者京屋治兵衛　全一冊」であって異なっている。もちろん、穂積義雄の別称が京屋治兵衛であることは十分に考えられる。なお、亀田本には編者名は記されていない。

天明五年以前に『早考節用集』が存在したことを示す記録は他にもある。大坂本屋仲間の記録の「開板御願書扣」第一二冊に、『滄浪節用集』を『早考節用集』に改題する旨を記した宝暦一一年二月付けの願書がある。開版人として堺屋清兵衛の名がみえるが、編者の名はない。そこで宝暦一〇年正月付けの『滄浪節用集』開版願書にさかのぼれば「一滄浪節用　百六十三丁　全部壱冊　作者京屋治兵衛」とあった。穂積義雄と京屋治兵衛は同一人である可能性が一段高まったといえよう。また、丁数も「割印帳」の記載と同一である。なお、明和九（一七七二）年刊『書籍目録』における「一　早考節用集　同（＝高田氏）」との記載もある。「高田氏」とは、吉文字屋と相合版を出すことの多かった堺屋清兵衛のことである。

このように『早考節用集』の書名をもつ節用集が宝暦末年ごろに存在したことが知られるが、検索法に清濁仮名検索を採用するかどうかを確認する必要がある。この点については、幸い、吉文字屋刊行の『文宝節用集』（外題。宝暦一二年刊。米谷隆史蔵）や『蠡海節用集』（明和六年刊。架蔵）の巻末書目に「早考節用集　同清濁分」と記されており、清濁仮名検索であることが確認できるところである。結局、天明五年刊『早考節用集』と同じ特徴をもつ節用集が、宝暦末以降、吉文字屋の節用集として名が挙げられることになる。一つの書肆から、同じ時期に同じ書名ながら内容を異にする節用集が刊行されるとは考えにくいから、『早考節用集』は宝暦末には刊行されていたと考えられるのである。(4)

以上のことから、亀田本『早考節用集』の版面の荒れは、宝暦一一年に刻された初版の版木を、天明期においても使いつづけたことによる可能性があることになる。そして、そのように痛んだ版木では印刷結果が必ずしもよいものではなかったため、『錦嚢万家節用宝』には合冊されなかったと推測することができそうである。

（四）『急用間合即坐引』の採用

ついで、合冊される節用集として『急用間合即坐引』が選ばれた理由を考えてみよう。とはいえ、最大の特徴である検索法には選ばれるべき理由がないのだから、他に積極的な理由も見つけにくい。そこで、吉文字屋が擁していた節用集諸本から消去法で絞りんでみようと思う。その際、三切本にかぎらず、他の判型のものも候補に挙げることが考えられることになる。体裁の不統一さえ厭わなければ、美濃判や半切の節用集本文を合冊してもよいからだが、現『錦嚢万家節用宝』に合冊されたのはすべて三切本なのだから、吉文字屋は三切本だけで構成しようとしたらしく思われる。また、先にも示したように多くの三切本を所有していたことでもあり、ここでも三切本にかぎって話を進めて大過ないであろう。

候補となるのは次の諸本である。書名・検索法・表記法などを記す。

蠡海節用集	イロハ・意義	行書一行
字典節用集	イロハ・意義	真草二行
袖中節用集（二種）	イロハ・意義	部分的に行書一行。平仄四季分付き
新撰正字通	イロハ・意義	部分的に行書一行。平仄四季分付き
早考節用集	イロハ・清濁・意義	行書一行
連城節用夜光珠	イロハ・清濁引撥・意義	行書一行
急用間合即坐引	イロハ・清濁引撥・意義	真草二行
急用間合即坐引	イロハ・清濁引撥・意義	行書一行
大成正字通（初版）	イロハ・清濁引撥・意義	部分的に真草二行。平仄四季分付き
大節用文字宝鑑	意義・イロハ	行書一行
新撰部分節用集	意義・イロハ	行書一行。右『大節用文字宝鑑』の改題補刻

三切と言っても『大成正字通（初版）』『袖中節用集』『新撰正字通』などは通常よりも大振りなので、『錦嚢万家節用宝』の他の書籍と判型が微妙に異なることになる。また、この三書は、字・語の平仄や四季を表示するといった韻事向けの工夫もあるので、合冊せずとも単独に刊行して相応の売れ行きが見込めるものと思われる。この点では、『蠡海節用集』も、すでに何度か再版されていて実績があるところで、『字典節用集』も再版自体少ないが、大略『蠡海節用集』に楷書を補ったものであり、寛政以降幕末にいたるまで再版されるので、『蠡海節用集』同様、単独での刊行でもよいものだったであろう。『大節用文字宝鑑』『新撰部分節用集』は、判型上は問題ないが、意義分類をイロハ検索の上位に立てるので一般性に欠ける面がある。また、やはり意義分類・イロハ順の『和漢音釈書

言字考節用集』の版元からクレームが付けられたこともあるものである（第二部第一章参照）。『連城節用夜光珠』は、山田忠雄（一九八一下）によれば『急用間合即坐引』の原形ともいうべき検索法を採るものだが、吉文字屋は、これを改題したものとして『急用間合即坐引』を位置づけるべく本屋仲間に報告している。したがって、『急用間合即坐引』が刊行されれば、その役は終わったような存在であって、『錦嚢万家節用宝』への合冊も考える必要はなさそうである。

残るは『急用間合即坐引』真草二行本か行書一行本ということになる。当時の節用集は真草二行を表示するのが普通なので、それに合わせれば前者がふさわしい。また、真草二行本は安永七（一七七八）年・天明六（一七八六）年の、行書一行本は安永九年の異本が知られているが、これらのうち、寛政元（一七八九）年刊行の『錦嚢万家節用宝』にふさわしいのは、やはり、わずか三年前に再版された真草二行表示の天明六年本であろう。さきに、『早考節用集』の合冊が見送られた理由として摺りの質を挙げたが、その点でも天明六年本は申し分なかったと思われるのである。『節用集大系』第四四巻には、この天明六年本と『早考節用集』とが併載されるが、両者を比較すれば、影印本であっても天明六年本の版面の鮮やかさが容易に知られるところである。

以上の検討をふまえてまとめれば、『錦嚢万家節用宝』における節用集の差し替えは、以下のような経過が想定されることになる。『錦嚢万家節用宝』を刊行するにあたり、最終段階すなわち「黄紙」まで準備した時点で、『早考節用集』では刷りの点で満足できず、より刷りの良いものを求める必要にせまられた。また、他に『人家日々取扱要用之事』『訓蒙図彙　一名万物絵本大全』『年中行事綱目』を合冊することになった『錦嚢万家節用宝』であれば、相応の威容を持たせたいとの意向もありそうである。それには、やはり二書体を表示してある節用集がふさわしいはずである。そこで、これらの点を満足する『急用間合即坐引』天明六年本に差し替えられたということになろう。

四　書名『いろは字引節用集』

（一）合冊体における書名

『錦嚢万家節用宝』の辞書部分の書名『いろは字引節用集』（表紙見返しでは「伊呂波分字引節用集」）は、重言的だが、はなはだ分かりやすい。こうした書名を採るのは、やはり『錦嚢万家節用宝』が合冊という特異な形態を採ることと関わっていよう。

まず、合冊であるために、合冊各書間の区分を明確にしなければ利用しにくいという事情があったと思われる。合冊された四書とも本来は三切本なので、三切の横長の版面が三段にわたって紙面にある。任意の一丁を一瞥した程度ではどのような性格の書籍であるか分からないこともあろう。もちろん、少しばかり注意深く見れば判断できるが、一見して分かるかどうかは、使用感のうえでは案外に大きな差となるはずで、使い勝手の悪い書籍には手が伸びなくなるものである。したがって、他の合冊書籍と紛れさせない工夫が必要になるものと考えられる。

そのためには、複数の方法により合冊各書間の区分を明示するのが効果的である。この点、『錦嚢万家節用宝』で、体裁上の工夫として四書間の境界に「黄紙」を設けるのは注目される。合冊各書間の区分が必要だと考えていることを示すからである。そうした志向が、書名上にも現れることは容易に推測されよう。

たとえば、『錦嚢万家節用宝』に合冊された『訓蒙図彙』（目録標題は「万物絵本訓蒙図彙」）との書名にも区分のための工夫があったと思われる。この書の本来の書名は「万物絵本大全調法記」だが、収載された絵は中村惕斎編『訓蒙図彙』（寛文六〈一六六六〉年刊）の縮写であるという（長友千代治 二〇〇二）。書名に「絵本」を含むこと、序の記しぶり、付録に「絵具製法」を載せることなどからすると絵手本としての性格を強調するかのようで、原

『訓蒙図彙』から離れようとの気味もうかがえる。さらにいえば、原『訓蒙図彙』の版元から版権侵害とされるのを避けての所為かとも疑われる[5]。ならば、『錦嚢万家節用宝』において「訓蒙図彙」の書名を掲げるのは藪蛇にほかならないが、その危険をおかしても原『訓蒙図彙』の知名度にすがって「訓蒙図彙」（「万物絵本訓蒙図彙」）の内容・性格を明示しようとしたものと思われる。

ならば、「いろは字引節用集」との書名も、他書との区別のために分かりやすさを志向してのものと見られそうである。核である「節用集」が包含する〈イロハ検索・辞書〉との意味を再度表出することになる「いろは・字引」などの要素は余剰ということになる。が、音韻においては、こうした余剰的特徴が「情況によっては、それは弁別的特徴の代用をする」（ヤコブソンほか 一九五一）。ヤコブソンらは、この後、電話でのロシア語の例を引くが、余剰的なものが区別の強調や間違えにくさを確保するのに役立つことがあるわけである。したがって、合冊体節用集という特異な「情況」におけるからこそ、重言的な「いろは字引節用集」との書名も、他書との区別のためにあえて採用されたものなのであろう。

（二）書名の趨勢から

右のように『錦嚢万家節用宝』のなかだけの問題として書名『いろは字引節用集』を考えることが、まず可能である。が、全体的に、すなわち、他の吉文字屋の節用集の書名を見ておくことも、推測の遺漏を最小限にするために必要かと思う。

吉文字屋の節用集や大坂本屋仲間の記録類を見ると、宝暦以降、書名を和らげようとした節がある。たとえば、意義分類をイロハよりも先に立てる『大節用文字宝鑑』（宝暦六〈一七五六〉年刊）は、宝暦九年の再版改修本では『新撰部分節用集』と改題する。当時、意義分類を門とも部とも呼んだことからすれば、「部分」を取り入れた書名の方が特徴をよくあらわす一方、簡明でもある。こうした吉文字屋本の改題の例を大坂本屋仲間の「新板御願書扣」から拾えば次のようである。

百川学海錦字選　↓　新撰用文章宝玉集（宝暦一二年三月）
大魁訓蒙品字選　↓　森羅万象要字海（安永四〈一七七五〉年二月）
連城大節用集夜光珠　↓　急用間合即坐引（安永八年七月）

これに、堺屋清兵衛の『滄浪節用集』を『早考節用集』と改題したこと（前述）を加えてよいだろう。「百川学海・連城・夜光珠・滄浪」のように、漢学の教養なくしては容易に思い至らない高尚な名から、より分かりやすいものに改めているのは明らかである。このうち「森羅万象」への改題は例外かとも思えるが、筆者の印象――といっても現代人のそれであるから、おのずと限界はあるが――からすれば、分かりやすいものと感じられる。分かりやすさといえば、「急用間合即坐引」への改題が最たるものだろう。「急用に間に合い、即座に引ける」という口語そのままのようなものへの変わりぶりである。品格すら感じられないが、これは逆に「分かりやすさ」への志向がペダントリィを捨てさせるほど強くなったことを示す例と見られよう。常識的にみて、書名が分かりやすければ、購買者は親しみを抱きやすく、記憶しやすくもある。それはそのまま、その書の売れ行きを左右する要素でもあろう。現代でも、営業上の命名、すなわちネーミングが重要であることは多くの人々の知るところだろう。そうしたことは、江戸時代においても同様であった。特に、多数の書肆から多くの異本が刊行されていた節用集ではなおさらである。右の改題は、こうしたことを背景になされたものなのであろう(6)。

こうした傾向も後押しして、「いろは字引節用集」という、分かりやすすぎるほどの書名が生み出されたと見てよさそうである。ただ、本来の書名が、すでに分かりやすい「急用間合即坐引」ないし「早考節用集」だったにもかかわらず、さらに重言的な『いろは字引節用集』に変更されたことをふまえれば、前項でみたような合冊体における区分の必要性による書名の変更の方が、より優先されるべき条件だったとも考えられる。

（三）統一的書名との乖離

『錦嚢万家節用宝』の辞書本文の名称が「いろは字引節用集」となったのは右の推測で十分かと思う。が、そのために統一的書名『錦嚢万家節用宝』から離れたものになったのは、合冊体ゆえのことと思われ、興味深い。合冊他書との区分を強調するために「いろは字引節用集」との書名を与えたわけだから、それが、全体を表す書名と同じであったり、類似していてはならない。区分のためにしたことの意味が大幅に減じることになるからである。

これに対して従来型の節用集では、正反対の傾向があると見られる。前章において、合冊体に対する用語として従来型の節用集の構成を複合体と名付けた。辞書本文を中心に、巻頭・辞書本文上欄・巻末に付録記事を配するものである。そうした節用集の多く、特に一八世紀以降の節用集では、表紙や扉などに記される統一的な書名と、辞書本文直前の書名（内題）とは、同一かほぼ同じであるのが普通である。なかには、外題を「万華節用群玉打出槌」（享保二〈一七一七〉年刊）とし、内題を「大益字林節用不求人大成」とするような例もあるが、やはり少数であろう。

考えてみれば、複合体の節用集であっても、辞書本文と付録とがまったく渾然としているわけではなく、合冊体のような切れ目がある。早期のものを除けば、辞書本文の最初の丁から頭書記事も新たに始まるのが普通なので、そこが巻頭付録との切れ目になるのである。したがって、辞書本文冒頭の内題に、統一的な書名と異なる書名を与えてもよかったはずである。しかし、多くの節用集ではそうしていない。これはおそらく、命名者が、節用集の辞書部分を中核的な存在と見ているからであろう。それが、単なる習慣や惰性ないし通念だったとしても事情は同じ、むしろ、そうであればこそ、より一層辞書部分が中核的な存在として意識されていると考えられる。このような書名の有りようからは、付録を含めた書籍としての統一の根に辞書本文があると見なしていることが知られるわけである。約していえば、複合体節用集においては、複合体であるからこそ、統一的書名と内題とが同じかごく近いものになるということである。

　このように、統一的な書名と辞書部分の書名との関係は、合冊体・複合体それぞれに異なるものと思われる。そしてその異なり方は、合冊体と複合体という構成方法の異なりを反映して対照的である。少なくとも理屈の上では、一方の体裁と書名の関係が、他方の体裁と書名の関係を、逆に説明する部分があると考えられるからである(7)。

五　成果と課題

　以上、『錦囊万家節用宝』における不整合三点につき、筆者なりの解釈をほどこしてみた。右の検討において、基本にある筆者の態度は、普通なら起きるはずもない不整合をいかに合理的に解釈するかであったが、一方では、それらが、近世節用集の時代的な趨勢のなかでどのような現象として捉えられるかを見ようとするものであった。もちろん、これは、『錦囊万家節用宝』を近世節用集のなかに位置づけようとの意図があってのことである。

　また、近世節用集の典型から著しく逸脱する『錦囊万家節用宝』を種々の点から考察することで、前章で述べたように、逆に近世節用集の典型（ひいては通念・常識など）をかえりみることを筆者は企図している。この点は、第四節において一応の成果がえられたかと思う。

　最後に、今後の課題について触れておく。本章は『錦囊万家節用宝』における種々の不審を解釈したものであり、前章は合冊体の展開を見たものであった。これらはともに『錦囊万家節用宝』の合冊という有りようをそのまま認めたうえでのものである。すなわち、合冊体を採った理由や背景については、いまだ考察していない。この点については暫定的にも次章で検討したく思う。

注

（1）上・中段の丁付けの差は六五なのに、中段・下段の丁付けの差が一六五になるのが不審である。おそらく一一九丁以降二八二丁までのあいだで一〇〇丁飛ばしているのだろうと想像していた。が、幸い、その銅版によって摺りだされた刊本を入手することができた（二〇〇一年一一月七日）。『鮮明いろは字引大全』（内題）で、「明治十九年九月卅日出版届／同十九年十月卅日刻成」とするもので、編者は「京都府平民後藤七郎右衛門」である。これによれば、「百五十」丁の次葉が「二百五十一」丁であり、やはり一〇〇丁分飛ばしていることが知られる。

（2）吉文字屋刊行の一連の節用集の仮名検索については、山田（一九八一下）、高梨信博（一九八八）に紹介・解説がある。

（3）朝倉治彦・大和博幸編（一九九三）による。ゆまに書房（一九八〇）の国会図書館本影印では、冊数と作者の位置が入れ替わり、墨付丁数も記されない。

（4）「同」は「増字」もしくは「増字懐中本」。

（5）重版類版停止令（元禄一一〈一六九八〉年）以前の刊行なので、『万物絵本大全調法記』刊行の元禄三年当時、版権の優先権などがどれほど尊重され、どれほどの実効があったかは必ずしも明確ではなく、版権のことを問題にするのは少々不安がある。しかし、元禄以前の刊行書を根拠として版権を主張した例もあるので（第二部第一章参照）、そのような場合として想定してみた。ただし、大坂本屋仲間の「差定帳」一番にある「絵本出入格式之事」（元文二〈一七三七〉年成）には「三ツ切二ツ切寸珍本ヲ以、大本半紙本ニ仕候事不相成、大本半紙本之株ヲ以、三ツ切二ツ切寸珍本ニ不相成事」とあって、判型によって版権のおよぶ範囲が限定されると読めるので、書名の変更によって版権侵害をまぬかれようとしたとの想定は有効でないかもしれない。しかしながら、この格式を楯にして、他の書肆が刊行した書籍をそのまま小型化ないし大型化したものが版権に抵触しないというのも不自然であろう。この格式をめぐっては、なお熟考が必要な点がありそうである。

（6）次章でも触れるように、対抗勢力とも言うべき『早引節用集』が、分かりやすく訴求力も強い書名を採ることからの影響も考えられよう。

（7）あるいは出版上の都合、ことに版権（板株）登録時の便宜として、みだりに別称を用いないなどの内規のようなもの、あるいは不文律があったのかもしれない。が、新しい体裁である合冊体においては、そうした約束事から自由であり得たとも考えられないではない。思いあたる資料もないけれども、後考できればと思う。

ただし、このことは、特に合冊体については軽々には言えないかもしれない。まず、合冊体を採る節用集の数が少なく、理屈の上ではともかく、現実的な判断が確定できないことがある。また、一九世紀の合冊体節用集のように周到に練られたものでは、むしろ複合体に近い書名の有りようを示すからでもある。したがって、合冊体の場合は、『錦嚢万家節用宝』のように、まったく独立的な書籍を合冊するようなプリミティブなタイプに限定すべきかもしれない。

このことからまた、一九世紀の合冊体を「合冊体」の名で呼ぶこと、ないし、その範疇に含めることには注意が必要かもしれない。一九世紀の合冊体は、はじめから一冊の節用集を編成するよう、かつ、切り離しても違和感のないよう、調和的な複数のユニットを作るという手法をとるからである（前章）。このことはまた、付録部分が必ずしも独立的でないことを意味するが、だとすれば、単独刊行に向くとはかぎらず、この点でも『錦嚢万家節用宝』のようなタイプとは異なる性格をもつものと見るべきであろう（ただし、ユニットが単独刊行できないことは必ずしも欠点とはならない。摺りださなければその分の経費が浮くのだから、それはそれで好都合だったのかもしれない）。

補注　宝暦一一年初版本については、ウェブログ「北さん堂雑記パート2」二〇一四年一〇月一四日分（和本江戸宝暦版漢字辞書「早考節用集」1冊穂積義雄古文書。http://blogs.yahoo.co.jp/kitasandou2/13391200.html）に画像五葉が紹介されており、実在することが確認できた。刊記は「穂積義雄撰（印）／宝暦十一辛巳歳孟春吉日／書林／浪華鳥飼市兵衛／同　高田清兵衛／武江　結崎次良兵衛」であった。そこで、この補注の位置以降、ほぼ一ページの検討はあまり意味がないことになるが、検証の過程など参考になる部分もあるかと考え、残しておくこととした。

第三章　合冊の背景

ここまで、『錦嚢万家節用宝』（寛政元年、吉文字屋刊）の採る合冊という手法が吉文字屋の節用集によく認められることを確認、それが後代にどのように展開しうるかの見通しを得る一方で、本来三切であるはずのものを裁断せずに合冊するという、極めて例外的な製本を行ったがための齟齬等を検討した。が、これらは、合冊という編成方法をすでにあるものと認めての検討であり、なにゆえ合冊が行われたのかといった点については積極的な検討を差し控えてきた。ここでは、その避けてきた部分について若干の考察を行なう。

一　合冊への慣れ

なにごとも先例があればやりやすい。『錦嚢万家節用宝』が合冊という手法を採ったことについても、先例があることをまず疑う必要がある。この点は、前章までも触れたところだが[1]、宝暦から寛政にかけて、吉文字屋が、複数の節用集を合冊によって編成していたことは見逃せない。『錦嚢万家節用宝』刊行以前、すなわち天明年間までの節用集では次のような一〇本が合冊体として刊行ないし企画されていたのであった。

現存するもの

万世節用集広益大成（宝暦六〈一七五六〉年刊。相合）
百川学海錦字選（宝暦六年刊か）
文宝節用集（外題。宝暦一二年刊）
急用間合即坐引（天明二年ごろ）
万徳節用集（天明二〈一七八二〉年刊）
刊行の可能性の高いもの
錦囊重宝文字選（天明元年）
記録類から知られるもの
博学文要四民宝（天明元年）
万宝字典（天明二年）
字典年中重宝選（天明六年）
節用年中行事（天明六年）

節用集においては以上のようであるが、大坂本屋仲間の「開板御願書扣」などによれば、同時期において、吉文字屋は、百人一首・女子用教訓書など二二書を合冊によって企画・刊行したことも知られる。いまそのすべてを掲げてみる。書名のほか、願書提出年・合冊元書名を記す。

女年中往来真珠海（宝暦一二年。『百人一首』『深見草』『女千歳和訓文』『女訓文章』）
永代大雑書春秋暦（宝暦一二年。『文花節用』『万宝全書』）
錦囊万代宝鑑（宝暦一二年。『男調法記』『小うたひ』『諸礼訓』『野山錦』『ちんかう記』）
当用書札大全（宝暦一四年。『絵本人物誌』『当用尺牘』『当用書札集』『当用書翰式』）

女訓藻塩草（明和二〈一七六五〉年。『百人一首』『和哥名数』）
女七珍万葉舟（明和六年。『絵合百人一首紅葉香』『女学則』『名数和哥選』『玉葉百人一首』『女文苑栄花』『女今川』）
花葉百人一首姫鏡（明和六年。『女千載』『蘭奢侍』『玉葉百人一首』）
錦柳百人一首宝蔵（明和六年。『行成百人一首』『絵合百人一首』）
富貴百人一首花橘（明和六年。『古今百人一首』『玉葉百人一首』）
婚礼手引草（明和六年。『玉葉百人一首』『花枝折』『女千載』）
女今川教訓全書（明和六年。『女要訓』『玉葉百人一首』『女今川』『女学則』『名数和哥選』『蘭奢待』『哥林百人一首』）
女大成錦書（明和七年。『絵合百人一首』『女千載』『絵本教訓草』）
文宝百人一首秘蔵錦（明和八年。『絵本千歳春』『女学則』『女古今集』『高砂百人一首』『九重百人一首』）
哥仙百人一首大成（明和八年。『絵本千歳春』『絵合百人一首』『名数和哥選』『高砂百人一首』『女古今集』『九重百人
　一首』）
女家宝哥書文庫（明和八年。『絵本千歳春』『絵合百人一首』『名数和哥選』『女古今集』『女大成』『高砂百人一首』『九
　重百人一首』）
女故事選深見草（安永三〈一七七四〉年。『古今百人一首』『絵本深見草』）
江戸道中記（安永四年。『東海道分間図』『江戸行程記』）
女用歌学選（天明元年。『絵本千歳春』『女訓三才図絵』『女古今集』『歌書大全』『女詩経』）
女万要花月台（天明元年。『倭百人一首』『婦人教訓』に奥書三丁）
女躾方百ケ状（天明元年。『絵本千歳春』『高砂百人一首』『女教訓古今集』『古今百人一首』）
教訓女式歌枝折（天明元年。『絵本千歳春』『娘教訓百人一首』『女今川姫小松』）

百人一首女教訓拾要（天明元年。『絵本千歳春』『女教訓古今集』『女詩経宝文』『娘教訓百人一首』）

同時期の他の書肆からは、とてもこれほどの合冊体書籍は刊行・企画されておらず、この方法が吉文字屋一流のものであったとすらいいうる。また、書名を見ても分かるように「百人一首」と銘打たれたものが不自然なほど多く、おそらくは合冊によって小差しかない異本が増産されたのであろう。

本来二冊であった本を合して一冊にするのは簡単である。が、『錦嚢万家節用宝』は、三切不裁断製本の上に四冊による合冊という、一種、離れ業めいたものであった。そうした奇異な合冊を行ないえたのには、やはり先例があるか、複雑・高度な合冊に慣れているかのいずれかが示せれば、納得しやすくもある。そこで、実際、どのような合冊が行われたのかを見ておきたい。右記の二二例から二例ほど示してみる。大坂本屋仲間の「開板御願書扣」にも簡略な記載があるが、いま、分かりやすさを考慮して、大阪図書出版業組合（一九三六）より引いておく。適宜、読点を補った。

錦嚢万代宝鑑

以前「男調法記」と題せしもの五十五丁、「小うたひ」と題せしもの二十六丁、「諸礼訓」と題せしもの二十八丁、「野山錦」と題せしもの十九丁、「ちんかう記」と題せしもの七丁、これに新版五丁を加へ、あわせて百四十丁を一冊とし改題申出作者吉文字屋市兵衛

板元　右　同　人

申出年月　宝暦十二年六月二日

右板元よりの申出でを本屋行司にて聞届け板行

女今川教訓全書　　一冊

以前「女要訓」と題せしものの内一丁、「玉葉百人一首」と題せしもの、内廿三丁、「女今川」と題せし本文

四十九丁、「女学則」と題せし本文四十九丁と口絵七丁、「名数和哥選」と題せしものの内六丁、「蘭奢侍」と題せしもの六丁、「哥林百人一首」と題せしもの、内一丁、以上を取合せ改題申出

板元　吉文字屋市兵衛

右板元よりの申出でを本屋行司にて聞届け板行

申出年月　明和六年九月

丁数からすると、単純に元の本をそのまま合冊するのではなく、記事を単位として切り出し、種々の書より寄せ集めて一冊に仕立てるようである。合冊体の自由度を駆使した闊達な編集ぶりといえよう。

この合冊に準ずるものとして、元の本に紙数若干を増補する例もある。多くの場合、改題をともなう再版となり、以下のようなものが認められた。

絵本姫文庫（宝暦七年）

風雅百人一首金花袋・女訓三才図絵・百人一首女要訓・秋香百人一首大成・万海百人一首宝袋・女花鳥余情（宝暦一一年）

女文宝全書（宝暦一二年）

哥林百人一首大成（宝暦一四年）

錦嚢外療秘録（明和四年）

錦嚢妙薬秘録（明和五年）

早覚伝授百人一首（安永八年）

女用歌学選（天明元年）

また、合冊・増補とは逆の例、すなわち、既存書からの抜粋刊行も認められる。が、これも、右のような高度な

合冊で見られた、記事単位の抜き出しということになる。

日本図並江戸略図（安永四年。『細見記』より）

経験医療手引草・小児医療手引草（天明四年。『医療座右』より）

このように見てくると、吉文字屋は単に合冊にのみ長けていたというよりも、一段次元の高い操作——書籍を解体すること、そしてそれらを再構成すること——に長けていたと見る方がふさわしいのかもしれない。となれば、吉文字屋における合冊とは再構成のための手段の一つにすぎなかったことになり、それだけに、合冊を容易に行ないえたと考えるべきなのであろう。(2)

が、それはそれとして、吉文字屋が、量においても質においても、合冊やそれをめぐる手段による刊行に長けていたことは十分にうかがわれた。これほどまでに、合冊に固執し、続々と類似書を刊行した理由には、どのようなことがあったのだろうか。この問いに回答するには、当時の吉文字屋の内証をはじめ、女子向け教養書の需要ほか、考えるべき点が多岐にわたりそうで、容易に結論が得られるものではないけれども、合冊によっていかなる利点がもたらされるかは言えそうである。

右の引用にある「本屋行司にて聞届け板行」との文言が、この際、重要であろう。当時の刊行までの手続きを念頭におけば、正式に開版願書を当局に提出するのではなく行司の認可だけで刊行するか、願書は提出しても認可をまたずに刊行実務に入るかのいずれかかと思われる。合冊を構成する各々の書籍は、すでに通常の手続きを経ていて、何ら問題がない——仲間内の審査で重版（無断複製）・類版（意匠盗用）などの疑いがないとされ、町奉行からも公序良俗を乱すものとは判定されなかった——ので、今一度、通常の手続を通す必要はないとの判断があるのだろう。また、そのような、いわば版木の使いまわしであることを考えれば、本屋仲間に支払うはずの手数料（白板歩銀）も支払わずともよかったのかもしれない。このように、合冊によれば、より手軽に刊行できたであろうことは容易にうかがわれるのである。

また、在来の書籍を合冊したものも新たに株帳に記され、版権（板株）が発効する。したがって、一枚の版木が、複数の版権のもとに所属することになり、その管理方の複雑化が予想される。このような場合、どう対処するのか、ことに版権を売買する際など、どのように取り計らったのか興味のあるところである。あるいはその有りようによっては、吉文字屋が、まさに多種多様な合冊本を生産した真意が解明できるかもしれない。ただ、いまは、当面の目的である『錦嚢万家節用宝』ないし節用集における合冊という点にあえてとどまることとし、これ以上、触れないでおく。

結局、吉文字屋は、多くの合冊体書籍を手掛けており、その構成にも凝ったものがあって、三切不裁断製本による合冊という『錦嚢万家節用宝』のような書籍を送り出すのも容易であったと確認されるのである。

二　検索法での敗退

ほかにも合冊という手軽な方法に走る条件は認められないだろうか。

吉文字屋の節用集といえば、種々の工夫が盛られるのが特徴的である。検索にかかわるものだけでも、特殊仮名の有無による検索（山田忠雄　一九八一下、本書前章）、意義分類の整理（米谷隆史　二〇〇一）、発音重視の変則的なイロハ検索（本書前章）、版心丁付けの偏心による検索補助（佐藤貴裕　一九九六ｃ）などがある。それぞれ注目に値するが、このうち、もっとも独創的なのは、濁音・長音・撥音を表す仮名の有無による検索であろう。吉文字屋自身、そのことは自負してもいたかと思う。というのは、一八世紀後半の検索法の開発期を通して終始固執しつづけ、さらにその間にも改良の跡が認められるからである（山田　一九八一下）。

試みに、一八世紀後半に登場した新たな検索法をもつ節用集を一覧し、そのなかに吉文字屋本を置いてみよう。いま、初版・再版の別なく列挙すれば次のようになる。吉文字屋刊行のものに丸印をほどこした。なお、早引節用集は除いてある。

書名	刊行年	検索法	備考
国字節用集＊	宝暦七（一七五七）年成	イロハ・イロハ	
○早考節用集	宝暦一一（一七六一）年刊	イロハ・意義・清濁	三切横本
早字二重鑑	宝暦一二（一七六二）年刊	イロハ・イロハ	三切横本
安見節用集＊	宝暦一二（一七六二）年刊	イロハ・イロハ	三切横本
○千金要字節用大成＊	明和元（一七六四）年求版	イロハ・意義・仮名数	
万代節用字林宝蔵	明和三（一七六六）年刊	イロハ・意義・仮名数	
○連城節用夜光珠	明和五（一七六八）年刊	イロハ・清濁引撥・意義	三切横本
○連城大節用集夜光珠	明和六（一七六九）年刊	イロハ・清濁引撥・意義	美濃判
広益好文節用集	明和八（一七七一）年刊	イロハ・偶奇・意義	
広益好文節用集	安永三（一七七四）年刊	イロハ・偶奇・意義	
○急用間合即坐引	安永七（一七七八）年刊	イロハ・清濁引撥・意義	三切横本・行草一行
○急用間合即坐引	安永七（一七七八）年刊	イロハ・清濁引撥・意義	三切横本・真草二行
二字引節用集＊	天明元（一七八一）年成	イロハ・イロハ（語末）	
五音字引節用集＊	天明元（一七八一）年成	イロハ・五十音（語末）	
○急用間合即坐引	天明二（一七八二）年刊か	イロハ・清濁引撥・意義	美濃判

○万徳節用集　天明二（一七八二）年刊　イロハ・清濁引撥・意義　右書改題
○大成正字通　天明二（一七八二）年刊　イロハ・清濁引撥・意義
画引節用集大成　天明四（一七八四）年刊か　イロハ・意義・片仮名総画数
○早考節用集　天明五（一七八五）年刊　イロハ・意義・清濁
○急用間合即坐引　天明六（一七八六）年刊　イロハ・清濁引撥・意義　真草二行
○急用間合即坐引　寛政元（一七八九）年刊　イロハ・清濁引撥・意義　真草二行。『錦嚢万家節用宝』として
懐宝早字引　寛政四（一七九二）年刊　イロハ・意義・片仮名総画数　『画引節用集大成』改題
○急用間合即坐引　寛政六（一七九四）年刊　イロハ・清濁引撥・意義　行草一行

＊は刊行の確認できないもの。「清濁」は濁音仮名の有無による検索。「清濁引撥」は濁音・長音・撥音仮名の有無による検索。適用法・優先順位は諸本で小異あり。「偶奇」は仮名数の偶数奇数別。

吉文字屋本の刊行数は一三回に達し、早引節用集を除く新しい検索法の節用集のなかの半数を超えており、精力的に展開していたことが知られる。対する早引節用集は、この間、二六回の刊行数をほこるのだが、吉文字屋本はそれに次ぐ回数になるわけで、一書肆の刊行数としては健闘と言ってよかろう。いかに検索法やそれをめぐる工夫に並々ならぬ関心を持っていたかが確認できるのである。

また、吉文字屋本の多くは、付録をごく少数に絞りこんでいるのも特徴的である。右掲諸本中、『千金要字節用大成』は実体が知られないので除くとして、『連城大節用集夜光珠』『急用間合即坐引』（美濃判）が頭書を有するなど従来型の節用集と同種の体裁をとって例外的だが、他の諸本はごく少数の付録がつくに過ぎない。右掲以外の吉文字屋本でも、『蠡海節用集』（延享元〈一七四四〉年刊）以下、『字典節用集』（寛延四〈一七五一〉年刊）・『大節用文字宝鑑』（宝暦六〈一七五六〉年刊）・『袖中節用集』（宝暦八年刊）・『新撰部分節用集』（宝暦九年刊）・『新撰正字

通』（明和六〈一七六九〉年刊）なども付録が絞りこまれたものとなっている。付録が少ないという事態は、これら一連の吉文字屋本のみならず、早引節用集の特徴でもある。また、新たな検索法の創出という点でも、吉文字屋本と早引節用集は共通点がある。こうした有りようは、付録の充実ばかりにかまけ、辞書としての基本的機能の向上を追求しなかったイロハ・意義分類体の従来型の節用集とは対照的である。言い換えれば、節用集界において、付加価値依存体質を脱却し、辞書としての新たな地平を開いたのが、早引節用集であり一連の吉文字屋本なのであった（佐藤　一九九四b、米谷　二〇〇一）。

しかしながら、その吉文字屋本の多くが一九世紀には生き残れなかった。清濁引撥など特殊仮名の有無による検索は、一つの基準で四群にしか分出できないため、必ずしも効率のよいものではない（佐藤　一九九〇a）。また、特殊仮名検索の原則・細則も新たな節用集を刊行するたびに改められていったとはいえ、逆に、刊行のたびに小異することになるわけだから完成度が低いことはもちろん、その小改編に利用者は付き合わされることになる。検索の原則・細則も、購買者が把握して自在に検索できるまでには相当の習練が必要と考えられるのである（前章参照）。検索法については、たとえば、現代の五十音多重検索のように、単純な原則によって細部まで配列順が規定できるものが最善だが、さもなければ、せめて簡明な原則を追求すべきであろう。

おそらく、吉文字屋も、清濁引撥の特殊仮名検索が、思いのほか、購買者を引きつけなかったことは分かっていたはずである。それは、『大成正字通』の初版と再版とを比較することでうかがわれる。『大成正字通』は、吉文字屋本のなかでも語数が多く、他の吉文字屋本で試行された平仄表示などの諸特徴を合わせ持つ部分があり、集大成というべき存在である。その初版が天明二（一七八二）年に刊行されたときには、清濁引撥の有無による特殊仮名検索を採用していた。ところが、享和二年の再版では、濁音の有無による特殊仮名検索に整理・単純化したのである。しかも、初版での特殊仮名検索は、語頭のイロハ検索につづく適用順位第二位にあったが、再版では語頭のイロハ検索・意義分類につぐ第三位に下げている。ここまで下がれば、実は、イロハ・意義分類だけでも相応に引けるのである。さらに、天明初版では意義分類を独自に六種にまとめていたのだが、享和再版では一一種としており、この点でも独自性を放棄して、従来型の節用集に接近したことが認められるのである。もちろん、馴染まれやすい検索法へと修正されたのだから評価に値することなのだが、反面、引きやすさを追求したというよりも、やや厳しい見方をすれば従来型の検索法にすがらざるをえなかったということでもある。そうした変更が吉文字屋本の集大成たる『大成正字通』で行われたことは、きわめて象徴的なことと捉えられる。吉文字屋は、特殊仮名検索に対して事実上の見切りをつけたのである(3)。

一連の吉文字屋本は、早引節用集と同様に、検索法をみがき、付録を切り詰めていった、辞書としての機能を重視した節用集であった。もちろん、検索法の具体的な姿としては、版権上、かたや特殊仮名検索、かたや仮名数検索と異ならざるをえない。が、そうであれば、一方が成功をおさめることは、他方の衰退を意味しかねない。吉文字屋の特殊仮名検索の場合、まさに衰退の側の道をとってしまったことになろう。

三　従来型節用集への回帰

では、節用集の刊行において、吉文字屋の打てる手に何があったろうか。一八世紀後半においては、それまでにもっとも勢力のあったイロハ・意義分類の節用集と、新たな検索法の節用集とが拮抗していたが、吉文字屋は検索法にほぼ見切りをつけたので、残るは従来型の節用集を刊行することになろう。

ここで吉文字屋本諸本までの歴史を振りかえれば、少々妙なことに気づく。一七世紀の節用集は、付録が少なく、その点だけを見れば字引に徹したものと言えなくもない。ならば、これに、吉文字屋本諸本や早引節用集が直結するかといえば、そうではなかろう。吉文字屋本や早引節用集は、検索法はもとより、付録内容や判型などの点で辞書として磨きをかけたものであり、これに付録の絞りこみをあわせれば、付録の充実を事とした一八世紀前期の節用集に対するアンチテーゼとして生まれたものと認められる（佐藤　一九九四b、米谷　二〇〇二）。が、彼らが乗り越えようとした一八世紀前期の節用集は、実のところ、付録の充実を手段として一七世紀型節用集を超えようとしたものと考えられた（本書第四部第二章）。したがって、この間の近世節用集の展開は直線的なものではなく、いわば、付録満載の節用集の超克という迂路を経て、辞書に徹した節用集が生まれ、その結果として付録の少ない節用集になるという回帰的なものだったともいえるのである。そして、その回帰は、検索法を初めとする種々の面での改良をともなうのであるから螺旋的に向上するものであったと見てよさそうである。

しかし、一方では、吉文字屋本の多くや早引節用集のように付録を削減する節用集が増えてはいっても、むしろ、増えるにしたがってと言うべきかもしれないが、一八世紀前期型の節用集は、その、付録が豊かであるという付加価値ゆえに別種の存在意義を持つようになったとも考えられる。すなわち、単に字を引くだけの書籍ではなく、種々の教養的情報が得られる便利な書物として、しかも豊富な挿絵をともなった楽しめる書物として需要が見込まれたはずなのである（佐藤　一九九四b）。そのことは、同趣の節用集が相応の発展を遂げつつ、絶対量はともあれ、一九世紀に入っても刊行され続けたことが証明しよう。したがって、吉文字屋が、一八世紀前期型の節用集に注目することは、単に検索法で敗退したために従来型の節用集にすがるという消極的な理由ばかりでもなく、別種の価値を見いだして積極的に乗り換えていったとも考えられるのである。

ただ、そうした、タイプとしては古い節用集であっても、容易に刊行できたわけではない。ことに、版権上の問題が一番厄介であろうか。本書第四部で見るように、他の書籍に依拠する記事・内容を、節用集の付録として収載する際に、版権上の問題が問われることが少なくなかったからである。その方面の努力を吉文字屋がしてきたかといえば、一八世紀後半では、検索法の開発に注力したために、おろそかになっていたのではないかと想像される。ことに、その当時は、付録を絞り込む節用集に意を用いていたはずなので、逆に付録を増やすという営みにどれほど関心があったかも心もとなく思える。

とはいえ、吉文字屋も節用集を刊行する書肆であれば、付録や付録の豊かな節用集をまったく無視することはなかったはずである。たとえば、これまでに刊行された付録付きの節用集で、刊記中に吉文字屋の名が認められるものを掲げると次のようになる。

万国通用用字選　寛保二（一七四二）年刊　吉文字屋ほか全三肆相合
篆字節用千金宝　延享二（一七四五）年刊　吉文字屋ほか全三肆相合
宝暦節用字海蔵　宝暦六（一七五六）年刊　吉文字屋ほか全五肆相合
文会節用集大成　宝暦六（一七五六）年刊　不明。文政二年版（架蔵）は吉文字屋の単独刊行
男節用集如意宝珠大成　明和六（一七六九）年刊　吉文字屋ほか全三肆相合
文翰節用通宝蔵　明和七（一七七〇）年刊　吉文字屋ほか全七書肆相合
森羅万象要字海　安永二（一七七三）年頃刊　吉文字屋ほか全七肆相合

また、吉文字屋は、『錦嚢万家節用宝』に合冊した『人家日々取扱要用之事』のようなものも編纂している。これは、本来『蠡海節用集』（宝暦一二年刊）との合冊を念頭に編集されたものと考えられた。すなわち、内容上、種々雑多な記事がかき集められており、そのために、一書としてのまとまりをつける何事かが欠けているように見えるものだが、それも、付録の極端に少ない節用集に、従来型の節用集並みの付録を加えるためのものとみれば絶好の存在である。こうした性格の書籍に目を付けられる着眼のよさ、そしてそれを刊行した実行力、そのような、書肆としての基礎力とでもいうべきものを吉文字屋は備えていたと考えるべきであり、付録付きの節用集を刊行す

る実力も、もちろん十分にあったと考えてよい。

一方で、従来型の節用集の刊行にはもう一つ困難な点があった。それは、節用集本文を中心に、種々の付録を付しつつ、なかば融合的な統一体（複合体）としてまとめあげる必要があることである。このような体裁は、前々章において、合冊体と対立するものとして従来型の節用集を振り返ったときに認められるものであった。合冊体のように、もとの書籍一冊一冊の切れ目や境界が際立つのではなく、一書としての形式の一貫性と統一感のあるものである。こう記せば、いかにも定義づけるように見えるが、合冊体が登場してはじめて、そうではないものとして概念を設定せざるを得なかったのであり、実のところ、それまでの普通のデザイン・工程で作られた節用集といってよい。ともあれ、そうした体裁を実現するには、少なくとも版木は新たに作る必要があることになるのである。

しかし、この点は、合冊に慣れた吉文字屋ならば特段に気に掛ける必要はなかったのであろう。すなわち、『錦囊万家節用宝』ほどではなくとも、もともと単独に刊行された書籍を合冊するのであれば齟齬する部分や形式上の乱れなどが起こるものである。吉文字屋は、そうした合冊を多数刊行しているからには、統一感や整一性といった美的側面については妥協点が相応に低かったにちがいない。あるいは、無関心でいられたとまで言ってもよいかもしれない。このことは、合冊の多く見られた一八世紀後半だけではなく、一九世紀に入っても同様であったようである。たとえば、『万徳節用集』（天明二〈一七八二〉年刊）の再版『国宝節用集』（文化七〈一八一〇〉年刊）を見てみると、節用集の部分は内題こそ改めているものの、表紙見返しに備わる目次は「万徳引丁付合文」と元の名称を引きずっており[4]、頭書付録の「改正年代記」も天明二年で終わったままである。また、「字の引様」と節用集本文のあいだに、往来物（の一部か）四〇丁分を合冊するので、「字の引様」は、その用をなしがたくもしている。こうした不備を改めないあたり、美的側面はさておき、とりあえずは節用集の形式を保てていればよいとでもいうような姿勢が確認できよう。

また、時間的には『錦嚢万家節用宝』よりもあとのことになるが、従来の検索法であるイロハ・意義分類についても、改良を試みているのが興味深い。『字貫節用集』（文化三年再版）において、語数の多くなりがちな言語門を「口・目・耳・鼻・心・体（身）・手・足・雑」の身体部位に基づいて下位分類を施しているのである。「再刻字貫節用集凡例」には、次のように解説される。

（口）異説。—口同音。辞応返事。〔など此類皆口に属する処の字也。依て此ニ入〕
（目）眠。寐。〔此類目に属する字義なり。依て此に入〕
（耳）韻律。〔此類耳に聞く処の字義也。依て此に入〕
（鼻）鼾。呼吸。此類鼻に属する字義也。依て此に入〕
（心）以心伝心。意味。—趣。〔此類心に属す。依て此処に入〕（下略）

なお、本書は敦賀屋九兵衛・河内屋喜兵衛との相合であって、このアイディアが必ずしも吉文字屋の発案になるかどうかは定かではないが、前節で見たような検索法の開発を行なってきた吉文字屋にふさわしいもののように思える。とすれば、いまだ節用集の刊行自体に意欲をなくしていたわけではなく、従来型の節用集についても並々ならぬ意欲を持っていたことの証左とみたく思う。

このように必要条件や能力・意図などの点から見てくると、吉文字屋には、付録入りの従来型の節用集をいつでも刊行できたであろうことは、容易に想像がつくのである。

四　時代・状況への対応

ならば、単に従来型の節用集を従来のままに再版すればよいかといえば、そうではなかったであろう。できるだけ利益をもたらすもの、ということが念頭にあったはずである。そのためには、リスク分散のための相合をしなくて済むもの、すなわち、ある程度以上の売り上げが確実に見込まれるものがよいはずである。できれば、同趣の節用集を圧倒し去る魅力を備えたものがよい。

それをもっとも簡単になしとげる手法は、やはり合冊であったろう。前々章でも「合冊の利点」として以下のように指摘した。

複合体の付録は、スペースの制約もあって中途半端な内容になりがちであり、はじめから付録として企画されるから添え物の気味もあったものと考えられる。これに比して、合冊体なら、もともとが独立した書籍なのだから、それぞれの属する分野で一人立ちした存在であり、それだけに内容の豊かさが保証されている可能性がある。つまり、複合体の付録記事とは一線を画する充実が期待され、それはそのまま、合冊体の大きな利点ともなるはずである。

従来型の節用集のほとんどが「複合体」として刊行されてきたが、それでは成しえない、まさに圧倒的に充実した内容の付録を付すことができるのは、合冊ゆえのことであって、これはこれで大きな利点であることに間違いない。ただし、そうした内容のものを従来型と同様に複合的に、つまりは美的側面も重視してまとめあげるには、相当の経費が新たに必要だったはずである。が、それを省略できるのが合冊の大きな利点であった。というより、そうした経費は、合冊に慣れていた吉文字屋には、まったくの冗費としか映らなかったであろう。一方で、吉文字屋は、多種多様な実用書を刊行しており、大店として版権も豊富に所持していたと思われ、節用集に合冊する付録のたぐいについては事欠かなかったであろう。合冊による、付録の豊富な節用集の刊行は、吉文字屋にとって、いともたやすいことだったと考えられるのである。

さて、そうした内容の豊富さを端的に表すものに、その本の規模ということがあろう。一見して豊かさを感じさせるのに、本の規模、より具体的にいえば大きさ・厚さは、意外にも軽からぬ要素であるはずである。そう見るとき、当時の節用集の総丁数は興味深いものになる。宝暦から天明までで、再版回数が二回以上のものを見ると次のようであった。いま、山田忠雄（一九六一）により、名目上の丁数、飛ばし丁数、実丁数の順に掲げる。

明海節用正字通大成	宝暦二（一七五二）年刊	一三一	三九	九三
倭節用悉改嚢	宝暦三（一七五三）年刊	二一二	五〇	一六二
大大節用集万字海	宝暦一二（一七六二）年刊	一六八	五〇	一一八
万歳節用字宝蔵	宝暦一三（一七六三）年刊	一七二	六二	一一〇
永代節用大全無尽蔵	明和七（一七七〇）年刊	一六六	四八	一一八
満字節用錦字選	明和八（一七七一）年刊	一二九	一〇	一一九
万代節用字林蔵	天明二（一七八二）年刊	二五九	五四	二〇五
倭漢節用無双嚢	天明四（一七八四）年刊	二六五	七一	一九四
字彙節用悉皆蔵	宝暦一三（一七六三）年刊	二〇六	〇	二〇六
万宝節用富貴蔵	天明八（一七八八）年刊	二六五	四〇	二二五

一八世紀前半から変わらずに実丁数一〇〇丁前後のものが再版される一方で、一五〇丁を超え二〇〇丁に達するものも人気があったようである。この二〇〇丁という丁数は、この時期では一度しか刊行されないものにもあり、さして珍しい存在ではなくなってきている。こうした傾向は一九世紀に入っていよいよ顕著となり、『都会節用百家通』（寛政一三〈一八〇一〉年刊）以下の大規模な節用集の出現を見ることになるのである。こうした大型化の傾向に乗り遅れないため[5]にも合冊という手段は有効だったはずで、『錦嚢万家節用宝』の総計一七九丁という数字も、右のような傾向を踏まえつつ、吉文字屋の手持ちの三切判実用書を取り合わせた結果のものと想像されるのである。

五　まとめ

前章でみたような数々の齟齬や不整合からは、『錦嚢万家節用宝』をなすにあたって、なんらかの焦りなり、性急さなりが背景にあるように思えてならなかった。もちろん、出来合いのものを寄せ集めたのは確かであって、その意味では、やはり、本を作るという行為からすれば、少々荒っぽいものであることは否定できない。が、本章で順を追って見たように、必ずしも性急というのではなさそうである。一見、性急さの表れのように見えはしても、実は、じっくりと落ちついて合冊の利点をはかった結果のものと思われてくる。個別の書籍を合冊する上での小さな綻びは承知しながらも『錦嚢万家節用宝』を刊行したのであろう。

ただ、節用集を合冊の形でまとめるというのは、吉文字屋にあっては普通のことだったであろうが、他の書肆にとっては、よくするところではなかった。それはやはり、他の書肆が、合冊という手法について批判的に見ていたということがあったのではなかろうか。『錦嚢万家節用宝』一つとってみても知られるように、吉文字屋の工夫は工夫として理解できるものの、いかにも掻き集めて一冊としたという印象は拭いきれそうにない。そうした書籍を一書としての体裁をなさないものと判断する感覚が多くの書肆たちを強く支配していたことは十分に考えられるだろう(6)。一方、合冊を行なってやまなかった吉文字屋は、形式的な部分の束縛から解き放たれていたとも言えるわけだが、果たしてそうした心的態度が、書籍を商品として見る立場から見直したとき、どう評価されるかは微妙である。人は、なにがしかの金額を出して書籍を購入するわけだが、額に見合うだけの内容とともに外観をも求めるのが普通であろう。そうした、支払う金額と商品の内容・外観などとのバランスをとることも作り手のセンスによるのであろうが、そう考えるとき、やはり合冊体は、バランスを欠いたものと言わざるをえないであろう。よくいえば、見てくれはともかく内容本位であって、それはそれでよいのかもしれない。が、やはり商品として欠ける部分があるのは確かであろう。

そう考えてくると、吉文字屋が多数の合冊本を送り出した背景には、単に合冊本を作り慣れていたというだけではなく、そうした一般の商品観とでもいうべきものを超越した内容中心主義――といえば聞こえはよいが、節用集に二・三の教養書を取り合わせただけでよしとする心性――に傾いていたと見るべきなのであろう。それが表面に露呈した具体例として、合冊という形があると捉えた方がより的確なのかもしれない。もちろん、そこまで推測するのは、本稿の範囲を脱しているかもしれず、推測にとどめておくほかなさそうである。が、少なくとも、近世節用集中の異端『錦嚢万家節用宝』が、吉文字屋より生まれるべくして生まれたことは、以上の各種検討から確認できるものと思う。

注

（1）前々章では吉文字屋本のみ紹介・検討したが、他の書肆の刊行書で、合冊であるか、またはその可能性があるものを記せば次のようである。なお、『錦嚢万家節用宝』以降のものも、前章で検討した例を補う意味で若干掲げておく。もちろん、これは筆者が知る範囲のものであって、これ以外にも合冊体の節用集は存在しうる。
『大極節用国家鼎宝三行綱目』（元禄三〈一六九〇〉年刊）。巻頭に付録を増補。合冊とするまでもないか。
『大海節用和国宝蔵』（元禄六年刊。ただし、宝永七年の記事を含む）。柱題「大字節用」の文字は全巻共通だが、巻頭付録部については辞書本文よりもおおむね一〇ミリから二〇ミリ下がった位置に刻まれている。これを手がかりに見ると、上部匡郭もその分だけ下がっているので、辞書本文とは別に巻頭付録部が刻されたか、他書のものの流用が考えられる。
『大万宝節用集字海大成』（元文五〈一七四〇〉年刊）。北海道大学蔵本は、節用集本文直前に付録を三〇丁挿入する。架蔵本にはこの増補なし。

『大福節用集大蔵宝鑑』（宝暦頃刊）。国会図書館新城文庫本は挿入が数か所におよび、丁付けの乱れもめだつ。架蔵書（正徳頃刊）は、巻頭付録から辞書本文まで丁付けが一貫し、挿入部分がない。

『大広益節用不求人大成』（明和六〈一七六九〉年刊、文政一〇〈一八二七〉年求版）。山田（一九六一）によれば『書翰文章』を合冊するという。

『通俗節用類聚宝』（安永二〈一七七三〉年刊。米谷隆史蔵）。日用文例集を合冊したものか。

『文翰節用通宝蔵』（文化元〈一八〇四〉年刊）。山田（一九六一）によれば『新増用文章大全』を合冊するという。

『節用福聚海』（文政五〈一八二二〉年刊）。山田（一九六一）によれば『文章筆牘』を合冊するという。他に架蔵の文化元年刊本も合冊体。

『大宝節用文林蔵』（文政一三年刊）。架蔵書は辞書部分のみのもので、凡例・序のたぐいもない。亀田次郎旧蔵書では巻頭付録等がある。架蔵書は、旧蔵者が節用集本文だけに仕立て直した可能性もあるが、掲げおく。

（2）こうした、奔放ともいえる編纂の有りようからすると、種々、疑念が生じないでもない。たとえば、吉文字屋の節用集において『急用間合即坐引』『大成正字通』など、本文冒頭の内題を欠くものがあるが、これは合冊を前提として刊行されたからなのかもしれない。合冊して複合体のように見せたい場合に、元の名があっては、仕立て直したことがすぐに露顕してしまうので、そうした不都合を回避するための工夫ではないかということである。また、単に合冊の場合だけでなく、合冊した節用集の版木が摺刷に耐えなくなった場合、まだ摺れる他本の版木で差し替えるのも、内題がなければ容易だったはずである。実は『錦嚢万家節用宝』では、前章でも記したように、当初は『早考節用集』が合冊されるはずだったのを急遽『急用間合即坐引』に差し替えたことが知られたわけであって、右のような差し替えを前提とする体裁整備の可能性も考えられないことではない。

（3）『大成正字通』享和版以降では、清濁引撥四項による特殊仮名検索の『国宝節用集』が文化七（一八一〇）年に刊行されるが、これは『万徳節用集』（天明二〈一七八二〉年刊）の再版にすぎず、「見切り」の例外とは言いがたいであろう。なお、『入用字引集』（文化元〈一八〇四〉年再版）内の「増字入用門」では仮名の特徴的な形態によってイロハの下位分類を構成するものである。が、収載語数は少なく、語彙集型往来に近い。第一部第一章注2・3参照。

（4）ただ、「万徳」を『万徳節用集』の一部として固有のものと見るのではなく、「種々の利点がある」などと意味を一般化して捉える余地はあることになる。

（5）吉文字屋も『都会節用百家通』の版元として名を連ねており、その点では時流に乗れていると言えよう。ただし、相合（共同出版）であるから、単独刊行にくらべて利を得にくい面はあったかもしれない（その分、様々なリスク、コストも分散される）。それだけに、単独刊行の大型書を欲していたとも考えられよう。既蔵版書の合冊は、リスク・コストを抑えつつ、大型書を成立させるには手軽で好都合な手法であった。

（6）また、先にも一部記したが、合冊によって種々の経費や時間が節約できること、また、一枚の版木に複数の版権（板株）が対応するという複雑さを招来すること（あるいは、そうすることでなにがしかの余得が生じるのかもしれないこと）などが、書肆としての倫理的観念に抵触することなども想像される。

第四部　版権問題通覧

以下の検討は、近世節用集の諸相・沿革の記述的研究の一環として版権問題上の実態を明らかにするための基礎的研究である。

節用集は、近世にはいって営利出版により流布していく。このため、利用者あるいは購買者の拡大とともに、社会階層の下部への浸透をもたらし、ついに庶民性を獲得するにいたる。したがって、近世節用集を国語学の立場から総体として捉えようとするとき、室町時代の古本節用集への視点とはおのずから異なる場合のあることは明らかである。たとえば、ここに改めていうまでもないことだが、古本節用集と近世節用集のあいだに、流布の方途のうえで書写と出版の差が、使用者のうえで貴紳と庶民の差が、生産目的のうえで教養と営利の差があるのである。したがって、このような近世節用集の特性を自覚・把握し、それにふさわしい視点を持つことが必要になるはずである。もちろん、このことは古本節用集で試みられてきた方法をすべて廃すということを意味しない。彼此の差の自覚ということにつきる。

しかしながら、辞書史学を擁する国語学において近世節用集の研究成果を見るとき、出版を中心にとりあげ、そのうえに通史として記述を試みたものは皆無と言ってよい。もちろん、山田忠雄（一九六一）のように、国会図書館蔵亀田次郎旧蔵書と山田自身の蔵書という大規模な蒐集を中心に書誌上の整理ほどこした例外的な労作もありはする。が、出版自体を念頭におかないものもあり、出版に言及するものがまれにあっても、断片的な扱いにとどまるのである。

このような現状にかんがみ、本検討では版権問題に焦点をあて、その有りようを通覧することにより、節用集史の記述に資する出版上の諸情報の蓄積・充実をはかることとした。その際、可能なかぎり現存当該書に比定することにより、より具体的で的確な検討ができるよう配慮した。

単に近世の書籍につき、その出版上の側面を問題とするとき、いわゆる書誌学上の情報の集積が主となることが多い。筆者もその重要性は認識しているつもりである。その一方で、出版にかかわる人間が、節用集の刊行にあたってどのような視点・立場をもち、どのようにそれが節用集の成立・内容・沿革に反映するのかを見たいと思う。

このような見方をまず主眼とするのは、節用集をはじめ、辞書の存在価値が、他の言語資料とは異なる点に求められるからである。安田章（一九八三）が、節用集をはじめとする中世辞書の検討に際して念頭に置いていたように、辞書は言語生活に資することを目的に編まれたものであるから、そのときどきの言語生活様態を常に意識しつつ辞書資料の本質を把握するという志向が必要である。したがって、おのずから、編者・利用者と節用集との関わりを検討することが中心的な課題となるのだが、近世の節用集にあってはそのほとんどが出版に付されるのであるから、書肆の存在が重要になってくるのである。むしろ、単に重要というにとどまらず、書肆あってはじめて節用集が世に流布するという仕組みになっており、いかに優良な内容のものであっても、利益を生まなければ出版することができない、この世に現れることができないのが近世という時代である。極言すれば、まずは書肆に注目するというスタンスすら、認められてよいはずなのである。

そのような見込みのもと、近世の出版と節用集との有りようを検討するには、版権問題に注目することが分かりやすい。版権問題では、書肆と節用集との関係の種々相や問題意識が観察しやすく、またそのために効率よく検討が進められるからである。一方で、そのような面での史的展開を記述することは、一見、裏面史の色彩を帯び、あるいは、国語学研究の埒外のものとの印象を与えるかもしれない。しかし、繰り返しになるが、言語生活の中で近世節用集を捉えるのであれば、節用集と編者・利用者の関係性の把握とともに、出版面での検討が重要な意義を有するはずである。

ここでとりあげる版権問題は、本屋仲間の記録などに記載されたものとした。もちろん、記録によらなくとも、版権問題のあったことが知られる場合がないわけではない。たとえば、『鼇頭節用集大全』（貞享五〈一六八八〉年刊）や『三才全書誹林節用集』（元禄一三〈一七〇〇〉年刊）などは、村上勘兵衛刊『合類節用集』（延宝八〈一六八〇〉年刊）からの改編・流用が顕著なものだが、記録類からは両書と『合類節用集』のあいだに問題があったことは知られない。しかし、『鼇頭節用集大全』については、『合類節用無尽海』（天明三〈一七八三〉年刊）と改題・再版された折り、その刊記には村上勘兵衛の名が加わる。また、『三才全書誹林節用集』については、初版が何度か増刷される過程で刊記に村上の名が加わるのである（小川武彦一九九一）。この背景には、やはり版権上の問題があり、その解決として村上が幾分かの利権を獲得することになったためと考えられよう。が、一方では、刊記の異同から版権問題の存在を察知できるのは、『合類節用集』の検索法や掲出字・収載語が特徴的であって、『三才全書誹林節用集』の原拠であることが比較的明瞭に指摘しうるからでもある。他の節用集では必ずしも容易なことではない。

また、刊記における版元の追加・変更は、相合版（共同出版）の出資者として名が加わることもあり、相合の権利を他に売り渡したために名義が変わることもある。したがって、刊記の異同が必ずしも版権上の問題だけで起こるわけではない。もちろん、そのような刊記の異同から版権問題と特定できるものをあぶりだすことはなされるべきであろう。本屋仲間の記録類の残存状態からすれば、記録だけにすがる検討には限界があるからである。が、本検討の段階では、そこまでおよぼすことは避け、版権問題として確実視できるものに限る意味でも、本屋仲間の記録類などに現れた版権問題に依ることとするのである。

とはいえ、記録類の乏しさは憂慮すべきである。たとえば、まず、三都の記録とも、近世前期、ことに一七世紀の記録については残存量が少なく、残っているものについても記述が手薄であることがある。これは、本屋仲間が享保年間に公認されたことと関係しよう。当局から下問があれば即座に回答できる体制にしておく必要があったために、記録類の整備が必要になったものと思われるが、それ以前ならば、仲間構成員の利益だけを考えておけばよいので、なにか記録されたものがあったとしても、株帳のような、書籍ごとに要件の記されたものがある程度のことではなかったろうか（ただし、私的なものと思われる、講の開催記録のようなものは存する）。

一八世紀以降でも、ことに京都・江戸の残存量は寥々たるものである。江戸のは「割印帳」しかなく、これは販売許可を与えた書籍の一覧であるから、江戸本屋仲間の動向などは原則として知ることのできないものである。京都のは、上組仲間のものしか残っていないので他の組のかかわる件については原則として知られないことになる。このように、江戸・京都の記録では、それぞれの仲間内の総体としての記録が存しないのである。

これに対して大坂本屋仲間の記録類は、行司の日誌、重要案件の書類控え、開版出願控、株帳など、おおよそ本屋仲間の記録として必要不可欠なものが揃っており、本検討でもきわめて重要な資料として重視している。それでも、これは当然のことながら、大坂本屋仲間内部のことがらがまず記されるのであり、何事かの必要がなければ、京都・江戸のことがらについては記録されないのが普通である。

このように、本検討での資料とした本屋仲間の記録類は、決して十分な量が現存するわけではないが、記載態度などや本屋仲間とはどのような動きをするものなのかといったニュアンスとでもいうべき部分まで知られる事例もないではなく、節用集はもとより他書の事例を参照することで、書肆とは書籍に対してどのように対処するものなのかの見当を付けることもできる。多くの事例に接することで、不足分を補いつつ、検討していきたい。

以下、検討に用いた本屋仲間の記録類を紹介しておく。まず京都本屋仲間のものでは次の二点を主として用いる。

上組諸証文標目（「京都証文標目」と表記）

上組済帳標目（「京都済帳標目」と表記）

ともに「標目」とあるように、証文なり済帳なりが本体としてあって、その目次が残るにすぎない。したがって、事例の顚末が詳細に記されておらず、むしろ、知られない方が普通である。ただ、それぞれ一件の標目としては長めのものであり、一見して案件のおおよそが知られるのは幸いである。テキストとしては影印の宗政五十緒・朝倉治彦編（一九七七）により、かたわら、弥吉光長（一九八八・一九九二）におさめる翻刻を参照した。

江戸については次のものを用いる。

割印帳（「江戸割印帳」と表記）

江戸での販売を許可した書籍を記したものである。したがって、企画段階・開版出願段階で立ち消えになった書籍についての記載はないが、実際に市中に出回った書籍を知ることができる。このように、版権問題の記録を目的とするものではないので多くは期待できないのだが、それでも、問題を抱える書については覚え書きを一・二行添えることもあるので参考になる。テキストは、影印であるゆまに書房（一九八〇〜一九八二）により、かたわら、朝倉治彦・大和博幸編（一九九三）の翻刻を参照した。

大坂本屋仲間の記録については主として次のものを用いる。

出勤帳（「大坂出勤帳」と表記）

差定帳（「大坂差定帳」と表記）

裁配帳（「大坂裁配帳」と表記）

「出勤帳」は本屋仲間の世話役である行司の勤務日誌であり、差定帳・裁配帳は重要事例の顚末を記したり、関係書類の控えを集積したものである。このほかにも大坂本屋仲間の記録類は充実しており、適宜用いていく。テキストとしては、大阪府立中之島図書館編（一九七五〜一九九三）によりつつ、疑問点については原本にあたったり、中之島図書館に問い合わせた場合もある。

以下、個別例の記述にあたって、次のような方針でおこなうこととした。

版権問題の各々の呼称は特に設けず、問題となった書籍名を掲げることとした。この際、可能なかぎり、現存本の内題を掲げることにしたが、それができなかったものについては書名の末にアステリスクを付した。なお、それらの書名に冠した数字は個別例の通し番号である。

個別例の内容は、次の①〜⑧にしたがって示した。

①期間　原則として、記録に記された日付でもっとも早いものと、もっとも遅いものを掲げる。ただし、版権問題は、発覚から正式な抗議にいたり、正式な収束をむかえ、事後処理に終わる。記録によっては、

主要な部分だけを書きとどめ、発覚と事後処理との時期が知られない場合もある。

②問題書とその刊行者　版権侵害書であることが多い。が、当局からの簡単な下問の対象本もここに記す。

③被害書・被害者　下問した当局などもここに記す。

④問題点　版権抵触などをはじめ、当該事例の要点を記す。

⑤様態　どの程度の問題として扱われたかを記す。程度の軽いものから順に「差構（指構・構）・類版・重版」などと記す。ただし、「差構」は「類版・重版」なども含めた広義のものとして、版権侵害一般をさすことがある。ここでは、明記されない場合をのぞき、諸記録中の表現のまま記すこととした。

⑥結果　侵害書および侵害者の処遇について記す。

⑦主資料　主要なものから記す。

⑧備考

第一章　元禄・元文間

元禄（一六八八～一七〇三）から元文（一七三六～四〇）までに見られる版権問題をあつかう。

元禄からはじめるのは、版権問題が文書に記録される上限であることによる。元文までとしたのは時代上の区切りのよさによる。現存の本屋仲間記録によるかぎり、寛保・延享・寛延に問題化した例はなく、宝暦二（一七五二）年の件まで下ることになる。ところが、この年は、近世節用集史において画期的な存在となった早引節用集の刊行される年であり、国語史上で近世後期を宝暦からとする見解とも合致する。したがって、宝暦以降については次章にまわすこととした。

1広益字尽重宝記綱目

①日付明記されず。元禄六（一六九四）年一一月から翌年五月までに終了。

②『広益字尽重宝記綱目』、秋田屋庄兵衛・秋田屋彦兵衛。

③『合類節用集』、村上勘兵衛。

④明記されず。本文ないし検索法か。

⑤「指構」。

⑥版権の三分の一を村上へ譲渡し、相合版となる。

⑦京都済帳標目。

⑧本事例の上限を元禄六年一一月としたのは、初版本の「元禄六癸酉暦霜月七日」の刊記による。記録された版権問題のうち、もっとも古いもの。問題の要点は記されないが、両書を比較するに、本文の剽窃が目立ち、検索法も同種であって、重版にかぎりなく近い類版というべき悪質なものである。本書第二部第一章も

参照されたい。

元禄一一年の重版・類版停止令までは、法律上の版権保護はなされなかったと捉えられるわけだが、本事例では、元禄以前の『合類節用集』（延宝八〈一六八〇〉年刊）への抵触を問題視しているのが注意される。

元禄以前から、本屋仲間のような集団が存在したことに関しては、本事例を含む元禄七年五月までの京都本屋仲間の記録類が参照・引用されることが多い。たとえば「京都済帳標目」の元禄九年から一三年までの項に「貞享二（一六八五）年講初り已来」とあり、蒔田稲城（一九二八）も永田調兵衛家の記録に「貞享二年十月二十日　伊勢講初会」との記事のあることを指摘している。さらに江戸では遅くとも明暦三（一六五七）年には「物之本屋」仲間が存在していたという（ただし、この年に解散を命じられた）。

したがって、『合類節用集』や、のちの事例4の『江戸料理集』『料理切方秘伝』のように延宝二年あるいは万治二（一六五九）年（以前）の刊行書をめぐる版権問題が起きていても何ら不思議はないことになろう。近世的版権が公認された元禄の重版・類版停止令以前に、私的版権とでもいうべきものがあり、相応の実効力を持っていたと認められるのである。

問題は、どのような書籍に私的版権が認められていたかになる。仲間に加入すれば所持する版木のすべてに発効するとか、あるいはある時点以降の刊行書にはほぼ自動的に認められるような時期的区分があったとか、特許のように申請・登録制だったとか、その申請・登録も特徴的な書籍を企画・刊行した場合にかぎるとか、などのことが想定されはするが、詳細は知られない。

今後、そうした元禄以前の権利関係のことがらについて明らかにするためには、広く諸ジャンルの書籍の刊行動向に注意する必要がありそうである。その際、節用集に注目するならば、刊行数も多いことであるので、さまざまに検討できそうである。たとえば、時期的区分での版権の成立を見るにあたっては好都合であろう。関係する書が現存するならば彼此比較して特徴を指摘することも容易なので、何事かの特色を持つことで版権を認定するシステムだったなら、これも節用集での検討が有効であろう。

たとえば、早く上田万年・橋本進吉（一九一六）は、『真草二行節用集』（増補本。寛文二〈一六六二〉年刊）が、それまでの『真草二行節用集』とは一線を画する増補ぶりであることを報告している。寛文一〇年には本文上欄を設けて語注を配した『頭書増補二行節用集』が、延宝三年には三切横本という新たな判型と大規模な「諸国名物之記」（原拠は松江重頼『毛吹草』巻四）をまとった『真草増補節用集』が刊行された。『合類節用集』と同じ延宝八年にも大規模な恵空編『新刊節用集大全』が刊行されたところである。このような新機軸を打ち出した節用集が相次いで寛文・延宝期に刊行されたことは、私的版権の形成時期のありどころを示唆しているようにも思われるのである。

また、ともすると元禄文化のなかに含めて寛文・延宝期を捉える向きもあるけれども、少なくとも出版史・版権史上では、元禄の版権公認の前と後とで切り分けて、それぞれに検討した方が実相に接近しやすいように思われる。また、寛文・延宝期を切り離して考えるとしても、すでに当時、十分な文化的興隆があるために、それが書籍の刊行も後押ししたのだという、なかば雰囲気からする直感的な回答をしたくなるものだが、やはり、刊行を後押しするだけの社会的・組織的な仕組みが存する可能性を一度は考えてみたい。その点、寛文・延宝期における特徴的な節用集の刊行を説明するには、当時、私的版権が形成されており、それに一定の実効性を与えるような保護・管理団体たる本屋仲間が厳として存在し、相応の活動をおこなっていたと考えられれば無理もなさそうである。もちろん、先に掲げた材料でそこまで言い切るつもりはないが、可能性としては十分に考えておいてよく、今後、こうした節用集での事例の検討を積み重ねることで、出版史の一角を照らす可能性があることになる。

2新板節用集＊

①元禄一三（一七〇〇）年九月二六日。
②『新板節用集』＊、鍵屋善兵衛。この書名、一般称か。
③『年代記絵抄』＊、伊賀屋久兵衛。
④頭書付録として「年代記絵抄」を付したため。
⑤「構」。

⑥抵触した部分の六割を削除する。
⑦京都済帳標目。
⑧付録が問題化した最初のもの。六割を削るだけで済んだ点は注目してよかろう。すなわち、他からの流用も五割未満であれば許容される場合のあったことが知られるからである。のちの事例4では他書の内容の過半をとりいれたため、その部分をすべて削ることになった。詳細が知られないので明確なことは言えないが、五割前後の量の抵触がクレームを付ける際の目安ともなっていたのであろう。

3節用集＊

①元禄一六年九月。
②『節用集』＊、鍵屋善兵衛。この書名、一般称か。
③『江戸鑑』＊、藤屋長兵衛。
④付録として「江戸鑑景（系か）図入」を加えたため。
⑤京都行事は藤屋に「古来より有之由、申遣」ったが、藤屋は鍵屋に注意するよう要請した。が、鍵屋も「互ノ事ニ候へは了簡致仕」よう述べ、費用なども藤屋から出すよう要請した。
⑥大坂より沙汰なく、立ち消えか。
⑦京都済帳標目。
⑧「古来より有之由」とは、版権制度が成立する以前からあるとの意で、特定の者に独占権がないことを述べたものと思われる。また、「互ノ事ニ候へは」からは、類似した事例、たとえば版権を侵害することなどが現に起きており、書肆たちの間では、いわば盗用が横行していたことをいうのかもしれない。ともあれ、書籍の優先権についての共通理解が形成されていない場合のあることを示す事例であろう。

4万年節用字鑑大成＊

①日付明記されず。宝永五（一七〇八）年一一月より同七年九月までのうち。
②『万年節用字鑑大成』＊、吉文字屋市兵衛。
③「魚鳥切形」＊、村上（勘兵衛か）。「料理献立」＊、鈴木（太兵衛か）。
④付録として「魚鳥切形」「料理献立」二書の過半を採用したため。
⑤「構」。

⑥吉文字屋が抵触部分のすべてを版木から削る。
⑦京都済帳標目。
⑧これも付録のかかわる出入り。貞享末・元禄初めごろから節用集には種々の挿絵入り教養記事が付録されるようになるが、そのために、他書との版権問題が見られるのであろう。江戸・京都にくらべて出版業の勃興が遅かったといわれる大坂書林だけに、付録記事に流用する原本にも苦労しがちだったことを露呈したものであろう。

なお、『万年節用字鑑大成』は、いま断定はしないけれども、内題を『万年節用集大成』とするものかと思われる。架蔵書には初末欠ながら少なくとも巻頭七丁め（わずかに残る綴じ元の印字部分からすると三丁め）から一七丁めまでに「魚鳥切形」に相当する図入り付録が配されている。紙面の三分の二を占めることもあって存在感もある。また、「料理献立」に相当するのは、頭書付録の「当流料理献立」（六九〜八八丁）であろう。

「村上」の「魚鳥切形」について。諸目録などによれば、本事例以前のもので、村上姓のものの刊行した「魚鳥切形」は見当たらないようである。そこで、「魚鳥切形」の名に見合う内容を有するものに範囲をひろげれば、『料理切方秘伝抄』が候補にあがる。吉井始子（一九八二）は、本書の刊行時期を寛永一九（一六四二）年から万治二（一六五九）年までのあいだと推定し、『増益書籍目録』（元禄九年刊）により版元を村上勘兵衛としている。したがって本事例の「魚鳥切形」も『料理切方秘伝抄』である可能性が高いものと思われる。「料理献立」も同様に、「四季献立」を有する鈴木太兵衛刊行の『江戸料理集』（延宝二年刊）が候補としてあがってこよう。

5字林節用集＊

①宝永六年四月二日終了。
②『字林節用集』＊、吉文字屋市兵衛・柏原屋清右衛門・敦賀屋九兵衛。
③『節用集』＊、伊丹屋茂兵衛。ただし、この書名は一般称で、本文三階版の節用集を広く指しているか。三階版は、紙面を上中下三段に分け、それぞれに別内容の記事を配していくレイアウトをいう。

④節用集本文部分で三階版を導入したこと。
⑤内済。ただし、「御公儀様御帳面ニ御留被下相済申候」とあり、一旦は出訴したということか。
⑥三階版の節用集は伊丹屋茂兵衛の版権とする。ただし、『字林節用集』も版木が磨滅するまでは刊行が認められた。
⑦大坂裁配帳一番、大坂鑑定録。
⑧本屋仲間の記録では、結果を中心に記しており、どのような経緯・経過があったのか、必ずしも明らかではない。伊丹屋が千載集・百人一首を三階版で彫刻したことが発端だったようである。

三階版の節用集に関しては、伊丹屋はすでに『〔頭書絵抄〕大広益節用集』（元禄六年刊）を刊行しており、優先権があることになる。本事例で三階版節用集の版権が伊丹屋に保証されたのはこのためで、さらにこれを根拠として三階版の千載集・百人一首を企図したのである。

ところが、三階版の百人一首については、柏原屋に優先権があった。たとえば、『万宝百人一首大成』（宝永四年刊）は、わずか二年ながら本事例に先立つもので、全編に三階構成を導入していることが知られる。しかも歌人の説明文中に「天智天皇（中略）人皇三十五代帝／元禄十三年迄／千四十七年ニ成」のような注記があって、本書が元禄一三年前後にはすでに刊行されていたらしく思われる（跡見学園女子大学図書館百人一首コレクション画像データベース。跡見学園短期大学図書館編〈一九八七〉参照）。

また、米谷隆史氏からの教示によれば、大阪大学附属図書館蔵『三玉集』が三階版であり、各段に「伊勢物語」「和歌奇妙談」「古今和歌集」を配するもので、刊記には「元禄十二年己卯年九月上旬」との年記に、柏原清右衛門・鳥飼市兵衛・隅谷源右衛門の名が見えるという。柏原屋らは元禄一二年には確実に三階版（の歌集）を刊行していたことが知られる。このような明証もあって、柏原屋の側も三階版『字林節用集』の刊行を企画したのであろう。

つまり、三階版について伊丹屋・柏原屋それぞれに優先権を主張する根拠があるのだが、それぞれ節用集と百人一首とにかぎるという暗黙のルールを守りつつ刊行してきたために、互いにクレームをつけることもなかったのであろう。これをまず侵したのは、記録の記載ぶりからすると、伊丹屋らの三階版百人一首であり、柏原屋はそれへの対抗として『字林節用集』を企図したというのが本事例の大筋のようである。

本事例での衆議の結果、罫線がなくとも三階版に見えそうなものや四階版・五階版を作ることがないようにとり決められることとなった。実のところ、三階版の利点自体よく理解できないうえに、四階・五階などとなればなおさらである。それだけに、そうしたレイアウトを採用して刊行するものがあるかどうかも不分明なのであるが、それだけに四階版・五階版を誰にも認めさせないとの議決は神経質でもある。ふたたび同様の紛議を起こさぬために禍根を断ったということなのではあろう。同じことは、合議結果の記載を当局に願い出ていることにも現れており、相当の紛糾があったことを思わせる。とともに、レイアウトの異なり程度のことで版権が認められるという制度自体の煩瑣な部分も露呈したことにもなろう。現代の「ニッチ（すきま）産業」は気づきにくいところに注目する形態として勝義で使用されるけれども、当時の版権獲得のための注目の有りようもこれに似るところがある。ただ、有用性はさておいてでも、新案のすきまさえ見つければ版権に持ちこもうとする過熱した雰囲気が醸成されていたことが、本事例の分析から知られるのである。

なお、今回問題となったのは、節用集と百人一首であるが、これ以外の書籍でも三階版は作られていた。たとえば、架蔵の『庭訓往来』（元禄八〈一六九五〉年刊。万屋清兵衛・油屋与兵衛・村上〈以下欠〉・雁金屋〈以下欠〉・菊本賀保〈以下欠〉刊行）は、上中下段に「御成敗式目」「庭訓往来絵抄」「庭訓往来」などを配するものである。このほかの書籍にも三階版があったことは想定しておいてよいが、やはり、ジャンルの越境さえなければ三階版というレイアウトを採用してもよいとの紳士協定があったものと思われる。本事例は、そうした不文律を破る点が問題だったことがいよいよ確定的になるかと思うが、一方で、書籍ジャンルにより切り分けつつ遵守せざるをえない版権の窮屈さが垣間見られた事例といえそうである。

6 字引大全＊

①日付明記されず。正徳二（一七一二）年八月より一二月までのうち。
②『字引大全』＊、柏屋四郎兵衛。
③書名不明、藤屋長兵衛。
④明記されず。本文に関することか。
⑤「構」。『字引大全』は「京大坂之申合より已前買得之板にて少々類焼之分彫足し」たものと藤屋に言い渡す。
⑥沙汰なく、立ち消え。
⑦京都済帳標目。
⑧本書、節用集であるかどうか不明。念のため、採り上げる。「京大坂之申合」とは、おそらく元禄一一年に京都・大坂の書肆がそれぞれの町奉行所に重版・類版の禁令を願い出たことを言うのであろう。同時期のことゆえ、蒔田稲城（一九二八）も「京都及大阪両都の本屋仲間に何等かの連絡があつたもの、如く思はれる」と見ている。そして、それ以前に入手した版木には版権が適用されないということなのであろう。なお、事例3と同様の経過で、大坂から藤屋が言いはじめた点も似る。なお、版権適用が元禄以前にさかのぼる事例として、事例1も参照。

7福寿千字文＊

①享保一一（一七二六）年一一月一一日終了。
②『福寿千字文』＊、大津屋与右衛門。
③『福寿節用集』＊、村上清三郎。
④記録には「百寿之内十四字入有之候。然所ニ百寿は村上清三郎殿方福寿節用集ニ入有之候」とある。それを除くように要請した。
⑤差構であろう。
⑥すでに『福寿千字文』の写本が完成していることにより、一字も増補しないことを約して、認める。
⑦大坂裁配帳一番。
⑧後年のものながら、『太平節用福寿往来』は「百福寿之図」と称して「寿」字につき種々の書法（書体）を紹介する。本事例の「百寿」もそのようなものであるらしく、そのうちの一四字が抵触したということか。

8和玉節用集＊・書翰節用集＊・万金節用集＊

①享保一三年一一月以降に問題化。翌年七月六日終了。

②『和玉節用集』＊、柏原屋清右衛門（版木購入）。『書翰節用集』＊、仲屋久次郎（版木購入）。『万金節用集』＊、河内屋茂兵衛・誉田屋久兵衛（版木購入）。

③書名不明、伊丹屋茂兵衛。『大広益節用集』ほかか。

④柏原屋ほかの書肆たちが津田藤右衛門の節用集の古版木を購入したが、それらが何らかの点で伊丹屋の節用集に抵触したもの。『和玉節用集』は倭玉篇を合刻したものかと思われる。『書翰節用集』は不明。『万金節用集』は付録挿絵に「鑓印」があることによる。節用集にかぎらず、伊丹屋の刊行書のうちに槍印を載せたものがあったものか。

⑤「差構」。ただし、奉行所にも訴え出、対決・吟味があった。途中より、同業の藤屋弥兵衛・大津屋与右衛門が仲介し、落着する。

⑥『和玉節用集』は伊丹屋が購入することになり、『書翰節用集』は京都へ差戻し。『万金節用集』は再刻はしないとの制約付きで刊行が認められ、再刻時には槍印を削除することとなった。

⑦大坂裁配帳一番。

⑧『万金節用永代通鑑』（宝永七〈一七一〇〉年以降刊、亀田次郎旧蔵書）の頭書に「南贍部州大日本国海陸如手引記」があり、この武鑑相当部分に槍印が見えるので、『万金節用集』は本書のことと思われる。

『和玉節用集』は当該書不明。書名から推して倭玉篇と節用集を合刻ないし合冊したものであろう。伊丹屋には三階版『大広益節用集』（元禄六年刊）があり、上段に『増補倭玉篇』を配するものなので、倭玉篇を節用集に併載することが差構の要点だったと考えられる。山田忠雄（一九五九）は『大広益節用集』以前の合刻の例として寛永一六（一六三九）年正月版を紹介する。これはさらに聚分韻略も合刻したもので、大谷大学国文学会編（一九三二）に記載されるが、国会図書館の亀田次郎旧蔵書には引き継がれなかったという（山田忠雄 一九八一上）。本事例の『和玉節用集』は「京都」の「古板木」というから、この寛永一六年本と同一書である可能性もある。また、合冊であれば、香川大学神原文庫蔵『頭書増補節用集大全』のようなものも視野にはいるか。多訓掲出する特徴的な本文をもち、「文毫字様」の末（四声証疑の後）に「藪田開板」とあることなどから、貞享五年刊藪田版と同版であることが知られるものである。合冊された「増補倭玉篇」は、本来美濃三切横本として彫刻されたものだが、節用集本体が美濃判なので、三切に裁断しないまま合冊されたものである。

本事例では、『和玉節用集』は伊丹屋が「元銀」で買うことになり、『万金節用集』は一代限りながら刊行することができることとなった。『書翰節用集』の場合は売り主への返却なので、なにがしかの手数料は取られても、返金は受けられそうである。結局、津田から購入した柏原屋・仲屋・河内屋・誉田屋らは、古版木を刊行して得るはずの利益はなかったものの、古版木の購入をめぐっては損害にならないことになっている。つまり、本事例の裁定の眼目は、購入前の状態に戻すという点にあったのであろう。

ただ、一時的にもせよ、伊丹屋が損害を被ったことにはなろう。本事例だけをみれば、用のない版木を買い、付録の抵触にも版木一代限り（再刻不可）とはいえ目をつぶらねばならなかった。これに対して他の四肆はほとんど何の影響もなく、むしろ、『万金節用集』にあっては、制限つきながら刊行を許されて利潤を得ることすらできたわけである。このあたりの匙加減とでもいうべきものは、判断材料の少ない現代から見るのでは判然としないこともある。なお、本書第二部第二章参照。

ただし、こうした紛議は、一見、訴えだした側に損失があったように見えても、正当な理由・根拠があるのであれば、めぐりめぐって利益が守られる方向に向かうはずである。ここでも、伊丹屋が版木を買い取ることになったのも、後々版権侵害書を刊行されるおそれがなくなった点では利があることにはなる。

本事例では、町奉行にまで持ち込まれたことを考えると、同じ大坂仲間内とはいえ、古版木とその版権の扱いについては、いまだ統一的な見解が得られていなかったことを示すものと考えられそうである。

9悉皆世話字彙墨宝

①享保一九（一七三四）年五月。
②『悉皆世話字彙墨宝』、伏見屋藤二郎。
③『合類節用集』『広益字尽重宝記綱目』、村上勘兵衛。
④本文の類似によるものか。

⑤「構」ではあるが、奉行所に訴え出る。結局、行事へ差し戻される。
⑥版権の「三分通り」を村上へ譲渡する。
⑦京都済帳標目。
⑧侵害の要件の詳細は不明だが、意義分類の細かさや収載される用字などに類似が認められそうである。本書第二部第一章参照。

10蠡海節用集

①元文五（一七四〇）年六月二九日落着。
②『蠡海節用集』、吉文字屋市兵衛・仲屋嘉七。
③『年暦図鑑』＊、富士屋長兵衛。
④付録として「年暦六十図」を入れたことによる。
⑤「差構」。
⑥「年暦」を「年代」と書き改めることで相済。
⑦大坂裁配帳一番。
⑧「六十図之くり様・年代之繰様ハ法書ニ有之候故、中分ニ相立不申候」とあって、富士屋側の言い分はほとんど容れられなかったようである。ただし、『蠡海節用集』に「年代六十図」があることを根拠に、年号だけ引き出すような本の刊行は吉文字屋側には認められず、富士屋の版権と確認された。

11蠡海節用集

①日付明記せず。元文五（一七四〇）年七月より一〇月までに問題化、同一二月までに相済。
②書名不明、長村半兵衛。三切真草二行体の書であろう。あるいは、言語門を各部の最初に配するものか。
③『蠡海節用集』、吉文字屋市兵衛。
④「大坂出勤帳」の記述から推して三切本ないし袖珍本における真草二行体が問題とされたようである。ただし、『蠡海節用集』は行草一行表示なのでこの点では本事例の当該書とは考えにくい。とすれば、広く三切横本ということか。あるいは、門の順序の可能性もあるか。
⑤差構であろう。
⑥内済。「大坂出勤帳」一三番の記述から推して、吉文字屋の側の主張が通ったものと思われるが、詳細は不明。
⑦京都済帳標目、大坂出勤帳一三番。

⑧長村は、袖珍本の『万倍節用字便』（享保四年刊ほか）などを持ち、のちに『字典節用集』（事例15）・『早引節用集』（事例18）など小型の節用集にクレームを付けている。『蠡海節用集』も三切横本の小本であるから、本事例の要点は判型をめぐることかと推測される。となれば、本事例は判型が問題になった最初のものとなる。

のちの事例57では、三切本の真草二行体の版権が吉文字屋らの『袖中節用集』に備わるものと認められた。その当時、『袖中節用集』は、吉文字屋所持分の版木が焼失していたが、相合の堺屋清兵衛所持分の版木は存在しており、本事例11で吉文字屋に有利な結果となっていたことなどを総合して吉文字屋らの主張が通ったのであった。したがって、本事例においても吉文字屋が有利に事を運んだものと思われる。

なお、『蠡海節用集』をはじめ、吉文字屋の節用集には、各部の意義分類の序列を言語門からはじめるものが多い。長村の袖珍本『万倍節用字便』も同様なので、あるいはこの点が問題となったことも考えられようか。節用集の乾坤門・気形門など意義範疇は、具体的・即物的なものが多いのだが、言語門は、動詞・形容詞をはじめ、抽象的なものが多く含まれる。また、他の意義範疇には分属できない語が回されるといってもよさそうなほどで、結果的に所属語数が多くなりがちである。またそうした範疇に含まれる語こそ、辞書を引くという行為の目的になる場合が多いようにも思われる。とすれば、イロハ各部を言語門からはじめるという序列は、版権を獲得するのに十分な特色であるとも考えられよう。改めて検討したく思う。

12森羅万象要字海

①日付明記せず。元文五年七月より九月までに問題化。
②『森羅万象要字海』、伊丹屋茂兵衛。
③『公家鑑』＊、出雲寺文次郎。
④明記されず。付録の「公家鑑」が抵触したものであろう。
⑥不明。
⑤差構か。
⑦京都済帳標目。
⑧同じ時期の記録として次の事例13があるが、その内

容から、ここでは別件としてあつかうこととした。

13森羅万象要字海

①日付明記せず。元文五年一〇月より一二月までに問題化。

②『森羅万象要字海』、伊丹屋茂兵衛。

③不明。京都行事か。

④付録であろう。

⑤⑧参照。

⑥⑧参照。

⑦京都済帳標目。

⑧「京都済帳標目」には「森羅万象之内、御規式之類有之候ニ付、証文之事並大坂へ書状　同返事之事」とあるばかりである。おそらく、京都行事が、公儀関係の内容を差しさわりがあると判断し、売り広め許可をめぐって大坂とやりとりがあったというのであろう。亀田次郎旧蔵書によれば「禁裏諸式・仙洞御法諸式・官位の大概・将軍家諸式幷ニ言葉遣」などが見えるが、多く、用語の言い換え集にすぎない。大事をとったのでもあろう。安永二（一七七三）年頃の再版本（米谷隆史蔵）でもほぼ同内容であった。とりたてて問題もなかったのであろう。

まとめ

本期における版権問題を要点ごとにまとめると次のようになる。これまでに見たところからも知られるように、問題の要点が明記されないものも少なくないが、推測も含めて分類・計上してみた。なお、複数の種別にまたがる事例はそれぞれに一件として記し、一事例で複数の節用集が関わるものは、それぞれに一件とした。

種別	該当事例	計
付録	2 3 4 7 8 8 10 12 13	九件
本文	1 9	二
検索法	1	一
判型	11	一
版面	5	一
不明他	6 8	二

本期では、付録での版権問題が突出するのが特徴で

ある。本文と検索法は『合類節用集』をめぐるものだが、本書第二部第一章で、他の例とともに言及した。判型での問題は、次期での特徴の一つになるものである。版面（レイアウト）も一件だけのことであり、すでにやや詳細に述べた。そこで、以下では付録をめぐる版権問題を中心にコメントしておく。

節用集においては、貞享・元禄ごろから日用教養的な記事を付録として掲載することが盛んに行なわれていくが、本期では、それに符合するように、付録の増補がエスカレートしていく過程で版権問題にまで発展したものが多くなったということになる。ことに、本来、かならずしも節用集と直接的な関係がなかったはずの年代記・年暦図鑑・料理書・江戸鑑・武鑑・公家鑑とのあいだで問題となっているのが興味深い。やがて、ある節用集に特定の付録が定着するようになると、事例8の『和玉節用集』『万金節用集』のように、節用集間で付録記事の版権問題が起こる段階になるが、本期ではその前段階の例が多かったのである。いいかえれば、節用集がそれら他分野の書物を取り込むにあたって、版権上の擦り合わせをしてきた、いわば対外交渉の過程が本期だったということである。

交渉の結果、例2・4のように併載をあきらめざるを得ない場合もあったが、逆に、相合版として版権所有者を新たに参加させて共同刊行することもありえたであろう。本期でも事例1・9のように本文・検索法上の版権抵触があったと思われるものについては、損害を被る側に、版権の幾分かを譲渡した場合がある。つまり共同出資者として名をつらね（させ）ることによって、版権上の問題のある節用集は、何ら問題のない書籍へと変わることができるのである。これは、侵害された側も当該書が売れるにしたがって利を得ることになるのだから歓迎されることでもあったろう（もちろん、版権を所有する己の書籍が、販売上、相手方書籍に凌駕されるような事態になると判断されれば、そのような提携はなされないであろう）。

第二章　宝暦・明和間

本期は、宝暦・明和間（一七五二〜七一）の二〇年間にすぎないが、三二件もの版権問題が見られた。先期は元禄七（一六九四）年から元文五（一七四〇）年という五〇年近いものだったが、一三件が認められたにすぎなかった。本期では、年数は四割に縮まり、件数は二・四倍になったので、問題発生の比率は六倍となる。飛躍的な増大、ひいては節用集をめぐる出版界の激動があったように見える。

その一方で、資料の制約を考えておかなければならない。先期のおもだった資料は京都本屋仲間上組の記録であった。これは、京都仲間上組の利害に関わることがらを記すのが主であって、そうでないもの、たとえば同じ京都とはいえ他の組の問題すら網羅すべきいわれはないものである。一方、今期は、大坂本屋仲間の記録が充実しはじめる時期である。したがって、通覧のもととなる資料が実質的に増えるわけだから、件数もそれ相応に多くなるのである。したがって、先期において多くの問題が起こっていても、記録が現存しないために、版権問題の存在が確認できず、少なく見えることも考えられるのである。章末に先期との比較を試みているが、それも右のような事情を承知したうえでのものである。

一方ではまた、現存する本屋仲間記録が作成された期間中の問題でも、記載されなかったものがないともいえない。たとえば、本章であつかう事例43・44は大坂の記録に残されていたのでその存在を知りうるのだが、実は、双方とも別の書籍の版権問題に記録されたものであって、その別件が問題化しなければ記載されなかったものなのである。そのようなことがなぜおこるかは場合によるのだろうが、右二例から推測するに、侵害したとされるもののなかに版権者と同じ本屋仲間の構成員がいたり、侵害書が確実に廃棄されるなどして後顧の憂いがなかったり、あるいは版権への抵触が軽微であったりなど、事改めて公式記録として残すまでもないと判断される場合が考えられることになろう。

ともあれ、本屋仲間の記録は、当時の版権問題なり出版事情なりを知るうえで最有力の資料には違いないのだが、右のような限界のあることも心得ておく必要がある。

14 倭漢節用無双嚢

①宝暦二（一七五二）年正月より五月までに問題化。
②『倭漢節用無双嚢』、加賀屋卯兵衛。
③『倭節用悉改嚢』、同書相合連中。
④不明。割行表示ないし書名の類似か。⑧を参照。
⑤⑧参照。
⑥⑧参照。
⑦京都済帳標目。
⑧『倭漢節用無双嚢』宝暦二年刊本未見のため、詳細不明。架蔵の天明四年本および他書を参看しても、これといった点に気づかない。のちに、『倭節用悉改嚢』の相合連中は、『都会節用百家通』の罫線入り割行表示を差構とするので、『倭漢節用無双嚢』宝暦二年本にはこれが採用されていたものか。
あるいは書名の類似か。これには往来物ながら先例がある（大坂鑑定録）。享保一二（一七二七）年九月、菊屋七郎兵衛が『童習往来』を刊行したところ、大坂の某書肆の『童子往来』に類似するので『万宝福寿往来』と改めさせられた件である。

なお、『倭漢節用無双嚢』の宝暦版はいまのところ、現存が確認できていない。これを除けば、もっとも早い版は天明四（一七八四）年となり、かなりの年数を隔ていることになる（天明四年版刊記には「宝暦二〔壬申〕歳三月十九日御免許」とある）。もし、宝暦版が実際には刊行されなかったとか、刊行されたとしても重大な版権抵触が発覚して絶版にいたった、少なくとも大規模な改編を迫られていたことなど、相応の事情が想定されるが、それが本件であろうか。

15字典節用集

①　宝暦二年六月に問題化。同年一〇月に終了。
②『字典節用集』、吉文字屋市兵衛・堺屋清兵衛。
③『字考節用』＊、長村半兵衛。『懐宝節用集綱目大全』、出雲寺和泉掾。
④『懐宝節用』は判型。おそらく『字考節用』も同様。
⑤「差構」。江戸での割印の延期も要請。
⑥内済。特に何事もなかったか。一〇月四日、長村方は留板をとって相済。出雲寺方は、「半紙二つ切」本と紛らわしくならないよう要請。
⑦大坂備忘録。江戸割印帳・京都済帳標目にも簡略な記載あり。
⑧大坂行司から京都行事・江戸行事への書簡（八月一九日付け）には、もともと吉文字屋たちが「袖珍節用集三つ切音字付」および「袖中節用集」の版権を所持しているとし、「此度之字典節用ハ先板袖中節用とハ少々畦ヲ縮メ、半紙三つ切ニ仕候」（一〇月付け一札）ものので、半切横本の『懐宝節用集綱目大全』には抵触しないと強調した。にもかかわらず、出雲寺がクレームを付けてきたのは、「此度之字典節用ハ本形畦共ニ袖中節用与ハ少々相替り居申候。左候へば、此後再板ニ成候節又々本形相替り、畦之上下広ク相成候へば、半紙二つ切ニ似寄候間」と、吉文字屋らが勝手に縮刷版を出したことから、次の再版では己の『懐宝節用集綱目大全』と同じ半紙二切本として出しかねないと警戒したためであった。それにしても、将来の版権抵触まで気をまわすのは少々過敏かと思われる。それだけに、判型、ことに小型本のそれが、いかに版権獲得の要件として意識されていたかが知られるのである。

『字考節用』については当該書不明である。長村が加わったものに『掌中節用急字引』があり、その尾書に「万倍字考」とあるが、刊行は寛政六（一七九四）年に下ってしまう。また同じく『万倍節用字便』の東京学芸大学望月文庫蔵本（享保一一〈一七二六〉年再版）の表紙中央には打ち付けで「字考節」と墨書されるが、これと何らかの関係があろうか。ともあれ、長村が小型本の版権を持っていたことが確認される。

大坂から江戸へ九月の段階で相済を知らせたが、江戸では九月二四日の寄合で割印するも、京都行事へ確認をとってから、吉文字屋次郎兵衛に許可するよう決めている。緊密な連絡と江戸行事の慎重さが知られる。

16日本節用＊

①宝暦二年九月より一二月まで。
②『日本節用』＊、版元不明。
③『書札調法記』、吉野屋仁兵衛か。
④「再板口之入レ事」とあることから、巻頭の付録に書簡向きのことがらを入れたためか。
⑤差構か。
⑥不明。
⑦京都済帳標目。
⑧『日本節用』について。「江戸割印帳」には「宝暦二申孟秋　日本節用集　選者　芦田茂平　板元　梅村半兵衛」とある。また、東京学芸大学望月文庫蔵『頭書増補節用集大成』（宝暦二年刊、三切縦本。版元不明）の末題に『日本節用集藻林大成』とある。跋は芦田茂平の手になるので、同一書かと思われる。

17袖玉節用＊

①日付明記せず。宝暦二年九月から翌年一月までのうち。
②『袖玉節用』＊、版元不明。
③『日本節用』＊、版元不明（事例16参照）。『懐宝節用集綱目大全』、出雲寺和泉掾。『袖宝節用』＊、版元不明。
④書名の「袖玉」「懐宝」「袖宝」などの字句や、『日本節用』が事例16のように三切縦本であったとすれば、判型に関することかと思われる。
⑤差構か。
⑥不明。⑧参照。
⑦京都済帳標目。
⑧③の『袖宝節用』は、『袖宝節用集』（寛延三〈一七五〇〉年、菱屋治兵衛刊。三切縦本。亀田次郎旧蔵書）にあたろうか。とすれば、『日本節用』（仮に『頭書増補節用集大成』だとして。前例参照）や『懐宝節用集綱目大全』も小本であることから、『袖玉節用』も小本だったために問題になったことが考えられる。
　その『袖玉節用』の現存は知られないが、『拾玉節用集』（安永八〈一七七九〉年刊）が注目される。刊記には刊年のほか「宝暦二申十一月御免」とあり、これ

は本事例の時期のうちになる。また、三切縦本と小本である点でも類似する。書名の用字は「袖玉」ではないが、同様にシューギョクと読みうる。あるいは、判型だけでなく書名の類似を指摘され、「袖玉」から「拾玉」に改題したのかもしれない。

なお、『拾玉節用集』の版元は、京都の河南四郎右衛門・武村嘉兵衛・梅村三郎兵衛・長村半兵衛・菱屋治兵衛・出雲寺文次郎である。三切縦本という小型本の割には六名も名を連ねるのは、やや奇異である。したがって、『日本節用』『懐宝節用集綱目大全』『袖宝節用』の版元が、本事例での和解の結果として、共同刊行者として含まれていることが考えられる。そこで、三書の版元・縁者と思われるものを除くと、河南四郎右衛門・武村嘉兵衛・長村半兵衛が残る。この三人のなかに『拾玉節用集』ひいては『袖玉節用』の本来の版元がいるのであろう。

18 〔宝暦新撰〕早引節用集

① 日付明記せず。宝暦三年正月から五月までのうち。
② 『〔宝暦新撰〕早引節用集』、柏原屋与市・木屋伊兵衛。
③ 書名不明、長村（半兵衛か）・菱屋（治兵衛か）。
④ 判型か。
⑤ 差構か。
⑥ 不明。特に問題とならなかったか。
⑦ 京都済帳標目。
⑧ 早引節用集初の版権問題だが、「京都済帳標目」には「早引節用ニ付、長村・菱屋出入之事」とあるだけで、詳細は知られない。『〔宝暦新撰〕早引節用集』の判型が三切縦であること、前事例のように長村・菱屋がかかわることから、判型に関することかと思われる。とすれば、のちに『〔増補改正〕早引節用集』（宝暦七年刊）として同体裁の早引節用集が再版されていくので、このときの問題は解決されたということになろう。

早引節用集の版権問題といえば検索法に関わるものが比較的知られているが、初の問題が右のような判型の問題だったとすれば、早引節用集の展開を考えるうえで興味深い。つまり、早引節用集の出現直後における他の書肆の反応とは、検索法ではなく、判型に重きをおいたものだったことになるからである。もちろん、うがった見方をすれば、判型についての問題は表面上のものであって、実は、それを手掛かりに早引節用集の版権に食い込もうとの意図があったということも考えられないではない。が、これ以上の資料が得られないので、この点については可能性として考えられるにすぎない。そのうえ、後述のように、早引節用集に刺激を受けた書肆たちの反応とは、まず、イロハ二重検索の検索法の考案であり、ついで早引節用集の検索法の剽窃ないし改良へと移っていくものと認められる。したがって、宝暦三年の時点では、検索法の新規性よりもやはり小さい判型の新たな節用集というのが早引節用集に対する一つの代表的な見方であったと思われるのである。

19文会節用集＊

①宝暦五年七月終了。

②『文会節用集大成』、堺屋清兵衛・吉文字屋市兵衛。

③大坂町奉行所。

④『文会節用集大成』の開版免許の願い出に対し、奉行所から付録に「武鑑」が入っていることにつき、下問があったもののようである。

⑤禁忌に触れるおそれがあるためか。

⑥本屋仲間で再度内容を検討し、節用集に武鑑を入れるのは先例があることなどを述べ、再度、願い出る。

⑦大坂差定帳一番。

20大節用文字宝鑑

①宝暦六年六月に問題化。八月には小康か。ただし、「京都済帳標目」の宝暦八年正月より五月までの項に再度記載あり。この時期にふたたび問題化したか。

②『大節用文字宝鑑』、吉文字屋市兵衛・堺屋清兵衛。

③『広益字尽重宝記綱目』、村上勘兵衛。

④検索法（合類型）と判型であろう。

⑤「差構」。

⑥不明。宝暦六年の場合は沙汰止みとなったか。八年のものについては「京都済帳標目」の簡単な記載のほかに資料がなく不明。

⑦大坂備忘録、京都済帳標目。

⑧大坂行司から京都行事への書簡に「市兵衛方ニ三つ切り本ハ所持仕、字尽門部いろは分ケも所持仕居申

候」とあり、判型と検索法が問題の要点と思われる。ただし、『広益字尽重宝記綱目』は二切であって、さまで抵触するとは思われない。

なお、村上は、写本の段階でクレームをつけてきているのが注意される。大坂本屋仲間の構成員に内通者がいたことになるが、商取引上、懇意にしているものがいち早く知らせることがある、ということであろう。

宝暦八年のものについては、『大節用文字宝鑑』の改題・修訂本に『新撰部分節用集』があり、刊記によれば宝暦九年の刊行である。この刊行がやはり京都側に察知され、何事か、通告してきたものと思われる。本書第二部第一章参照。

21女節用文字袋

①宝暦六年九月。
②『女節用文字袋』、秋田屋市兵衛。
③大坂町奉行所。
④禁忌に触れるおそれ。
⑤「紋尽」に葵の紋が入っていたのを除くよう申し渡される。
⑥葵の紋を削って刊行。
⑦大坂裁配帳一番。
⑧これをうけて、他に一三本の節用集も葵の紋を削った。事例26参照。

22宝暦節用字海蔵

①日付明記せず。宝暦七年正月から五月のあいだに問題化、宝暦八年九月より翌年正月までのあいだに終了。
②『宝暦節用字海蔵』、吉文字屋市兵衛。
③『倭節用（集）悉改嚢』、同書相合連中。
④不明。罫線入り割行表示か。
⑤「指構」。
⑥不明。江戸へ売留の依頼あり。
⑦京都済帳標目。
⑧『倭節用（集）悉改嚢』は、のちにも罫線入り割行表示をめぐってクレームをつけることがある。『宝暦節用字海蔵』（宝暦六年刊）にもそのような表示法が採られているので、その点が問題となった可能性が考えられる。なお、『宝暦節用字海蔵』の再版は聞かない。あるいは、版木を作りなおしての再版を認めない「版

木一代限り」の刊行だけが認められるなどの決着がついたものであろうか。

23国字節用集

①宝暦七年五月問題化。
②『国字節用集』＊、吉文字屋市兵衛。
③『新増節用無量蔵』、木村市郎兵衛。
④イロハ二重検索。ただし、『新増節用無量蔵』はイロハ各部の言語門内を、仮名書き二字めで再度イロハ分けしたものだが、『国字節用集』はイロハ二重検索を全編に及ぼしたもの。
⑤「差構」。
⑥経過など不明ながら、刊行されなかったものと思われる。
⑦大坂備忘録。京都済帳標目。
⑧『国字節用集』は、全編にイロハ二重検索をほどこした最初の節用集。同趣の検索法は五年後、『早字二重鑑』『安見節用集』などにも採られる。なお、本事例は、早引節用集の版元・柏原屋与市が事前に木村に通報した点、興味がもたれる。事例30・31では、イロハ二重検索節用集の問題ながら（しかも事例30は木村と同じ京都での案件。31は江戸）柏原屋が表に立つことになるが、本事例の時点ですでに共闘関係が成立していたか。佐藤（一九九〇ａ）参照。

24大大節用集万字海

①日付明記せず。宝暦七年正月より五月までに問題化し、終結か。
②『大大節用集万字海』、万屋作右衛門。
③『公家鑑』＊、出雲寺文次郎か。
④付録として公家鑑を入れたことによる。
⑤差構であろう。
⑥不明。
⑦京都済帳標目。
⑧明和五（一七六八）年版の刊記には出雲寺の名は見えないので、版権の取得までは主張しなかったもののようである。

25岷江節用集＊

①日付明記せず。宝暦八年五月から九月までのあいだ

に問題化したか。

②『岷江節用集』＊、小川彦九郎・奥村治助・奥村喜兵衛。

③書名不明。あるいは、吉文字屋の三切横本『蠡海節用集』か。

④判型（三切横本）か。

⑤「差構」。

⑥不明。⑧参照。

⑦京都済帳標目、大坂出勤帳、江戸割印帳。ただし、いずれも断片的な記述のみ。

⑧大坂側の記録では、「一岷江節用（右書、差構出入ニ相成候ニ付、吉文字屋市兵衛方へ預り置候）」（出勤帳一番。明和五〈一七六八〉年正月二〇日）とあるのがもっとも詳しいものである。もっとも早い記録は、「江戸割印帳」の宝暦七年一二月二五日、宝暦八年四月二四日割印分。

なお、大坂側の記録には、文化八（一八一一）年一一月のこととして、『岷江節用集大成』が『急要節用集』と改題したことが記されるが、特徴的な書名から見て、本書のことと思われる。この改題についても小さな問題があったようで、詳しくは事例73を参照されたい。この改題については大坂でなされていることからすると、本事例の結末としては、『岷江節用集』の版権（の少なくとも一部、おそらくは主導権）は吉文字屋らに移動したものと思われる。

26（**葵紋所収の諸書**）

①宝暦九年七月六日から同月中。

②『女節用文字袋』ほか。

③大坂町奉行。

④禁忌に触れるおそれ。

⑤「紋尽」に葵の紋を載せる書について下問があった。

⑥事例21の際に削除したもの一三本、古版木でまだ除いていないもの二本、除いてないが焼失したもの一四本を届け出る。

⑦大坂裁配帳一番。

⑧事例21参照。

27書札節用要字海

①日付明記せず。宝暦九年正月より五月までに問題化。

なお、三月付けで伏見屋より証文をとったことが知られるので、このころか。
②『書札節用要字海』、伏見屋（植村）藤右衛門。
③なし。
④付録について。
⑤付録に関する変更などを仲間行事に問いあわせたに過ぎないが、次例と関わるかもしれず、念のため採り上げる。
⑥伏見屋の申し出をそのまま受け入れる。
⑦京都済帳標目、京都諸証文標目。
⑧原文は「一書札節用之入レ事此度本文之首書ニ入申度旨被申出候伏見屋藤右衛門より／勝手次第と申渡候事」だが、「伏見屋藤右衛門より」と「勝手次第と申渡候事」は字を小振りにして割り注のように記されている。「～被申出候」まで記した時点で、申し出た者の氏名を補うべきことに気づいたものであろう。結局のところ、伏見屋が『書札節用要字海』の「入レ事（付録記事）を、（これまでの体裁、あるいは予定の体裁とは変えて）頭書に回したい（が、問題はないか）」と尋ねたのであろう。これに対して仲間行事が問題ないと答えたのである。

『書札節用要字海』は、イロハ・意義検索の節用集だが、横本である。現存するものは、その横長の判型をさらに上下に二分して、上段に付録「世宝用文章」、下段に節用集本文を配するものである。縦本では、縦長ゆえに、頭書（本文上欄）を設けて付録を配することが有効だったろうが、横本を上下に二分したのでは、検索上、求める語に行き当たるまでに丁を繰る手数が増えるばかりと思われる。それだけに他の書肆は手を出さなかったと思われるのだが、逆に、それゆえに唯一性があることになり、レイアウト上の版権として認められやすいことにはなる。とすれば、本書は、版権取得のための過熱した開発ぶりを語る一例とも見られることになる。

結局のところ、本事例では問題らしい問題は起きていないことになるので、採り上げるまでもないかと思う。ただ、横本における頭書（ないし紙面分割）が版権上の問題になる可能性に思い至らなければ、仲間行事に尋ねることもなかったであろう。広い意味での版権問題であり、少なくとも版権（問題）意識がうかがわれる点では興味深いものがあるので、念のため、記載しておく。

28書札節用要字海

①日付明記せず。宝暦一〇年五月より九月のあいだに問題化。最終記事は、明和五年正月より五月のあいだ。
②『書札節用要字海』、伏見屋藤右衛門。
③『袖中節用集』『宝暦節用』『文会節用』、吉文字屋市兵衛。
④不明。
⑤「差構」。
⑥宝暦一一年九月より翌年正月までの記事に、大坂より売留の依頼が京都仲間にあったことが知られる。
⑦京都済帳標目。大坂出勤帳は断片的記事。
⑧不明多く、記述不能。期間中、少なからぬ書簡の往復があることは知られ、そこには『袖中節用集』のほか『宝暦節用』『文会節用』などの書名が見られる。『宝暦節用』が『宝暦節用字海蔵』(宝暦六年刊)、『文会節用』が『文会節用集大成』(同)だとすれば、『袖中節用集』とともに吉文字屋の関わる書である。これらに抵触したことが考えられよう。ただし、『書札節用要字海』の最大の特徴は、事例27にも示したように、美濃半切横本でありながら、さらに版面を上下に二分し、上段に付録類、下段に節用集本文を置くことである。『宝暦節用字海蔵』『文会節用集大成』は美濃判縦本で頭書を持つものであり、『袖中節用集』は大判三切横本であって、『書札節用要字海』のレイアウトとは抵触することがない。ならば、内容上のことがらが争点であったか。

　このように、記録類からは争点も絞り切れず、結末も明示されないのだが、後の事例59において吉文字屋らの側から『書札節用要字海』の差構を指摘するので、本事例の結末についても吉文字屋に有利なものであったものと推測される。

　本事例は、比較的長い時期にわたり、また、数本の節用集も関わるところから、実際にはいくつかの事例として分割できるのかもしれないが、いまのところ一括しておく。

29文宝節用集

①宝暦一二年一〇月二六日より一一月。
②『文宝節用集』、吉文字屋市兵衛・堺屋清兵衛。
③『大坂武鑑』、神崎屋清兵衛。
④付録の武鑑に役付・諸大名付まで入っていたこと。
⑤「差構」。
⑥役付きの部分の増補を今後認めない。
⑦大坂裁配帳一番。
⑧行司一同は、『文宝節用集』の武鑑は大坂に限らぬものなので、それ自体は差構としなかった。
　なお、『文宝節用集』の現存書については、米谷隆史氏が所持していることを知らせていただいた。内題は『蠡海節用集』ながら、外題を『文宝節用集』とするもので、巻頭に付録記事を増補、これに応じて凡例・丁付・丁付合文を改めたものという。刊記は「宝暦十二壬午年初秋／摂陽書林　鳥飼市兵衛／仝　高田清兵衛／東都書林　結崎次郎兵衛」である。本書第三部第一章参照。

30安見節用集

①宝暦一二年一月より五月までに問題化。
②『安見節用集』、額田正三郎ほか。
③『早引節用集』、柏原屋与市・木屋伊兵衛。
④検索法。
⑤類版。
⑥京都奉行所へ出訴するも吟味されず、版木買収となる。佐藤（一九九〇ａ）参照。
⑦大坂差定帳一番、京都済帳標目。
⑧イロハ二重検索の版権問題ながら、早引節用集の版元が表に出てきた点で事例23と異なる。しかも、イロハ二重検索を部分的にも導入したのは『(大)新増節用無量蔵』の版元・木村市郎兵衛であるが、その木村と同じ京都本屋仲間の額田が相手であるにもかかわらず、大坂の柏原屋らが侵犯された側として表に立つのだから、余計に奇異の感がある。
　さらに、柏原屋らは版木を買収したにもかかわらず、それを摺刷・刊行することができなかった。

　　此度、京師ニ出来候安見節用集之板木、他所へ遣シ候而ハ、本形ハ懐宝節用ニ差構候、草字一行ハ字考節用ニ構候、本文之趣向ハ新増節用ニ構候。依之此度大坂柏原屋与市・本屋伊兵衛両人へ、右板木丸板ニ而銀四〆三百匁ニ而売渡候得共、大坂ニおゐて本壱部も摺被出候義、かたく相不成候趣之相対ニ而、内済仕候事（差定帳一番）

摺刷できないことは納得ずくであったわけだが、ならばなおのこと、なぜ『安見節用集』一件に柏原屋が前面に出てきたか理解に苦しむ。もちろん、本事例の紛議解決を背負う程度の代償を払ってでも早引節用集の対抗勢力を封じ込めたかったということはあったであろう。そしてまた、そうした出費に見合うだけの利益を産むであろうことは、それまでの早引節用集の販売実績から十分に推測できたのでもあろう。次例参照。

31早字二重鑑

①宝暦一二年八月発覚。翌年一一月一一日、江戸評定所にて結審。

②『早字二重鑑』真字版・草字版、前川六左衛門。

③「早引節用集」、柏原屋与市・木屋伊兵衛。

④検索法。

⑤「重板同様之類板」。

⑥『早字二重鑑』真字版・草字版ともに絶版。佐藤（一九九〇a）参照。

⑦大坂差定帳一番

⑧事例23・30および本事例でイロハ二重検索節用集の刊行は何人たりともできなくなった。ただし、天保の改革のおりに本屋仲間が解散させられると、書肆による版権管理は失効するので、この期間には刊行されるが、その数わずかに二件であった。これはかなり注目すべき事態である。つまり、一九世紀なかごろには、早引節用集のイロハ・仮名数検索が、他の効率の高い検索法を圧倒しさっていたことを如実に示しているからである。また、仮名遣書をはじめ、仮名数検索を導入する他分野の辞典類も複数存するところで、明治期にいたって早引節用集とその派生書が盛行するのもうなずけるところである。

　こうした行く末からの逆算めくが、本来、本事例および前事例は、『(大) 新増節用無量蔵』におけるイロハ二重検索（正確にはイロハ各部の言語門における下位分類に仮名二字めでのイロハ検索を導入したもの）の版権を所有する木村市郎兵衛の対処すべき問題であったはずだが、木村たちは動きを見せていない。一方、早引節用集の版元たちは、早引節用集の流布にとって最大の障害になるものがイロハ二重検索であることを知悉していたのであろう。その排除に最大限の努力をはかり、本事例では絶版にまで追い込んだのであろう。もちろん、木村市郎兵衛とのあいだには何らかの了解も存したであろう。

32文翰節用集＊

①日付明記せず。宝暦一三年二月九日までに終了。
②『文翰節用通宝蔵』か、吉文字屋治郎兵衛。
③『書札節用要字海』か、植村藤三郎。
④書名の「文翰」からすれば手紙関係の付録に新味のあるものと思われる。その点では植村（伏見屋）の『書札節用要字海』などが想起される。
⑤差構か。
⑥植村と対談あり、吉文字屋が刊行中止を申し出た。
⑦江戸割印帳。
⑧なお「江戸割印帳」には、のちの明和七（一七七〇）年一二月二五日割印分に、版元を吉文字屋市兵衛とし、売出しを吉文字屋次郎兵衛とする「文翰節用通宝蔵」が見える。判型の記載はなく、墨付きも八九丁であって、本事例における「江戸割印帳」の記載――「文翰節用集」一一一丁――と異なるが、改訂などを施した再版であろうか。

33万代節用＊

①宝暦一三年五月より九月のあいだに記事あり。
②『万代節用字林宝蔵』か、梅村市兵衛。
③〜⑥不明。
⑦京都済帳標目。
⑧「万代節用　梅村市兵衛一件」とあるばかりで、書名・人名は知られるが、問題がどのようなものであったのかは知られない。なお、「江戸割印帳」の明和三（一七六六）年一二月二三日の項に、「同三戌十二月　万代節用字林宝蔵　全一冊　作者　芦田鈍永　板元　梅村市兵衛　売出　須原屋市兵衛　墨付二百八丁」とあるが、本書のことか。だとすれば、他に事例36・37がある。

34早引大節用集

①宝暦一四（明和元。一七六四）年五・六月以降発覚。同年一二月四日、仲間惣寄合にて決議。
②『早引大節用集』、柏原屋与市・木屋伊兵衛。
③『千金要字節用大成』、吉文字屋市兵衛・堺屋清兵衛。
④検索法および判型。
⑤「差構」。
⑥柏原屋らには小型本を、吉文字屋らには大型本を認める。本書第二部第三章参照。
⑦大坂差定帳一番。
⑧検索法が関わる件として、早引節用集の版元が差構とされた唯一のものである。

『早引大節用集』はイロハ・仮名数検索を採る早引節用集として初めて美濃判に紙面拡大し、従来型の節用集のように巻頭・本文上欄などに挿絵入り付録を配するものとして企画された。一方、『千金要字節用大成』も美濃判ながら、イロハ・仮名数検索を採るものであった（意義分類も導入していた可能性あり）。本屋仲間の公認以前に仮名数検索を導入していたという語彙集を根拠としてイロハ・仮名数検索の節用集としたものであった。仮名数検索のプライオリティをめぐる主張は真っ向から対立し、大坂本屋仲間全体を巻き込むまでに事は紛糾した。結局、⑥で示したように判型の大小により、仮名数検索の版権を分割所有することで衆議一決することとなった。

また、本事例を契機にしたものであろう、『〔明和新編〕早引大節用集』（明和八年刊）として美濃判の早引節用集を共同出版している。明和四年の事例36でも、『万代節用字林宝蔵』をともに類版と指定するが、これは共闘ととれる一方、美濃判で仮名数検索を導入したものなので、それぞれの版権をそれぞれに主張したにすぎないとも見られる。

なお、これ以降、早引節用集は美濃三切縦本・半切横本などの小型本が刊行されていくが、その圧倒的な流布により、イロハ・意義検索の節用集や、漢字字典などでもこれらの判型を採るものが多くなり、字書類の判型として一般化し、近代を迎える。

35字彙節用悉皆蔵

①明和二年一月より五月までに発覚・終了か。

②『字彙節用悉皆蔵』、藪田清左衛門。
③不明。本屋清左衛門。
④付録記事。
⑤「差構」。
⑥不明。
⑦京都済帳標目。
⑧『字彙節用悉皆蔵』は、掲出漢字のもとに多数の和訓を施すのが特徴だが、本事例では付録記事に抵触があったという。詳細は不明である。

36万代節用字林宝蔵

①明和四年一月より五月の間に発覚か。一一月二二日、結審。
②『万代節用字林宝蔵』、本屋市兵衛・山田屋三郎・津国屋嘉兵衛・菊屋長兵衛・加賀屋卯兵衛。
③早引節用集、柏原屋与兵衛・木屋伊兵衛。『千金要字節用大成』、吉文字屋市兵衛・堺屋清兵衛。
④検索法・判型。
⑤類版。
⑥一一月一三日、京都奉行所にて対決。同二二日、絶版に処せられる。一二月、本屋市兵衛以下の類版者、京都仲間追放処分になるが、一札をいれ、とどまる。
⑦大坂差定帳一番、大坂鑑定録、大坂出勤帳一番。
⑧美濃判で仮名数順に語を配列するものなので、早引節用集と『千金要字節用大成』の双方から訴えられたものである。絶版処分のため、売れ残ったものも処分されたかと思われるが、かろうじて関西大学図書館・米谷隆史・筆者が所蔵している。内題において「宝」字を落とした『万代節用字林蔵』の現存数は少なくないが、別書である。次例にかかわるものと思われる。なお、本書第二部第三章参照。

37万代節用字林宝蔵

①明和五年正月～五月のうちより翌年一二月五日まで。
⑦大坂裁配帳一番。
⑧加賀屋卯兵衛ほか三人が『万代節用字林宝蔵』版木の下げ渡しを望んだもの。念のため、前例とは別に立てた。早引節用集の版元は、大坂奉行所に版木返還を出願し、仮名順に並べぬよう彫り替えたものの刊行を認める一方、留板二枚をとった。

この一件による裁定に基づく改訂版が、諸所に現存する『万代節用字林蔵』ということになる。内題で「宝」を削っていることも注意される。

38早引節用集

①明和六年九月より翌年一月のあいだに発覚か。
②不明。
③早引節用集、柏原屋与左衛門・木屋伊兵衛。
④重版。
⑤不明。
⑥不明。
⑦京都済帳標目。
⑧早引節用集の重版の初の件である。ただし、詳細は知られず、あるいは事例40とともに扱うべきものか。

39早引大節用集

①明和七年五月より九月までに問題化。
②『早引大節用集』、柏原屋与左衛門・吉文字屋市兵衛ら。
③~⑥不明。
⑦京都済帳標目、大坂出勤帳二番。
⑧「京都済帳標目」から大坂と書状の往来のあったことが知られるが、詳細は不明である。あるいは事例45と一体のものか。

40早引節用集＊

①明和七年一〇月重版。一一月発覚。翌年三月八日、結審。
②書名不明、和泉屋太助。
③『〔増補改正〕早引節用集』、柏原屋与左衛門・木屋伊兵衛。
④重版。
⑤「重板」。
⑥出訴。版木取り上げ。和泉屋太助は逐電したので、居所がわかり次第、申し出るようにした。
⑦大坂差定帳二番・四番、出勤帳二番。

41博物筌

①明和七年八月七日、大坂仲間中に披露。
②『博物筌』、吉文字屋市兵衛・藤屋弥兵衛。

③「合類節用集」、村上勘兵衛。ただし、当該資料の文意から見て「合類節用集」は『和漢音釈書言字考節用集』であろう。
④内容、一三門分類の組織などか。
⑤「差構」。
⑥両者対談ののち、内済。版木五分の一を村上方へ差し出すことになる。
⑦河内屋新次郎写「博物筌株要用書」（弥吉光長〈一九八八〉所収）。大坂出勤帳二番。
⑧本文の内容・体裁が問題にされたことが明記されたもの。

本事例の概要を伝えるのは⑦に掲げた「博物筌株要用書」である。これは、河内屋が『博物筌』の株を譲りうけるにあたって、京都の村上勘兵衛の所持する記録帳から写し取ったものという。版権問題に直接関わったものが、いかに詳細な記録を保存していたかが知られる。他の仲間においてもそうだが、ことに京都仲間の記録は現存分が少ないだけに、このような記録の発掘・収集が望まれるところである。本書第二部第一章参照。

42早引大節用集

①明和七年一一月八日。
②『早引大節用集』、柏原屋与左衛門・吉文字屋市兵衛ら。
③不明。敦賀屋九兵衛・和泉屋卯兵衛。
④相合のありように不公正な点があったか。⑧参照。
⑤版権管理関係か。⑧参照。
⑥話し合いがつき、敦賀屋・和泉屋が他の仲間に事情を話すように申し出る。本書第二部第三章参照。
⑦大坂出勤帳二番。
⑧問題となった点がどのようなことかは知られず、処理だけが⑥のように知られるもの。この日の寄合では、事例34で版権を判型で分け合った柏原屋・吉文字屋が共同した美濃判『早引大節用集』の刊行手続きがなされた。それに関して何らかの議論が紛糾したもののようである。なお、この記事の直前には「京都へ返書認、早引大節用幷古文孝経国字解之事」とあって、京都本屋仲間への連絡が必要な事柄が問題点であったとも考えられ、京都の美濃判『万代節用字林宝蔵』の事例36が想起される。該書は絶版になったのだが、版木は下

げ渡されたようである。

ここからは想像だが、『万代節用字林宝蔵』の版木を流用して『早引大節用集』と改題、刊行することも考えられないではない。そのあたりでの手続き上のことがらなどが何らかの疑義――たとえば、一旦絶版になったものを、いかに版権所有者だからといって、刊行してよいものかどうか、など――を醸したのかもしれない。

あるいはまた、本書第二部第三章で示したように、「イロハ・仮名数検索の美濃判本」は何人にも認められていなかったが、理屈の上では、吉文字屋と柏原屋らの版権を持ち寄り、相合としてなら刊行できるはずのものであった。そのあたりの特殊事情について、他の本屋仲間構成員が異議を唱えたのでもあろうか。

なお、現存する『〔明和新編〕早引大節用集』が明和八年の初版だけで、再版が確認できないことからすると、版木一代限り（版木の再刻を認めない）などの制限が付いていた可能性が考えられるが、あるいは本事例での議決によるのかもしれない。だとすれば、版権の持ち寄り刊行が、ある場合には制限が付されたことにもなりそうである。版権のありようを隈なく知る意味でも、本事例の詳細を知りたいところである。

43広益好文節用集

①不明。同書初版の刊記により、ここに配す。

②『広益好文節用集』、秋田屋伊兵衛。なお、東京大学文学部国語学研究室蔵本の刊記には、他に出雲寺和泉掾・大野木（秋田屋）市兵衛・出雲寺文次郎なども見える。

③早引節用集、柏原屋与左衛門・木屋伊兵衛。

④検索法か。『広益好文節用集』の検索法はイロハ検索の下を、語の仮名数の偶数奇数で分け、さらに意義分類したものである。仮名数への注目が抵触したのであろう。

⑤類版であろう。

⑥留板と一筆をとる。

⑦偶奇仮名引節用集御公訴一件仮記録（大阪府立中之島図書館編〈一九八三〉第一〇巻所収）。

⑧文化元（一八〇四）年に、イロハ検索の下を偶数奇数の別で配列した『偶奇仮名引節用集』（現存書のほと

んどは「長半仮名引節用集」の内題に改められたもの）が銭屋長兵衛・播磨屋五兵衛により刊行された。が、これは、柏原屋らの『大全早引節用集』を剽窃したものであった。本書第二部第二章参照。

柏原屋らが版権の根拠を銭屋に尋ねたところ、『広益好文節用集』によるとの返答があったので、柏原屋らは同書についてすでに秋田屋より留板と一筆をとっていることを示したものである。

44〔増補改正〕早引節用集

①明和八年二月までに終了。

②『〔増補改正〕早引節用集』、白木屋与兵衛（信州松本）。

③『〔増補改正〕早引節用集』、柏原屋与左衛門・木屋伊兵衛。

④重版。

⑤重版。

⑥版木・摺本のすべてを柏原屋らに譲渡することにより、内済。

⑦大坂差定帳二番。

⑧本事例は、江戸での売り広めを担当した山崎金兵衛からの通報によるもの。なお、重版書は亀田次郎旧蔵書に存する。

本事例の記録は、仙台での重版書『近道指南節用集』（安永三〈一七七四〉年刊）の処分方を仙台藩留守居役に依頼するに際し、重版・類版書の処分の先例の一つとして示したなかに出てくるものである。

なお、大阪府立中之島図書館編（一九七五～一九九三。第八巻）の七〇～七一頁に当該記録があるのだが、翻刻どおりでは書面の形式が整わず、文意も十全にはくみとれなかった。そこで、翻刻で三四丁・三五丁とした部分を入れ替えると無理なく読み取れることに気づいたので、大阪府立中之島図書館に問い合わせたところ、郷土資料室より回答があった。謝意を表する意味をこめて全文を示しておく。

『大坂本屋仲間記録』第八巻について　お尋ねの箇所につきまして、原本を確認いたしました。原本の順序は、翻刻の通りでした。

ご指摘の通り、原本の綴じまちがいを気付かず翻刻したようです。ただし、今回の翻刻の前後には、綴じ直しを致していませんので、かなり以前の綴じまちがいかと思われます。
　以上、おしらせ致します。
　　一九九四年一月二一日

45早引大節用集

①明和八年九月までに終了。
②『早引大節用集』、柏原屋与左衛門・吉文字屋市兵衛ら。
③書名不明。戸倉屋喜兵衛か。
④頭書付録の「銘尽直段付」が抵触。
⑤差構であろう。
⑥増補はしないことを約する。
⑦江戸割印帳。
⑧詳細は不明である。

まとめ

検討に際して、前章と同様に集計してみる。一つの事例であっても、複数の項目にかかる場合には、それぞれ計上することとした。また、比較の意味で、各項の末に先期の件数を同様に掲げた。

種別	該当事例	今期	先期
付録	16 19 21 24 26 27 29 45	九	九
本文	41	一	二
検索法	20 23 30 31 34 36 43	七	一
判型	15 17 18 25 32 34 36	七	一
版面	14 22	二	一
重版	38 40 44	三	○
禁忌	26	一	○
不明他	28 33 35 37 39 42	六	二

付録が多いのは先期に引き続く時期なので、自然な推移と言える。ただ、注目してよいのは、事例29まで比較的連続傾向であったものが、それ以降は事例45まで飛ぶように、付録の関わる版権問題が急激に減少傾向へと推移することである。これに対して、先期には一件しか認められなかった検索法・判型での事案がそれぞれ七件・六件と一気に増えているのが注意される。このような争点の転換を今期の特徴としてよいであろう。

まず判型上の問題は小型判によるものである。近世節用集は、いわゆる大本・美濃判が主流であったが、はやく源太郎本（元和五〈一六一九〉年刊）や『二体節用集』（元和五年以降寛永三〈一六二六〉年以前刊）などの半切横本も現れ、『書籍目録』（延宝三〈一六七五〉年刊）には「同（節用集）古本　三切　四切」なども見え、小型判の刊行は比較的古くからあったことが知られている。今期においては、そうした判型上の工夫が版権問題化し、争われたことになる。

検索法では、事例20が合類型のものなので先期と変わらないが、事例23・30・31はイロハ二重検索などの仮名順検索であり、事例34・36・42は早引節用集の仮名数検索のものである。イロハ二重検索などは、おそらく早引節用集に刺激を受けた他の書肆が導入したものであるが、それが一段落すると早引節用集との類版問題が起きる。ついで重版の事案がすべて早引節用集の重版として現れていく。つまり、早引節用集の影響は、はじめ相応に創意のあるものとして他の書肆を刺激して新たな検索法の導入・考案を招来したのだが、次第に早引節用集の仮名数検索と同工異曲のものへ、さらに剽窃・重版へと、その手法を退歩させていったことが知られるのである。一八世紀後半に新案された複数の検索法は、一部の例外を除いて、その有用性を低下させる動きをとるのだが（佐藤　一九九〇ａ）、それと同じような傾向が版権侵害のありようにも認められることになる。その原因は、早引節用集の版元がイロハ二重検索をはじめとする仮名順検索にまで、その版権を拡大解釈したからにほかならない。ともあれ、今期の版権問題が、早引節用集をめぐるものへと推移しつつある方向感が確認できることになる。

なお、不明とした件も多くなったが、筆者の力不足とともに、京都仲間の記録や江戸仲間の「割印帳」のように事態の詳細を記さない記録を対象としたからでもあった。一方、大坂仲間の場合は事情が異なり、重要な事例については「裁配帳」「差定帳」「備忘録」ほか、詳細な記録や関係文書の控えを作るとともに、仲間行事の執務記録たる「出勤帳」のように、些細なことがらまでも書き留める記録類のあることが関係してこよう。軽微な事態ではあるが、行司の職務上、「出勤帳」に記録するわけだが、断片的な記載となり、全体像がつかみがたくなりがちになるのであろう。なお、塚本学（一九九一）では、一八世紀後半以降、多種多様な記録が作られる「文書依存のひろがり」という現象が認められるというが、本屋仲間の記録類も軌を一にするものと見え、言語生活史の観点から見ても興味深いものがある。

第三章　安永・寛政間

本期でも、先期と同様、大坂本屋仲間の記録が充実しており、多く援用することとなった。そのため、蒔田稲城（一九二八）の扱う事例と重なる部分が少なくなく、本検討は屋上屋を架すのたぐいとも言えよう。ただ、蒔田（一九二八）で参照された記録は、「差定帳」「裁配帳」「鑑定録」など、大坂本屋仲間記録中のエッセンスというべきものに限られている。大阪府立中之島図書館の翻刻・影印によって「出勤帳」はじめ、すべての記録類が容易に参照でき、諸先学の研究の蓄積もある現在では、蒔田の見解にも修正を要する部分が出てきている。また、本検討では、近世節用集の関わったすべての版権問題を網羅・一覧しようとしている。のちに見るように、網羅してはじめて考えるべき問題が浮かび上がることがある。そして、本検討の特色は、記録だけによらず、関係した当該書を可能なかぎり突き合わせて該当事例を詳細に把握することにある。そうした幾分かの新しさを持つことを心がけて、よりよい報告ができればと思っている。

46近道指南節用集＊

①安永三（一七七四）年三月二〇日より六月六日まで。
②『近道指南節用集』＊、柳川屋庄兵衛（仙台）。
③『早引節用集』、柏原屋与左衛門・木屋伊兵衛。
④重版。
⑤「重板」。
⑥早引節用集の江戸販売を担当した山崎金兵衛と大坂から派遣された代理人・柏原屋佐兵衛が、仙台藩留守居役に処分方を申し入れた。仙台にて版木を破棄して

内済。
⑦大坂差定帳二番。
⑧先期でみた信州の事例44とともに、早引節用集刊行後三〇年を経ないうちに地方でも重版が行なわれたことを示す事例。それだけに、早引節用集の需要を物語るものといえよう。また、江戸での早引節用集の売り広めを請け負ったものが内済まで担当したことも信州の事例に共通する。

47新増早引節用集

①安永四年五月九日から八月二八日まで。
②『新増早引節用集』、丸屋源六・鱗形屋手代藤八。
③『早引節用集』、柏原屋与左衛門・木屋伊兵衛。
④重版。
⑤「重板」。
⑥出訴するも、須原屋市兵衛の仲介により、版木七一枚・摺込本二八〇〇冊を差し出させて内済。
⑦大坂差定帳二番。
⑧直接関係する記録は、丸屋の提出した一札だけなのだが、簡にして要をえた書きぶりで、奉行所からの「裏書」の受取りから、奉行所内での詫び入れの有りようなど、出訴から内済に至るまでの経過がよく知ら

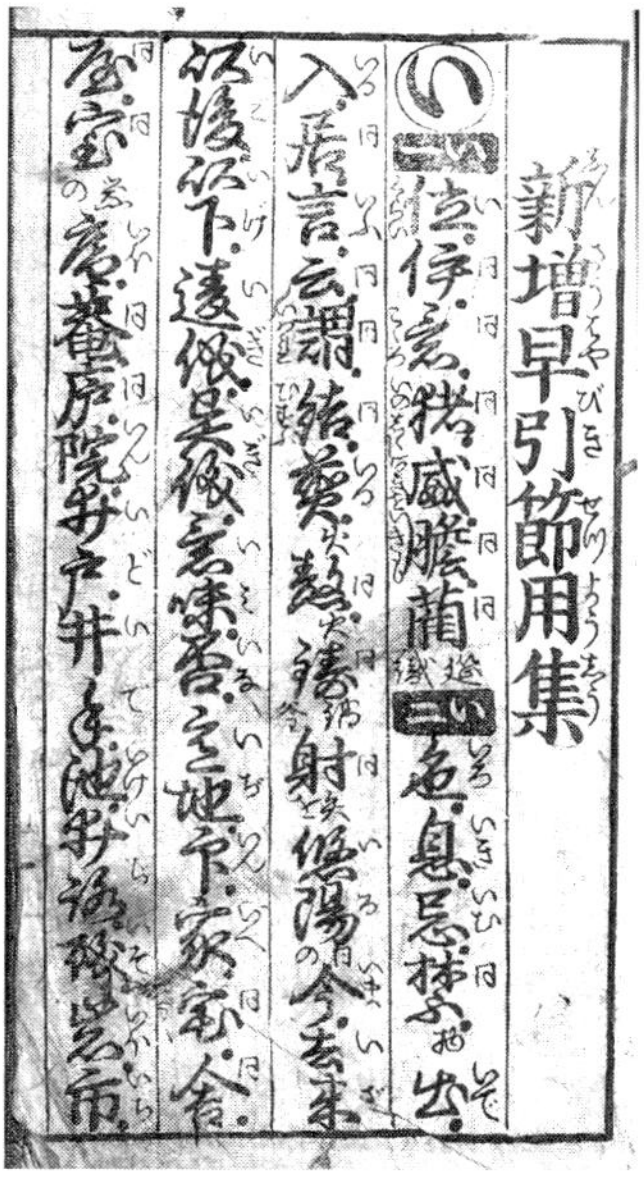

図12　新増早引節用集

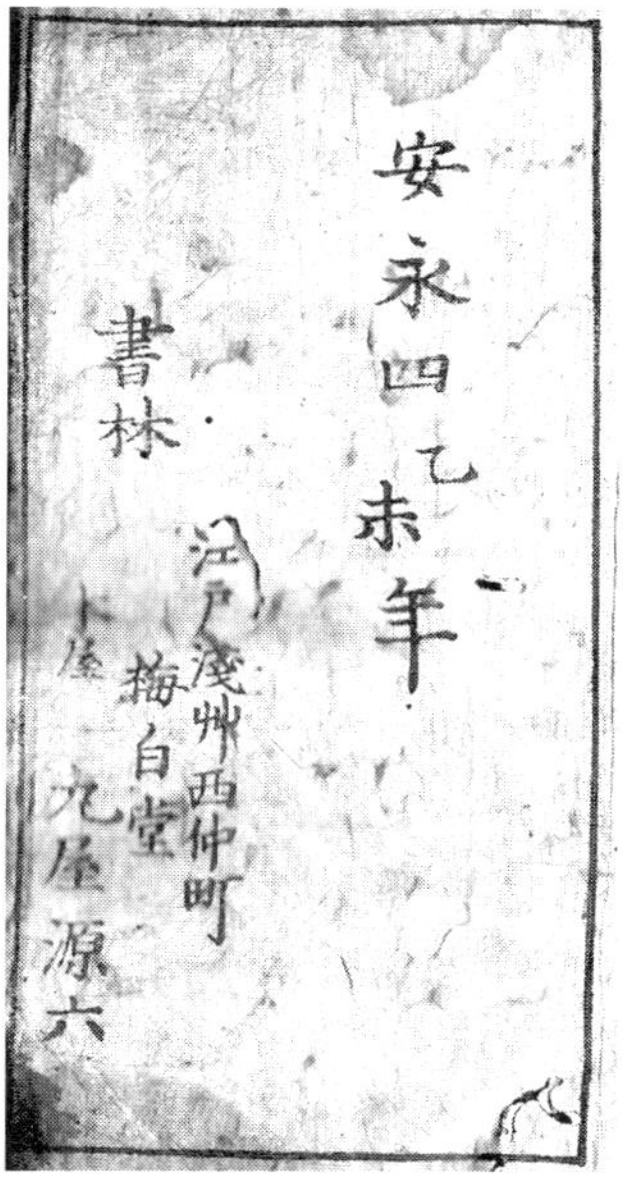

図13　新増早引節用集（刊記）

れる。なお、事例49に見るように、鱗形屋の関係者は再び重版し、重罪に処せられることになる。

柏原屋らに引き渡された摺上がり本は二八〇〇冊だったが、総数は、売り払った六〇〇冊を加えた三四〇〇冊だったという。短期間に一気に刷り上げた、組織的な重版だったことが知られる。これでは早引節用集の版元もそうは内済で済ませるわけにはいかないだろう。丸屋らは須原屋を仲介に立て、ようやく内済にこぎつけたのであった。それにしても、江戸では古参の鱗形屋をして重版せしめるほど、早引節用集は魅力的な商品であったことが改めて裏づけられることになる。

問題の『新増早引節用集』の現存本は、二〇〇〇年一月に購入できた一本があるだけで、いまだ他の所蔵を聞かない。『〔増補改正〕早引節用集』の重版であるが、冒頭に挿絵入り「士農工商」が入るなど、当代的な装いもしてある。

二八〇〇冊も受け取ったのであれば、これをそのまま廃棄するとは考えにくく、冒頭に数丁ある付録を削除し、内題のある本文初丁を従来の『〔増補改正〕早引節用集』にすげかえれば販売できそうなものである。ただし、実際に販売したかどうか、また、販売された当該書が現存するかどうかは不明だが、発見されないともかぎらず、発見できれば当時の重版本の処分の有りようの一つが知られるので、相応に貴重な例となる。

48万代節用字林蔵

①安永五（一七七六）年九月より。
②『万代節用字林蔵』、加賀屋卯兵衛ほか。
③『早引節用集』、柏原屋与左衛門・木屋伊兵衛。『千金要字節用大成』、吉文字屋市兵衛・堺屋清兵衛。
④留板の扱い。
⑤類版書の体裁を改めての刊行に関して。
⑥⑧参照。
⑦京都済帳標目。
⑧先期の事例37で、類版書『万代節用字林宝蔵』は、収載語を仮名順に並べないとの条件で刊行が認められたが、柏原屋らは留板二枚をとり、河内屋茂兵衛があずかることとなった。ここで、新たな『万代節用字林蔵』が刊行されるにおよび、京都行事の要請により留

板分を刷って京都へ送ることになったことを知らせたのである。

49早引節用集＊

①安永六年五月より安永七年一月一四日まで。

②『早引節用集』＊、徳兵衛・鱗形屋孫兵衛。

③『早引節用集』、柏原屋与左衛門・木屋伊兵衛。

④重版。

⑤「重板」。

⑥出訴。重版人徳兵衛は家財闕所・十里四方追放、売主鱗形屋孫兵衛は過料鳥目二〇貫文、鱗形屋手代与兵衛・次兵衛は手錠、板木屋市郎右衛門も同（ただし一〇〇日のみ）。

⑦大坂差定帳二番。

⑧事例47に引き続いて鱗形屋関係者の重版。再度の重版につき、徹底した措置をもって臨んだのであろう。

それにしても、鱗形屋の関係者が安永四・六年と引き続いて早引節用集にかかわる重版を行ったというのは理解に苦しむ。周知のように安永四年には、大当たりをとった黄表紙の嚆矢『金々先生栄華夢』を刊行しており、これに引き続いて多くの黄表紙を手掛けていたはずだからである。黄表紙といえば、文化史・文学史的な位置は軽からぬものの、商品としては片々たる小冊子であって、そう利益の見込めるものではなかったということでもあろうか。

50拾玉節用集

①安永八年六月八日から天明二（一七八二）年一月まででか。

②『拾玉節用集』、武村嘉兵衛・河南四郎右衛門・梅村三郎兵衛・菱屋治兵衛・長村半兵衛・出雲寺文治郎。

③『字典節用集』か、吉文字屋市兵衛。

④何らかの点で『拾玉節用集』が吉文字屋市兵衛の刊行書に抵触したのであろう。あるいは判型と真草二行表示か。

⑤「差構」。

⑥不明。

⑦大坂出勤帳五番。

⑧本事例の終結時期について、大坂行司の申し送り事項として天明二年一月までに記載されるのでこれによ

り記したものである。
この件は、吉文字屋より大坂仲間に口上書が出されたのち、書翰の往復があることは知られるが、詳細については不明である。『拾玉節用集』は三切縦本で真草二行を示すものであり、吉文字屋には三切横本でやはり真草二行を示す『字典節用集』がある。縦本と横本とで異なるものの、判型と真字付きが問題となったのであろうか。なお、『拾玉節用集』については先期事例17も参照。
「寛政二年改正株帳」には、『拾玉節用集』の名も見え、「十軒之三軒半」分、すなわち三五パーセント分の版権が大坂に帰したことが知られる。ただし、所持者は「河新」（河内屋新次郎か）となっており、吉文字屋の名は見えない。この株帳への記載は別の機会に「河新」が入手したことを示すのかもしれない。

51文会節用集大成

①安永九年五月以降。
②『文会節用集大成』、吉文字屋市兵衛。
③不明。あるいは、何事かの抵触点にみずから思いいたったか。
④不明。あるいは付録中の武鑑に不都合があったか。
⑤「差構」。
⑥不明。
⑦大坂新板願出印形帳第五。
⑧⑦に付箋して「願出シ候筈之所、少々差構之義有之、依而此節願上除之」とあるばかりで、具体的な要件は不明である。初版願い出時には、付録中の武鑑につき、大坂町奉行所より下問があったようである（先期事例19参照）。その折りはそのままに刊行したようだが、これにかかわるところがあるか。
『文会節用集大成』については他に先期事例28などがある。

52万代節用字林蔵

①安永一〇（天明元）年三月より天明二年九月までのうち。
②『万代節用字林蔵』、加賀屋卯兵衛ほか。
③『早引節用集』、柏原屋与左衛門・木屋伊兵衛。『千金要字節用大成』、吉文字屋市兵衛・堺屋清兵衛。

④留板の扱い。
⑤改版につき、留板分も改めることに関してのやりとり。
⑥不明。
⑦大坂出勤帳五番、京都済帳標目。
⑧事例48に関連するものとも思われるが、年を経るので別にたてた。留板の運用が知られるのが興味深い。なお、「京都済帳標目」に「万代節用相合四人衆中借金皆済之事」（天明二年五月から九月までの項）とあって、本事例と何らかのかかわりがあるかと思われるが、具体的な事態については不明である。

53安見節用集＊ほか

①天明元年九月一九日までに終了。
②『安見節用集』＊、額田正三郎ほか。『二字引節用集』＊、不明。『五音引節用集』＊、不明。
③『早引節用集』、柏原屋与左衛門・木屋伊兵衛。
④検索法に関して。
⑤「類板」。
⑥版木を買い取り、京都・江戸の仲間にも今後類似書を刊行しないよう依頼した。
⑦大坂裁配帳一番、大坂鑑定録。
⑧『二字引節用集』はイロハ二重検索をとるものだが、第一のイロハ検索を語頭の仮名により、第二のイロハ検索を語末の仮名によるものである。『五音引節用集』は語頭のイロハ検索と、語末の五十音検索を併用するものである。両書とも、安永末年から天明元年にかけて柏原屋らが買収した。『安見節用集』は、裁配帳における検索法の記述からして、先期事例30と同書と思われる。早くに解決をみた件だが、念を入れて、この折りも対策を講じたということなのだろう。

事例30で触れたように、柏原屋らは、買収した『安見節用集』の版木によって摺刷・販売することができなかった。本事例では、同工の『二字引節用集』『五音引節用集』も「意味合有之」（大坂鑑定録）として刊行・売買しないことになった。この「意味合」の内容を具体的に記した記録はないが、やはり『安見節用集』の場合と同様に、京都の書肆たちの版権に抵触する可能性があるからなのであろう。

ただ、刊行しないと明言したにもかかわらず、柏原屋らの、その後の行為には不審な点がある。説明のつきやすいものからあげれば、天明元年以降の早引節用集再版本に、本事例三書の書名と検索法を記した広告を付したことである。広告ならば、刊行の予告か取扱い書の目録であり、本事例三書の販売を行なうかに見える。が、それらは柏原屋らが刊行・売買しないと明言し、また、そのとおり、刊行した形跡は認められず、現存も確認できないものである。したがって、この広告は、販売を前提とした通常の広告とは別の意味を持つものと考える必要があろう。

どのような広告も、販売書・取扱書を掲げるのが通例だが、広告を出した書肆はその書の版権を所有しているのが前提となるはずである。これは、いわば、広告を出すための必要条件である。そのうえで、販売促進を期待してなされるのが広告であろう。このように広告の持つ性格を条件と機能にわけて考えれば、柏原屋の出した右三書の広告は、必要条件の方を強調するのが第一義となるものだったと考えられよう。右三書のような検索法が柏原屋らの版権に帰することを強調し、類似書の新規刊行を抑止・牽制することを目的としたものだったということである。広告にこのような版権自衛のはたらきを認めようとするのは、一見奇異ではあるが、先期事例30・31などで類版呼ばわりとも見える版権自衛に出た柏原屋だけに十分に可能性のあるものと思われる。

不審の二つめは、柏原屋らの買収そのものである。買収には、類似書を他から販売させないことで己の利益をまもる側面と、買収した類似書を刊行・販売して利をえる側面とがある。したがって、刊行できないとなればうまみは半減することになるわけだが、なぜ、柏原屋らはそのような買収に応じたのだろうか。

そもそも、本事例で、柏原屋らが三書を買収することになった背景には、宝暦年間の『早字二重鑑』『安見節用集』を、早引節用集の類似書とすることに成功したことにあろう。これら都合五書の採った仮名二重検索が、言語門所収語に仮名二字めのイロハ引きを施した『新増節用無量蔵』（京都・木村市郎兵衛刊）に近い性格のものであることは明らかである。したがって、『早字二重鑑』などと早引節用集との関係が類版なのであれば、『新増節用無量蔵』と早引節用集との関係も類版となって何らおかしくはない。しかし、後者の関係が版権上の紛議に発展したことは確認できない。つまり、ほぼ同じ関係にある対の一方を版権侵害とし、他方を問題化しなかったという無理があることになる。このようないびつな関係の背景には、柏原屋と木村市郎兵衛とのあいだに何らかの了解があったことを想像させる。このことは、たとえばイロハ二重検索と推測される『国字節用集』（先期事例23）が大坂で企画されたことを柏原屋が木村市郎兵衛にいちはやく通告するなどの件があり（本書第二部第二章）、これなども「何らかの了解」の一環としての行動と捉えられそうである。そしてその「了解」が記録中の「意味合」の内容そのものであるか、少なくともその重要な部分を占めるものと考えたくなる。

仮に、木村が版権を主張して侵害書のすべてを買収したらどうであろうか。買収したからには己の版権となるから、仮名二重検索の諸書を刊行・販売するのは当然の権利ということになる。仮名二重検索は、早引節用集の仮名数検索よりも数段優れたものであったから（佐藤 一九九〇a）、かならずや早引節用集を圧倒し去ったに違いない。このような事態は、柏原屋らとしては回避しなければならなかったはずである。そのためには、木村に仮名二重検索の版権を買収させてはならなかった。そのもっとも簡単な方法は、柏原屋ら自身が買収にあたることであろう。早引節用集を守るために、仮名二重検索の節用集の版木を買収せざるを得なかったのである。

ただし、買収書を柏原屋らが刊行・販売したのでは木村の版権を侵害することになる。先述のように、木村の『新増節用無量蔵』の方が仮名二重検索に近い検索法であり、しかも早引節用集よりも早く刊行されたのだから、版権は確固としてゆるがないからである。これでは、仮に、木村と柏原屋とのあいだで版権紛議になったとしても、柏原屋らの不利は動かないであろう。ならば、柏原屋としては、正面から木村との関係を正しておくという道は選べるはずもない。したがって、柏原屋としては、まずは己の早引節用集の先行きを守るために『安見節用集』などの版木を買収はする、しかし、木村を刺激するのは得策ではないから、買収した版木による摺刷・販売はしないことにしたのであろう。

以上のことから、木村と柏原屋らのあいだにあったと想定した了解事項については、おぼろげながらも推測できるように思う。それは、名目上、仮名二重検索の版権を早引節用集の仮名数検索に抵触するものとし、それらの買収には柏原屋らがあたるが、買収書の刊行・販売を行なわないとするものである。そしておそらくは、木村側には、買収資金を支払わない見返りとして、本文全体に仮名二重検索を施した節用集は刊行せず、言語門に再度イロハ検索をほどこした『(大)新増節用無量蔵』の刊行にとどめることにしていたのではなかろうか。

54画引節用集大成＊

①天明四年五月一一日より天明五年一月までか。

②『画引節用集大成』＊。書肆は江戸のものというだけで不明。寛政四（一七九二）年の再版時に吉文字屋次郎兵衛と前川六左衛門の名が見えるので（江戸割印帳）、あるいは彼らか。

③『早引節用集』か、柏原屋与左衛門・木屋伊兵衛。

④明記されないが、片仮名総画数検索を取り入れたためと思われる。

⑤差構であろう。

⑥特に変事はなかったようである。

⑦大坂出勤帳七番。

⑧柏原屋らが口上書を提出、これを受けて行司が江戸仲間へ書状を出したことが知られるばかりである。天明五年一月の行司申し送り事項に見えるので、これをとりあえずの下限とした。

『画引節用集大成』（天明初版・寛政再版）の現存は知られないが（改題本『〔新撰捷径〕懐宝早字引』は米谷隆史蔵。後述）、早稲田大学図書館蔵『俳諧若木賦』などの広告中にその検索法を記したものがあるという（高梨信博一九九〇）。それによれば、意義分類・イロハ・片仮名総画数の三重検索とのことである。片仮名総画数検索は、語の検索に数の概念をとりいれた点でイロハ二重検索などよりも早引節用集の仮名数検索に近いものと言わば言えよう。したがって、柏原屋らが注目するのもうなずける。それだけに彼らが本事例に対してどのように対応したかに興味が持たれるが、本事例ののち、寛政四年に『画引節用集大成』が江戸より刊行されるので何事もなかったのであろう。

なお、早稲田大学図書館蔵『青とくさ』付載の『懐宝早字引』の広告は、『俳諧若木賊』付載の『画引節用集』の広告と「同じ版木を用いて書名の部分のみを改めたもの」という（高梨 一九九〇）。この「懐宝早字引」への改題は、享和元（一八〇一）年に大坂の塩屋平助が願い出たものである（大坂出勤帳一八番）。そのおりにも柏原屋らが問題視することがなかったので、改題もスムーズに事が運び、ひいては広告文と同じように、片仮名総画数検索を取り入れた検索法で刊行されたのであろう。

このように、数の概念を導入した検索法であるにもかかわらず、柏原屋ら早引節用集の版元は最後までは追及せずに見逃したわけであり、少々不自然ともいえる。というのは、彼らは、数の概念を導入していないイロハ・五十音などの仮名二重検索を、早引節用集の類版として徹底した態度で排除しているからである（事例30・31・53）。もちろん、これらは、事例53において推測したように、早引節用集の版権を侵すものというより、早引節用集の売れ行きを阻害しかねないものを排除するのが主目的であったと捉えるのが、辻褄があいやすいのであった。逆にいえば、販売成績上、早引節用集に敵するものでなければ追及しないことは十分に考えられる。おそらくは、『画引節用集大成』についてもそうした判断がくだされたのであろう。また、万一、売れ行きが好調である場合にそなえて、柏原屋も版権の一部なり留板なりを確保したであろうことは想像にかたくない。

その江戸の書肆が寛政再版時と同じ前川六左衛門・吉文字屋（結崎）次郎兵衛だとすれば、後者の本店である大坂・吉文字屋との関係も考える必要があることになろう。たとえば、吉文字屋は特殊仮名の有無によって検索する節用集を考案・刊行していたので、文字を熟視して検索法を考案することに長けていたといえよう（本書第三部第三章ほか参照）。その延長として片仮名画数にたどりついたとも思えるわけだが、こうした事情・背景も何らかの形で本事例に影響しているのかもしれない。

改題についての事情は明らかではないし、本事例か

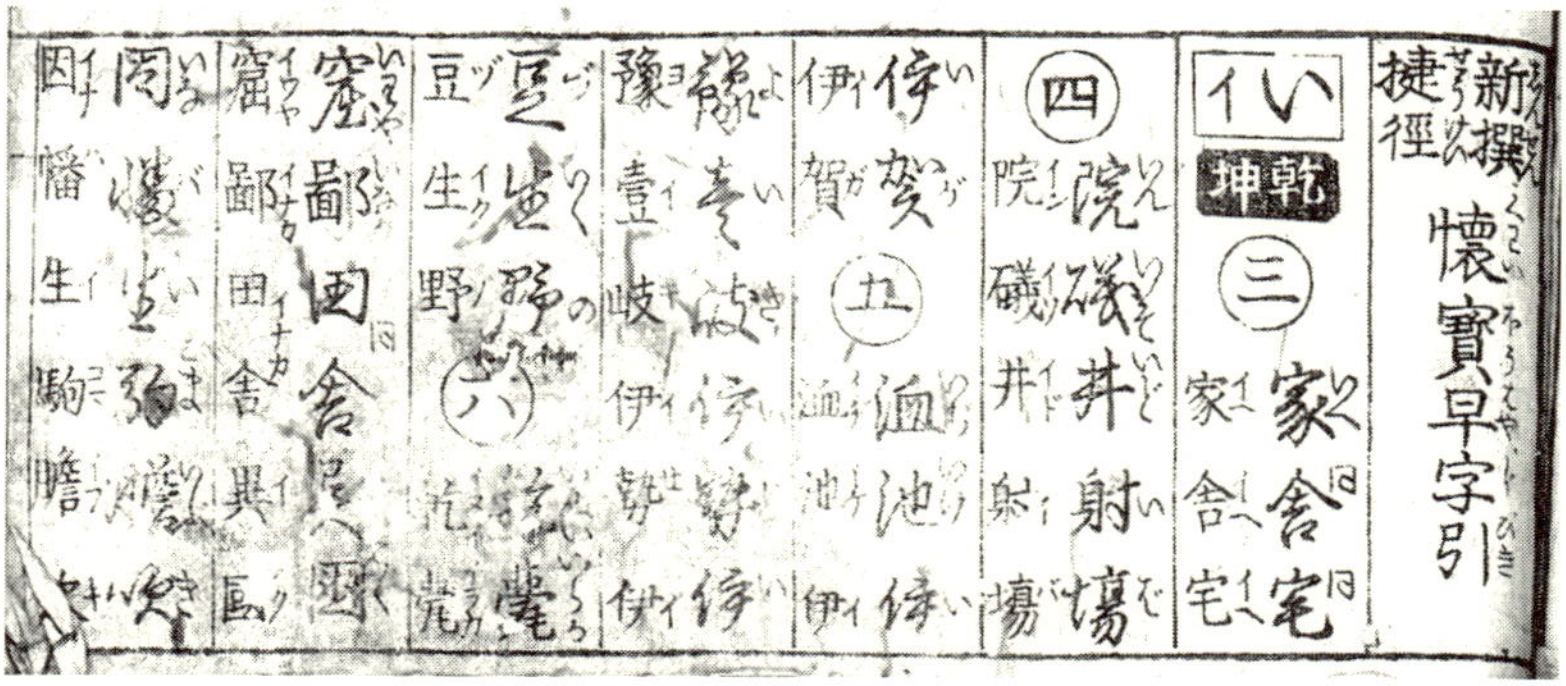

図14　〔新撰捷径〕懐宝早字引
米谷隆史蔵

らすれば後年のことであり、（表面上は）版権問題でもないので、ここに述べる必要もない。が、あるいは「画引」との名称が端的にすぎるなどと早引節用集側に受け取られて変更した可能性も考えられようか。また、前述のように『画引節用集大成』は現存が確認できないが、改題書『〔新撰捷径〕懐宝早字引』（三切横本）は米谷隆史氏が所持されており、筆者も閲覧させていただいた。検索法は前述の広告文とは異なり、イロハ・意義分類・片仮名総画数の順に適用する三重検索である。片仮名総画数の適用順位が三位になっており、従来型のイロハ・意義分類検索の亜流の位置づけでしかなく、インパクトに欠けるものとなっているのはやや腑に落ちない。あるいは、柏原屋ら早引節用集の版元からのクレーム対策として適用順位を下げたか、本来はイロハ・片仮名総画数の順であったものを、柏原屋から要請されるなどして片仮名総画数検索を第三位に下げたことも想定されようか。

さて、『懐宝早字引』は、真草二行体を採り、行草書を大書して平仮名で付訓し、左傍に楷書を小書してこれには片仮名で付訓してある。従来型節用集のオーソドックスな表記法を採るわけだが、一八世紀（初期をのぞく）以降の通例なら、行草書への付訓と楷書への付訓が訓読み・音読みで反転するけれども、本書では行草書と同じ読みが楷書に付されている。これは、片仮名総画数検索を採る以上、その根拠となる片仮名表記をどこかで記す必要があるわけで、それを左傍の楷書への付訓に記したものと解される。この点、従来型の節用集では漢字の読み方の可能性を学ぶことができたわけだが、それを本書では断念したことになる。一字（一語）を引くことによって、さまざまな読みの可能性があることを知らせるためか、『字彙節用悉皆蔵』（宝暦一三〈一七六三〉年・文化八〈一八一一〉年刊）『〔新増四声〕節用大全』（文政五〈一八二二〉年・天保一二〈一八四一〉年刊）などのように多訓掲出を積極的に試みるものさえあったことを思えば、『懐宝早字引』の有りようは、相応の割り切りがあったことになる。

55 文藻行潦

①天明四年七月より天明五年一月まで。
②『文藻行潦』、西村源六。
③『名物六帖』、瀬尾源兵衛。『学語編』、瀬尾源兵衛・浅井庄右衛門・河南四郎右衛門。『合類節用集』、村上勘兵衛。
④唐話語を多く取り入れたことによろう。
⑤「差構」。
⑥相合。
⑦京都済帳標目、大坂出勤帳七番。
⑧『文藻行潦』（天明二〈一七八二〉年刊）は、その内容や『名物六帖』『学語編』の版権所有者よりクレームがつけられていることから唐話辞書の一種であることが明らかだが、『合類節用集』の名もあるので採りあげた。本書第二部第一章も参照。

紛議の結果を相合としたのは、たとえば、架蔵する奚疑塾蔵無叙本および青藜閣蔵金峩井純卿安永八年叙本の二本ともに、京都書肆として浅井庄右衛門・瀬尾源兵衛・村上勘兵衛・小川多左衛門が見えるためで、和解が成立したことがうかがわれるからである。河南四郎右衛門の名がない理由は不明だが、本事例にかかわっていたことは「京都済帳標目」に「文藻行潦　相済候義、瀬尾源兵衛殿・河南四郎右衛門殿・浅井庄右衛門殿、被相届候事」（天明五年九月から翌年一月までの項）とあることから明らかである。一方、小川多左衛門（茨木とも。柳枝軒）が加わったのは、彼の刊行書に唐話辞書の一つと目される井沢蟠竜編『漢字和訓』（享保三〈一七一八〉年刊）があり、それを版権の根拠として関与してきた可能性が考えられる。ただ、これも単純ではなく、中村幸彦（一九六〇）では、『漢字和訓』が伊藤東涯編『名物六帖』（正確には『応氏六帖』）より抜粋したものとする見解を紹介しつつ、逆に『名物六帖』が『漢字和訓』を参看した可能性も指摘している。

なお、本事例にかかわる諸書の版元は他にも異同が多く、注意が必要である。たとえば『文藻行潦』の江戸版元は、奚疑塾蔵本で須原文介・北沢伊八・西村源六だが、青藜閣蔵では改刻して須原屋伊八だけがあげられる。また、『学語編』の版元は、長澤規矩也編（一九七四）所収本は③に掲げたものと同様だが、架蔵本では脇坂仙二郎・浅井庄右衛門・小林庄兵衛である。このような諸本が存するものの、それらは、本事例とは関わらない理由によって異同が生じたことが考えられる。また、『名物六帖』も寛政四年七月には脇坂仙二郎が瀬尾源兵衛より譲り受けることになるが（前掲中村論文）、これも同様に伊藤家に存する記録（天理図書館蔵）によったものである。記録類のさらなる発見と公開を期待しないではいられない。

56無名の一本

①天明八年九月より一月のあいだに発覚。
②書名不明。大坂の書肆。
③『続合類節用』＊、村上勘兵衛。
④不明。
⑤「構」（差構）。
⑥不明。
⑦京都済帳標目。
⑧「京都済帳標目」に「続合類節用ニ構書之事ニ付、大坂懸合之事」とあるばかりで詳細は不明である。なお、「続合類節用」とは『和漢音釈書言字考節用集』のことであろう。

57増補真草二行節用集＊

①寛政七（一七九五）年二月一一日に問題化。同年五月一八日に終了。
②『増補真草二行節用集』＊、奈良屋長兵衛・藪田専介。
③『袖中節用集』、吉文字屋市左衛門・堺屋清兵衛。
④三切の判型および真草二行表示。

⑤「差支」。

⑥藪田専介に『増補真草二行節用集』の所有権のないことを認めるよう勧告があった。

⑦大坂裁配帳二番、大坂出勤帳一三番。

⑧奈良屋長兵衛が藪田専介より『増補真草二行節用集』大紙三切本の焼株を購入した。「焼株」とは、版木は焼失したものの、その書の刊行・売買ができるという権利である。『増補真草二行節用集』の版権の要点は三切本の真草二行表示なのだが、同じ権利はすでに吉文字屋・堺屋が『袖中節用集』として所有するものだった。が、寛政三年の大坂大火のおりに、吉文字屋の所有する版木は焼失していたという。本事例は、焼株という版木の存しない版権の根拠を確実に示せるかどうかが焦点になったものということになる。

　『増補真草二行節用集』の方は、「京地蔵板目録ニも無之、聢与致候証拠も無之」という状況で、奈良屋が購入したときにも証文に京都行事の割印がないなど不備があった。『袖中節用集』は、堺屋所有分の版木は残っており、さらに元文年間（一七三六～四〇）に長村半兵衛と判型で争ったときにも（事例11）、吉文字屋らの権利の根拠として提出されたという。おそらく、当時にあっては京都・大坂の仲間内の記録や当事者たちの控えなども残っていたことだろう。多くの版権所有の証拠を提示できた吉文字屋らが本事例を有利に進めることができたものと考えられる。

　このように『増補真草二行節用集』は、その存在が危ぶまれもするが、その体裁を勘案すると、国会図書館・香川大学神原文庫に蔵される『真草増補節用集』（扉題・改正真草増補節用集。三切横本。真草二行体。延宝三〈一六七五〉年曼山堂刊）が該当するのかもしれない。本書は、また巻末に「名物之記」と題する諸国名産などを大量に列記するのが特徴的であるが、これは松江重頼編『毛吹草』（正保二〈一六四五〉年刊ほか）巻第四からの転載である。それまでの節用集にこの種の付録が存しなかったこともあって、大胆な試みと言えるものである。後年の節用集にも同趣のものは見当たらないので、本事例の『増補真草二行節用集』が『真草増補節用集』であるならば、この当時においても求版して再版を試みるものがいるほどの魅力を備えていたということになろうか。

また、やはり本事例の節用集が『真草増補節用集』であるとしての話だが、時代・時期ごとの版権管理上のポイントについて語ってくれる資料ともなろう。すなわち、延宝三年当時においては、版権管理が後の時代ほどには厳格ではなかったことが、本事例において焼株が認定されなかったことからも推測されることになる。ところが、同じ延宝期とはいえ、事例1で見たように『合類節用集』（延宝八年刊）の場合は、版権が認められたのであった。

これは、本事例が、近世の版権史とでもいうべき事象を把握していくのに興味深い位置にあることを示していそうである。元禄の重版・類版停止令によって、近世的版権（板株）は公認の権利となるわけだが、それ以前の版権管理や実効性など、不明確なところがまだまだ多いというのが現状であろう。ところが、本事例を援用すると、版権未公認時代ともいうべき時期において（私的）版権が発効した時期を特定するのに、延宝八年からさかのぼる必要があるが、延宝三年まではさかのぼる必要がないということになろう。すなわち延宝四年以降から七年あたりが（私的）版権の上限であると特定できる可能性があるということなのである。

もちろん、こうした「可能性」の確度を高めるには、今後、別趣のアプローチなり、検証なりをしていく必要があることではあるが、本事例が重要な手がかりの一つになるものと考えられる。

58万華節用＊

①寛政九年一〇月二二日、大坂仲間内にて評議。
②『万華節用』＊、大坂の書肆か。
③不明、大坂の書肆。
④不明。
⑤「差構」。
⑥不明。
⑦大坂出勤帳一四番。
⑧「万華節用之差構、評議之事」とあるだけで、詳細は知られない。なお、大坂仲間の「寛政二年改正株帳」に「万花節用群玉打出槌」と見えるのが『万華節用』であろうか。とすれば、その下には、相合版として敦九（敦賀屋九兵衛）以下大坂書肆が名を連ねる。

また、他地の仲間との相合ならばその旨を記しそうなものだが、ここには認められないので、本事例は、大坂内部で起こり、処理されたものと思われる。

59書札節用要字海

①寛政九年一〇月二二日より。最終記事は寛政一〇年一月二〇日の大坂出勤帳の次行司への申し送り。
②『書札節用要字海』、朝倉義助・中西卯兵衛。
③『字貫節用集』、敦賀屋九兵衛・河内屋喜兵衛・吉文字屋市左衛門。
④美濃半切横本における頭書表示か。あるいは、先期事例28と関わりがあるか。
⑤「差構」。
⑥『書札節用要字海』は、大坂仲間の「寛政二年改正株帳」になく、文化九年改正のものに認められる。書肆名は単に「河新」(河内屋新次郎)とだけあって、京都との相合の旨も記されない。したがって、本事例のあと、河内屋に版権が移行したのであろう。
⑦大坂出勤帳一四番。京都済帳標目。
⑧両書の類似点は、美濃半切横本であることと、紙面を上下二段に分け、下段に節用集本文を配したことである。したがって、問題点は美濃半切横本における頭書表示と考えられそうである。なお、上段は、『書札節用要字海』が『世宝用文章』などの付録で、『字貫節用集』が『増補画引玉篇』である。

『書札節用要字海』はすでに宝暦一一年の初版本があり、ついで本事例で問題となった「寛政九年丁巳歳青陽良辰」の刊記を有する再版本がある。これに対し、『字貫節用集』は「寛政八年内辰九月刻成」の刊記からすると、『書札節用要字海』初版に遅れ、再版よりわずかに早いことになる。

しかし、本事例は、一〇月二二日、敦賀屋らからの『書札節用要字海』差構の口上書が大坂仲間行司に示されたのにはじまり、一二月一四日、中西らからの返答書が京都行事に提出されるとともに、『字貫節用集』の売留の口上書がだされるという順序である(事例60参照)。双方ともに、相手方を差構などとして措置したことになる。

『書札節用要字海』初版は先期事例28にて問題となったものだが、その折りにも吉文字屋が関与していた。事例28の結末は残念ながら不明だが、右のように本事例では先に刊行された『書札節用要字海』を、後出の『字貫節用集』の側が問題視するという順序に注目すると、事例28の結末も、吉文字屋市兵衛の側に有利なものだったように思える。たとえば、吉文字屋が留板を取っていたとか、版木一代限りで再版しない約定があったとかなど、『書札節用要字海』再版に対する何らかの制限事項が課せられたのではないかということである。にもかかわらず、京都方が無断で再版したため、大坂方からクレームがつけられたという経過がありそうに思われる。

右のように『書札節用要字海』再版に関して何らかの制約事項があったとすれば、京都方はあまりに不用意であった。この点については理解に苦しむところだが、初版本と再版本を比較すると、注意すべき点がある。まず、初版本の刊記には植村藤右衛門・植村藤次郎（以上京都）・植村藤三郎の三人の名が見えるが、再版本ではこのうち植村藤右衛門だけが最終丁表に見え、最終丁裏に須原平助・吉田善蔵・風月孫助・朝倉義助・中西卯兵衛の名が挙げられている。本事例で実務を担当したのは朝倉・中西であることを考え合わせると、再版の段階で主導権が植村らから移ったものと思われる。

また、再版本の巻末には次のような記事があり、天明八年の大火により、初版が焼失したことが知られる。

先板天明戊申の災に亡失して後、旧本しば〳〵世に乏しくなれり。茲に於て索捜の人少からず。故に今是を求め、再度訂正をくわへ、字は謬誤を革め、精彫せしめ、以て諸人の需に応じ、猶更四方に流布せしむるもの也。（架蔵本。私に句読点を施す）

いわば、本事例は、事例57と同様とまでは言えないものの、焼株をめぐる措置が問題であるようである。版権（の主導権）の移行にともなって、初版時の制約事項が十分には伝えられなかったなどのことが考えられようか。

60字貫節用集

①寛政九年一二月一四日より。最終記事は寛政一〇年一月二〇日の「大坂出勤帳」の次行司への申し送り。

②『字貫節用集』、敦賀屋九兵衛・河内屋喜兵衛・吉文字屋市左衛門。
③『書札節用要字海』、朝倉義助・中西卯兵衛。
④美濃半切横本における頭書表示か。
⑤「差構」。
⑥前事例参照。
⑦大坂出勤帳一四番、京都済帳標目。
⑧前事例で大坂方が『書札節用要字海』を差構としたので、京都方から『書札節用要字海』初版を楯に『字貫節用集』を差構とし、対抗したものであろう。

61諸通文鑑＊

①寛政一二年三月五日の記録のみ存。
②『諸通文鑑』＊、秋一（秋田屋市兵衛か）。
③『太平節用』＊ほか、藤屋弥兵衛。
④不明。
⑤「差構」。
⑥藤屋は差構との口上書を提出したが、その言い分も不当な点があるようなので、行司は吉文字屋市左衛門に助言方を依頼した。
⑦大坂出勤帳一六番。
⑧『諸通文鑑』は実用書簡文例集。一方、『太平節用』も『太平節用福寿往来』だとすれば、ともに、ほぼ同じジャンルのものであって、節用集とは一線を画されるもののようにも思われ、本検討の対象ではないのかもしれない。

　ただ、『太平節用福寿往来』は、すでに事例5でも触れたように、頭書に『〔二行両点〕節用福聚海』を掲げるものである。実用書簡集の頭書に語彙集を掲げるのは他にも例があるが、それらはおおむね行書のみ示した簡便なもので、検索法も高度ではない。が、『節用福聚海』は、角書にも現れているように真草二体を示し、語数も相応にそなわり、イロハ・意義分類を採るなど、本格的な節用集となっているところが異なる。明治期には頭書部分の版木を切り出し、それによって摺刷・刊行したものがあるが（国立歴史民俗博物館蔵）、そうしたことのできる規模のものでもある。そのような点からすれば、対する『諸通文鑑』も付録に手紙文例集を持つ節用集である可能性もあるので、念のため採りあげることとした。

ウェブログ「北さん堂雑記」の二〇一二年九月一四日分に『諸通文鑑』が紹介され、画像五葉が掲げられている。刊記には「寛政十二〔庚申〕年正月発行／享和三〔癸亥〕年六月補刻／文化三〔丙寅〕年正月再板／大坂書林　心斎橋通安堂寺町　大野木市兵衛」とある。やや時を隔てるが、本事例に基づいて何らかの修訂（「補刻」）したもののようである。

62無双節用錦嚢車＊

①寛政一二年五月より九月のあいだに発覚。寛政一三年一月一八日に終了か。
②『無双節用錦嚢車』＊、近江屋庄右衛門。
③不明、村上勘兵衛。
⑤「差構」。
⑥村上勘兵衛に版権が移る。大坂へも写本の売買をしないよう、また、刊行出願があっても採り上げないよう依頼する。
⑦京都済帳標目、大坂出勤帳一七番。
⑧村上勘兵衛から出ている節用集ではこの当時『和漢音釈書言字考節用集』がもっとも有名かつ相応のステイタスを持つものであった。おそらく本事例も『書言字考』をめぐるものかと思われるが、詳細は不明である。『書言字考』の改編本の一つに鶴峯戊申・暁鐘鳴『大成無双節用集』〔嘉永二〈一八四九〉年刊〕があるが、書名と合わせ考えるとき、本事例と何らかの関係があるものか。第二部第一章参照。

まとめ

以下、本期での事例を、問題点ごとに集計してみる。なお、経緯・始末が判然としないものが数件あったが、できるだけ振り分けるようにした。また、事例48 52は、先期事例37の事後処理としての性格が強いので括弧で包んで示した。

	第一期	第二期	本期	該当事例
付録	九	九	一	51
本文	二	一	三	55 56 62
検索法	一	七	二（四）	（48 52）53 54
判型	一	七	二	50 57

版面	一	二	四	50 57 59 60
重版	○	三	三	46 47 49
禁忌	○	一	一	51
不明他	二	六	三	51 58 61

右のように本期では、各項目に散在しており、これといった特徴は認められない。先期では付録・検索法・判型に関わるものが多かったが、それも本期では顕著には認められないので、一応の落ちつきを見せたと考えるべきであろう。また、各問題点に散在することと自体を本期の特徴として認めることはできようが、それがどのようなことに由来し、また、節用集史上においてどのような意味を持つのかについては、今後、検討していかなければならない。

別途、各事例を係争期間の始まり（または推定上限）の年でまとめると次表のようになる。ここから知られるのは、寛政年間の前半で版権問題が認められず、天明の後半もわずか一件にとどまることである。この期間は、いわゆる寛政の改革の断行されていた天明七（一七八七）～寛政五（一七九三）年に相当する。ことにその出版統制令を念頭におく必要があるようである。

元号	年	事例
安永	3	46
	4	47
	5	48
	6	49
	7	
	8	50
	9	51
天明	元	52 53
	2	
	3	
	4	54 55
	5	
	6	
	7	
	8	56
寛政	元	
	2	
	3	
	4	
	5	
	6	
	7	57
	8	
	9	58 59 60
	10	
	11	
	12	61 62

統制令の第一項は次のように新規書籍の刊行を抑制するものであり、これを遵守したため、寛政年間の前半に版権問題が見られないと考えられそうなのである。

一書物類古来より有来通ニて事済候間、自今新規ニ作出申間敷候。若無拠儀ニ候ハ、奉行所え相伺、可受差図候。（高柳真三・石井良助編〈一九五八b〉による。適宜、句読点を改めた）

このような考えを筆者が妥当だと見るのは、単に、改革の時期と版権問題の空白期とが符合するというだけでなく、この触れへの遵法精神をあおることに当局が成功していると考えられそうだからである。周知のように、寛政元年には、改革に取材した黄表紙『黒白水鏡』の件で作者・石部琴好が江戸払い、画工・北尾政演（山東京伝）が過料を申し渡された。同じく黄表紙作家の恋川春町も当局に召喚された。病気を理由に辞したものの、これが心因となってか、ほぼその直後に没している。こうした状況を考慮してか、佐竹藩士であった朋誠堂喜三二は主命により断筆するにいたった。これらは、民衆にわかりやすいメディアであった戯作への弾圧・統制と見られるが、寛政二年には、いわゆる物の本（黄表紙などの小冊子タイプのものではない、通常の書籍）をあつかう本屋仲間にも矛先が向かう。二月に各地の本屋仲間に書物目録書の提出を求めたうえで、五月に出版統制令を発するのである。まず、改革の断行性を強調するかのような戯作者の処分があって、ついで出版書のすべてを掌握し、そのうえで統制令を発するという整然たる手順である。もちろん、この順序が偶然であることも考えられるわけだが、偶然・必然の別を問わず、出版界に改革の意向を熟知させるだけの雰囲気は十分に作られたことであろう。なお、一〇月には、再度、風紀糜爛への戒めを主とした出版統制令が出されている。このような状況下では、新規の刊行もできず、ことに版権に抵触しそうな刊行も控えられたと考えられそうである。

なお、寛政の改革の時期と刊行行為の関わり方については洒落本でも同様であったらしく（というより、より如実に現れたのであろう）、次のように見られている。

寛政四年（一七九二）から五年にかけては、洒落本の新作はほとんど市場に姿を見せなくなった。定信が退陣した寛政六年ごろからようやく新板が現れるものの、寛政八、九年ごろには、行司の許可を得ず秘密に出版された四二部の洒落本が絶版を命じられた、という。（前田愛　一九七七）

改革の主要幕閣は残るものの、松平定信の老中退任を機に、ある程度断行色が衰える。これに乗ずるように新版が現れるというのだが、節用集においても同様に考えてもよさそうで、ことに版権問題の一時的鎮静化などには端的に現れていそうである。

また、以前、宝暦から寛政初年の三〇数年間を、新たな検索法が集中した時期とし、その契機を早引節用集の刊行（宝暦二〈一七五二〉年）に求めたことがあった。が、その終息時期については新たな検索法のアイディアが尽きたためと内因を推測するにとどまった（佐藤　一九九〇ａ）。が、このことについても、寛政の改革にともなう出版統制令が新版無用を打ち出している以上、外因としてあずかっていた可能性があることになろう。

版権問題の鎮静化と新規検索法の考案の終息と、いずれも節用集史の記述的研究にあっては注目すべき事象である。が、ともに、早引節用集に刺激された結果としての、裏と表の関係でもあろう。早引節用集のように売れ行きのよい商品を独占的に販売することは書肆にとって多大の利益を産むことになる。そのためには、魅力ある検索法を開発するしかなく、新規検索法の考案は倦むことなく続けられた。が、そのなかには不幸にして早引節用集の類版に指定されるものもあった。手っとり早く利を得ようとするものは早引節用集を重版することを考え、鱗形屋のような江戸の書肆から地方の書肆までこれに手を染めたのであった。ただ、寛政の改革下では、そのような新たな書籍は不要なのであり、重版のような明白な犯罪行為を行なえば、どのような処罰になるか想像も付きにくかったであろうから、手を出さない方が賢明なのである。このような次第で、寛政の改革期には検索法の新案は、類版・重版と同様に急速に下火になっていったのではなかろうか。

このように、寛政の改革が近世節用集史上の問題点とかかわるとの見通しが得られた。これは、近世の節用集が出版という形態で担われていたために、いかに社会的な存在となっていたかを改めて知らせるものであろう。一方で、このような検討結果なり今後の見通しなりが得られたのは、「版権問題の起こらない期間」という空白時期を導き出せるだけの事例の網羅ができたからである。版権問題通覧という全数調査を行なうことの意義がここにも認められることになろう。

第四章　享和・文化間

先期は、寛政の改革により幕府の意向が強くうちだされて、出版活動に停滞があったと推測される時期であった。同趣の混乱は、のちの天保の改革によっても引き起こされるが、本期は、そのはざまの時期にあたっており、当局の強制などが一応は目立たない時期である。つまり、書肆による出版活動が、元禄・享保期に確立した出版制度にもとづきつつ、正常に行なわれたと見られるのである。そのような平穏な時期にあっては、どのような版権が侵されやすかったかが知られる点で興味深い時期である。

63都会節用百家通

①享和元（寛政一三。一八〇一）年四月。

②『都会節用百家通』、吉文字屋市左衛門・和泉屋卯兵衛・塩屋平助。

③『倭節用集悉改嚢』、今井喜兵衛・額田正三郎・勝村次右衛門・小川五兵衛。

④差構。本文において、一行を二行に割って項目を配したこと。

⑤「差構」。

⑥『都会節用百家通』側は『森羅節用』（『森羅万象要字海』か）を割行表示の根拠としたが、容れられなかった。製本済みの『都会節用百家通』七〇部を京都方に送ることで落着。

⑦大坂出勤帳一七番、大坂裁配帳二番、大坂開板御願書扣、京都済帳標目。

⑧七〇部を提供したのは、『倭節用集悉改嚢』の書肆たちがそれを販売することで利益をあげてもらおうと

の意図があるのだろう。なお、再版時の制約を課しそうにも思うが、特になく、割行表示を増やさぬよう決められただけであった。

この件は、例外的に早く収束した。「大坂出勤帳」によるかぎり、四月二三日に本事例のための別寄合を開いたのがもっとも早い記事で、ついで二四日・二五日と寄合をもち、二六日の寄合では内済にこぎつけている。これは、一応は、京都と大坂という、地理的に近い本屋仲間間でのやりとりのため、情報のやりとりがスムーズに行なわれたからと考えられる。ただ、かつていくつかの版権問題で当事者になってきた吉文字屋が『都会節用百家通』の版元であることを思えば、解決の速やかさの背景に何事かが隠されているようにも思われる。

試験的に調査したところ、『都会節用百家通』には、先行書に抵触しかねない点が二つある。一つは先行書との収載語の一致である。『都会節用百家通』の各部収載語と先行諸本の収載語を対照してみると、おおむねは吉文字屋の『大成正字通』などと一致する。この点、同じ吉文字屋の刊行書となるので問題はない。し

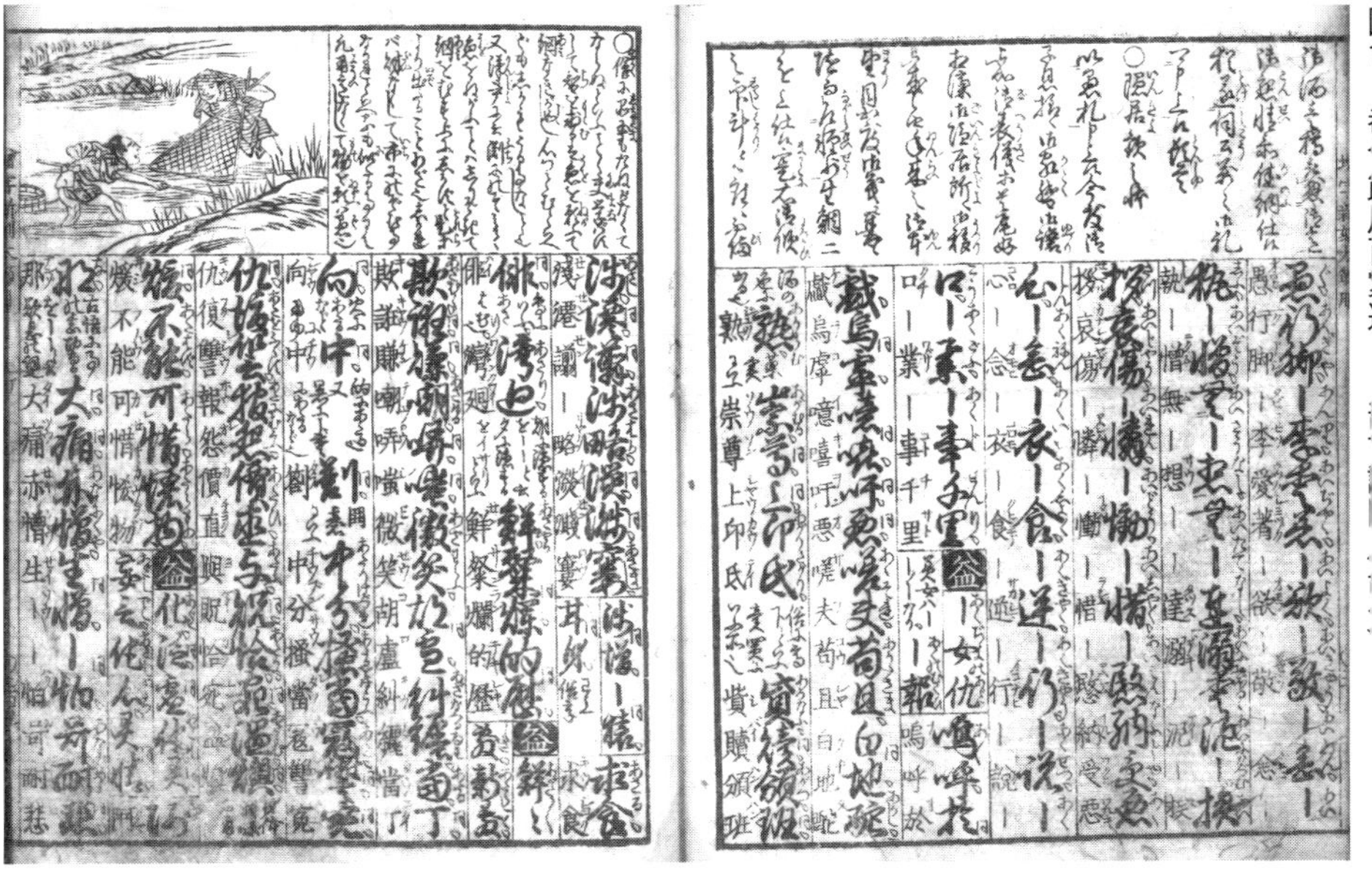

かし、言語門においては『和漢音釈書言字考節用集』との一致度が『大成正字通』との一致度を大きく上回るのである。したがって、本事例が長引けば、『和漢音釈書言字考節用集』の版元にもその事実を知られかねないことになる。

もう一つは『都会節用百家通』の言語門における収載語の配列が、ア部の和語については仮名書き第二字めを五十音横列順（アカサタナ順）にしていることである。おそらく、編集作業での能率を求めて導入されたのであろう。増補や削除の過程では、重複語や不足語の有無を知る必要があるが、節用集の本文から語を探すように、イロハ・意義検索で区切られた語群をすべて読んで探すようでは、時間がかかるうえに読み落しも頻発しそうである。そこで、各語の位置が絶対的に知られる方法が求められる。たとえば、現代の国語辞典などが五十音順の多重検索になっているため、探している語があるかないかは容易に判別できる。そのような検索効率の良さが編集段階で求められるはずである。もちろん、商品たる節用集でもそうあればよいが、『早字二重鑑』一件以降、各種の仮名順検索は早引節用集の版権に抵触することになったので、表立って採用することはできなかったのである。したがって、『都会節用百家通』にあっても最終的な稿本では、そうした検索法の痕跡を残さないはずだったのが、誤って刊行にまで至ってしまったのであろう。もちろん、このような配列が確認できるのはア部言語門だけのことなので、大きな問題とはならないであろうが、気になるところである。

このように、内容と検索法について長いあいだ疑いの目で見られれば、右のような点が新たな抵触事項として発覚するおそれがあったことになる。そのために、『倭節用集悉改嚢』との件も早期に収束させる必要があったと考えられるのである。さらに想像をたくましくすれば、割行表示について潔白を示すために『倭節用集悉改嚢』側と最後まで争うよりも、その疑いを甘んじて受けいれておくことで、右に述べた内容や検索法への疑いの目を逸らせられるという目的もあったかもしれない。もちろん、これらの点が問題となる事例は起きていないので証明することはできず、可能性として提示するばかりである。

『都会節用百家通』は、規模・体裁のうえで異質なものであった。当時の節用集の潮流は、検索法と判型に工夫を凝らしたものを除けば、挿絵を中心にした日用教養の付録と一万数千語ほどの本文を備えた、美濃判のものである。これらの体裁を『都会節用百家通』も引き継ぐが、本文の語数を三二〇〇〇語（推計）とした大規模なものである。このような大型書は、その後、京都書肆による『倭節用集悉改囊』（のちに『倭節用集悉改大全』と改題）『永代節用無尽蔵』（のちに『大日本永代節用無尽蔵』と改題）、江戸書肆による『江戸大節用海内蔵』などが刊行され、一九世紀節用集の一大特色を形成するにいたるが、その嚆矢が『都会節用百家通』なのである。また、『都会節用百家通』の収載語は、学術性を評価される『和漢音釈書言字考節用集』や雅文的用字とでも言えそうなものを多く載せる『大成正字通』によるところが少なくないが、それだけに知的好奇心を刺激することもあったようである。佐渡の在野の知識人で、のちに幕府の天文方に抜擢される柴田（新発田）収蔵が、『都会節用百家通』を借用して連日書写に励んだという記録も存するところである（田中圭一編　一九七二）。

結局、本事例とは、このように特徴的な『都会節用百家通』であっても、何の問題もなく世に送りだすことができた訳ではないことを知らせてくれるものとなってもいるのである。

64不明の一本

①享和二年一より五月のうち。
②不明。⑧参照。
③早引節用集、柏原屋与左衛門・本屋武次郎。
④類版のようである。
⑤「類書」。
⑥不明。⑧参照。
⑦京都済帳標目、京都諸証文。
⑧「京都済帳標目」に「早引節用　類書出版催候義ニ付、大坂行事より来状並返書」とあるが、この時期の大坂方の記録には対応する記事を確認できず、詳細は不明とするほかない。

ただ、「出版催」という文言からは、早引節用集に類似した節用集の出版が計画されており、その時点でいち早く大坂方がその情報を得たと読める。そのような点と、書名・時期・京都書肆である可能性などから推測すれば、事例65の『新板引方早字節用集』と事例66の『長半仮名引節用集』が本事例の版権侵害書の候補に挙がろう。ただし、『新板引方早字節用集』では書名以外は早引節用集に抵触する点が考えられないので、『長半仮名引節用集』に特定できそうだが、念のため、別に立てておくこととした。

65新板引方早字節用集

①享和三年一二月二〇日より文化元（一八一四）年一一月まで。
②『新板引方早字節用集』、銭屋長兵衛。
③書名不詳、あるいは『万徳節用集』などか。吉文字屋市左衛門。
④不明。あるいは意義分類名を和らげた点にあるか。
⑤「差構」。
⑥不明。⑧参照。
⑦大坂出勤帳二〇番・二一番、京都済帳標目。
⑧吉文字屋と銭屋の口上書が数度往復したことが知られるばかりである。

『新板引方早字節用集』は、その書名に反して従来型の節用集と同様にイロハ・意義分類で検索するものである。検索法にかかわる新味といえば、「乾坤・時候」などの漢語の門名をとらず、「てんち・山川・あめ・かぜ・ゆき・しも・みや・いゐ・めいしやうの文字」と関連語を列挙して和らげた点であろうか。これは、早く吉文字屋の『万徳節用集』などで「官位・人倫」を合したものを「人のるい」としたり、「気形」を「いきもの」、「言辞」を「ことば」と和らげたりするのに通じると見られ、このような点が版権に抵触すると指摘されたものか。

なお、現存する『新板引方早字節用集』は、巻頭にイロハ各部・各門の総目次「字引目録」を三四丁にもわたって載せるものと、これとともに序ほかを省きつつイロハに京を加えた四八の所在を示した略目次を見返しにそなえたものとが見られる。前者のような詳細な目次を載せるのは、吉文字屋の『急用間合即坐引』などに見られる、仮名遣いはともかく同一発音のものを一括りにまとめる節用集において、詳細な目次を表紙や見返しなどに示すのと似ていなくもない。これに基づいて『新板引方早字節用集』の総目次を差構としたことも考えられないではない。本事例の交渉以前に刊行された『新板引方早字節用集』に総目次があり、本事例以後のものに略目次がそなわるといったことが明らかにできればと思う。

66長半仮名引節用集

①文化元年七月より文化二年三月まで。
②『長半仮名引節用集』、播磨屋五兵衛・銭屋長兵衛。
③『早引節用集』、柏原屋与左衛門・本屋武次郎。
④類版。仮名数の偶数奇数の別で配し、さらに仮名数の順に語を並べたことによる。
⑤「重板同様之類板」。
⑥同年同月付けの証文が二組存する。「一札之事／返り一札之事」と称する一対は、版木の六割を柏原屋らが支配する相合であって、再刻時にはその割合の変更もありうる「版木一代限」のものである。また、「別紙一札之事／別紙返り一札之事」と称する一対は、五割ずつの相合とするもので、「挨拶本弐百部」が柏原屋らに渡されたことになっている。また、再刻の場合は、やはりこの割合に限らず、柏原屋らの方に主導権があるが、最低でも、播磨屋に五割の支配を認めるくだりがある。

「裁配帳」二一番には、後者があとに記されるので、それが最終的な合意点だったように見えるが、「別紙」と但し書きのあることが気になる。この点、「偶奇仮名引節用集御公訴一件仮記録」では、柏原屋が六割を支配することで調印がなされるところで終わり、その過程で五割ずつの案は徹底して拒否していることが知られる。

なお、播磨屋は大坂仲間を集外（衆外。追放）されることになるが、親戚をたてて詫びを入れ、まぬかれたようである。本書第二部第二章参照。

⑦偶奇仮名引節用集御公訴一件仮記録、大坂裁配帳二番、大坂出勤帳二〇番・二一番。
⑧この件には、日記風に記された「偶奇仮名引節用集御公訴一件仮記録」という詳細な記録が存する。「裁配帳」にも相応の記録があるが、重要な版権問題については、このように個別に書類を編んだもののようで

ある。

「重板同様之類板」の意味は、本事例の場合、本文の剽窃ととってよい。『長半仮名引節用集』は仮名数の偶数奇数検索をしたうえで仮名数検索にするという改編をほどこす点では類版だが、『大全早引節用集』の本文をほぼそのまま流用しているため「重板同様」ということができるからである。

なお、この件に播磨屋五兵衛が関係したのは、銭屋長兵衛から版木の一部を購入したことにはじまる（文化元年六月）。したがって、もともとの首謀者は銭屋であるといえるが、前事例もあわせ、この時期の節用集をめぐる銭屋の動きが注意される。

67仮名字引大成＊

①文化二年一〇月より一二月まで。

②『仮名字引大成』、北沢吉太郎。

③『大全早引節用集』か。柏原屋与左衛門・本屋武次郎。

④差構。

⑤「差構」。

⑥柏原屋が江戸におもむき、出雲寺伊兵衛の仲介により、版木のすべてを江戸仲間行事立会いのもと削り捨て、摺り上がり本五〇冊のうち売り先不明の四五冊をのぞいた五冊を水腐とし、絶版とした。なお、北沢は素人（江戸本屋仲間の非構成員）であった。

⑦大坂鑑定録、大坂出勤帳二一番。

⑧記録は簡略であり、『仮名字引大成』の現存本もなく、詳細は不明である。ただ、体裁については「大紙三ツ切横本　全一冊」とある。これは従来の早引節用集にない判型であるから、そこに版権の空白があると見て、本書を企画・刊行したものか。なお、後年、ことに天保の改革で本屋仲間が解散させられたおりには、三切横本の早引節用集が多く刊行されているのは注意されよう。

組織・内容については「早引節用集同様之書」（鑑定録）とあって、まず、早引節用集の諸本が考えられることになる。また、早引節用集の版権の範囲は拡大しているので、イロハ二重検索などの仮名検索である可能性も考えられないではない。

このように、版権問題においてもっとも軽微な「差構」という名に似合わず、⑥のように徹底した処分を採ったのが興味深い。おそらくは、北沢が本屋仲間に加盟していない素人だったため、厳しく対処したということか、あるいは早引節用集と同様の検索法を採るものだったからなのであろう。が、それはそれとしても、どのような場合にどの程度の処分を行なったかについては、個々の件の背景にある種々の条件を考慮する必要があるため、類例の検討から帰納できない面がある。

ただ、それを承知で印象判断的に述べれば、抵触した本の版木を買収するか、それとも絶版という徹底した処分におよぶかは、その版木がどのような利益をもたらすかに基準があるように思われる。たとえば、のちの事例77では、抵触書の版木もしくは出来本を回収し、改めて自己の蔵版書として再版・販売した例であって、そうした営業行為が可能な条件を整えている版木ならば買収におよんだことが考えられよう。また、先々期事例31でイロハ二重検索の『早字二重鑑』を絶版にまでしたのは、別のイロハ二重検索の『安見節用集』を買収したため、用のないものと判断したとも考えられる。

そのような版木の必要性なり有用性なりの有無によって処分の程度を判断する可能性が高いとの前提に立って、考えうる条件をさぐりつつ個々の件を検討する必要もありそうである。こうした点については本書第二部第二章をも参照されたい。

68〔万家日用〕字引大全

①文化三年八月より一〇月まで。

②『字引大全』、伏見屋（植村）藤右衛門・丁子屋（小林か）庄兵衛ほか。なお、亀田次郎旧蔵書本の刊記には、ほかに「村上勘兵衛・長村半兵衛・風月荘左衛門・中川藤四郎・林伊兵衛・武村甚兵衛」の名がある。

③書名不明。あるいは『蠡海節用集』『字典節用集』か。吉文字屋市左衛門。

④詳細不明。あるいは各部を言語門からはじめることか。

⑤不明。⑧参照。

⑥不明。⑧参照。

⑦大坂出勤帳二二番、京都済帳標目。
⑧記録からは、口上書のやりとりが知られるだけで、版権への抵触事項などは知られない。現存する『字引大全』は各部を言語門からはじめるが、それはすでに吉文字屋の『彙海節用集』『字典節用集』などで採るものであった。それを版権への抵触とみたものか。
　なお、架蔵文化三年本では、刊記中に吉文字屋市右衛門の名がある。吉文字屋の言い分が通り、相合版となったものと思われるが、本事例による変更かどうかははっきりしない。

69〔万家日用〕字引大全

①文化三年一〇月。
②『字引大全』、伏見屋藤右衛門・丁子屋庄兵衛ほか。
③『〔増字百倍〕早引節用集』『大全早引節用集』、柏原屋与左衛門ほか。
④明確なことは知られないが、美濃半切横本における真草二行表示が考えられる。
⑤「差構」。
⑥当事者同士の話し合いが付かず、両者とも京都行事に裁断方を一任することとした。その後の扱いについて記した記録はないが、大坂本屋仲間の「文化九年改正株帳」には京都方との相合の旨が記される。
⑦大坂裁配帳二番、大坂出勤帳二二番、京都済帳標目。
⑧どのような点が早引節用集の版権に抵触したかは記されていない。ただ、「裁配帳」二番の控えでは、いくつかある早引節用集のうち、「早引節用真字付（『〔増字百倍〕早引節用集』の本屋仲間内での通称）幷ニ早引大全（同じく『大全早引節用集』の通称）」と二種のみが記されることから手がかりが得られようか。
　この二種の早引節用集に共通するのは、美濃半切横本で行草表記の左傍に楷書表記を掲げることと、『〔増字百倍〕早引節用集』の本文と、『大全早引節用集』の主要本文（増補分でない本文）との系統が同一であることである。このいずれかが、本事例での争点だと思われる。
　このうち、本文の系統にかかわる点、たとえば『字引大全』が本文を剽窃した可能性だが、当該書を比較しても確証を得ることができなかった。そこで、美濃半切横本における真草二行表示が問題となったことが考えられることになる。ただ、これについては、『懐宝節用集綱目大全』のように一回り小振りの半紙半切横本で真草二体を採ったものが京都で刊行されており、わずかな判型の違いで、真草二行体の版権を主張しえたかどうかが疑問となる。ただ、先々期事例15で、『懐宝節用集綱目大全』の版元・出雲寺和泉掾はわずかな判型の異なりについてかなりデリケートな反応を見せていた。とすれば、本事例でも、美濃半切横本の真草二行体という点で版権に抵触すると判断された可能性は捨て去れないことになろう。

　そこで本事例の結末をみれば、当事者双方の話し合いがつかず、京都行事に一任するという、あまり例のないものとなった。そのような結末になったのは、あまりに些細な問題で早引節用集の側が『字引大全』の側に難題をつきつけてきたためであり、したがって、『字引大全』の側も引き下がることができなかったというような経緯が推測されるところではある。

70〔万家日用〕字引大全

①文化四年一月から五月までのうち。

②『字引大全』、伏見屋（植村）藤右衛門・丁子屋（小林か）庄兵衛ほか。

③『倭節用集悉改囊』、額田正三郎ら。

④割行による見出し表示かと思われる。

⑤「差構」。

⑥不明。

⑦京都済帳標目。

⑧「京都済帳標目」に「字引大全へ倭節用より差構在之ニ付、出入ニ相成別会被催取捌候事」とあるばかりで、詳細は知られない。『倭節用集悉改囊』の版元は、一行を明確に罫線で割って増補語を配するレイアウトを版権としており、事例63のように係争におよんだ例もある。表示する手法に神経をとがらせている書肆なので、割行表示のような表示法を一部用いた『字引大全』が『倭節用集悉改囊』に抵触するとしたのであろう。

71〔訂正増益〕早引節用集

①文化七年二月より文化一〇年一月まで。

②『〔訂正増益〕早引節用集』、桜井屋卯兵衛・玉屋祐

蔵。

③『〔増補改正〕早引節用集』、柏原屋与左衛門・河内屋太助。

④『〔増補改正〕早引節用集』を重版したことによる。ただし、架蔵本によれば、まったくのかぶせ彫りではなく、小異がある。

⑤「重板」。

⑥京都東町奉行に出訴。玉屋は看板取り上げ・手錠、桜井屋は所持本と売上金の没収。

⑦大坂差定帳四番、大坂出勤帳二四〜二七番、京都済帳標目。

⑧本事例は、諸国物産の売買免許（御朱印）をもっていた甲斐の商人・朝比奈荻右衛門が、早引節用集の重版を玉屋に依頼したことに発する。この依頼は、御朱印を一種の治外法権と解してのことであろう。玉屋は本屋仲間にも届けずに刊行し、桜井屋への借金の返済に重版本をあてたりもした。

　この件で、朝比奈は玉屋らに浄瑠璃正本の抜粋と『道中独案内』の刊行も依頼しており、これに応じた玉屋・桜井屋は、版権侵害やモラル違反が重なって⑥のような結果となったのであろう。ただ、京都町奉行はなかなか処断しようとしなかった。柏原屋らが重版・類版の定義などの初歩から、先例までひいて熱心に説得して処断におよんだのである。また、幕府にとって、本屋仲間の存在意義が思想統制や風紀糜爛の防止にあり、甲斐国の商人に下された御朱印が武田氏以来の風を襲ったものにすぎず、次元が異なると判断したこともあわせ考えるべきだろう。ただし、荻右衛門が処断されたかどうかは本屋仲間の記録からは知られない。もし、表立った処分にならなかったとしたら、

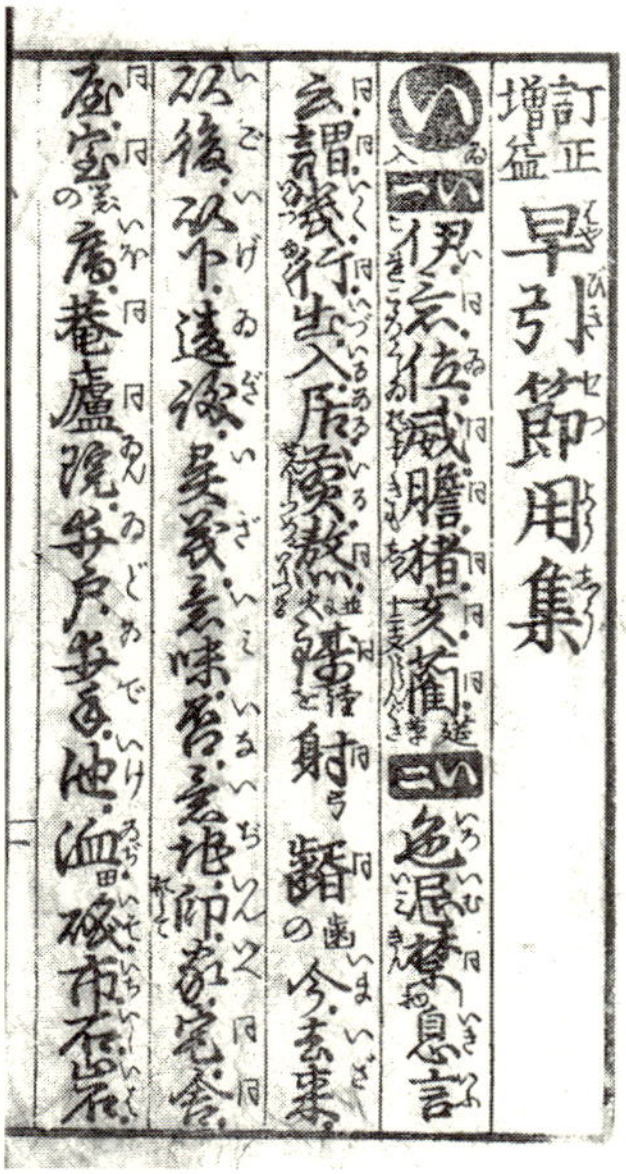

図16　〔訂正増益〕早引節用集

それはそれで興味深い。

　荻右衛門がどの程度出版業に手を染めようとしたのかは明らかではないが、右の三書をまず手掛けたことは、当時の書物の需要をうかがわせる面があるように思われ、興味ぶかい。つまり、売れそうにない本の刊行を依頼するとは考えにくく、逆に依頼した三書は相応に売れ行きが保証されたものだったと考えられるからである。

　重版の底本について。『〔増補改正〕早引節用集』諸版はおおむね同一内容であるが、行ごとの収載語の配置などをみればいくつかのグループに分けられる。そのうち、『〔訂正増益〕早引節用集』の底本と目されるのは、『〔増補改正〕早引節用集』の寛政一一年版・文化元年版・文化六年版からなるグループのものである。ただし、それらと『〔訂正増益〕早引節用集』を比較するに、少数ながら収載語や左傍訓などに出入りが認められた。

　『〔訂正増益〕早引節用集』は相当数が販売されたようで、現在でも古書店頭・古書目録などでも目にすることがあり、筆者も三冊所蔵する。刊記に異なりがあり、朝比奈荻右衛門だけが記されるものと、玉屋も併記されるものとがある。

72　〔世用万倍〕早引大節用集

①文化七年六月から七月まで。
②『〔世用万倍〕早引大節用集』、菱屋利兵衛。
③早引節用集、柏原屋与左衛門ら。
④体裁・規模は『〔増字百倍〕早引節用集』に似るが、内容上は『大全早引節用集』の抄録本である。記録からは詳細が知られない。
⑤「重板」。
⑥版木は回収された。
⑦大坂裁配帳五番、大坂出勤帳二四番、京都済帳標目。
⑧諸記録とも記載が簡略で、詳細が分からない。また、菱屋がどのような役割を演じていたかは、かならずしも明らかではない。が、少なくとも菱屋が売買していたことは記録から知られる。

　現存する『〔世用万倍〕早引大節用集』は刊記に「文化六已巳年初春／尾陽乾山之臣／柴田高峙蔵板」とあるものであるが、刊記もそのままに安政六（一八五九）年に再度刊行され、版権問題を引き起こしている。

現存諸本を比較すると、版木の異なりで二種あるが、それぞれにまた覆刻本があるようである。さらに、別種の新版を加えた三版種雑糅本もある。こうした有りようからすると、相当多数の本が販売されたことになりそうだが、本書は重版・類版の指定を受けたのだから、原則として販売はできないはずなので、このあたりの帰結がよく分からないところである。ただ、地方版が版権問題として察知され、さらに具体的な対処に及ぶのは、三都で売買された場合に限るように思える。たとえば次の例でいえば、「仙台ニ而致出来、江戸表ニ而流布仕候故」は、仙台に現れた重版書が、江戸でも売買されたことが具体的に対処せざるをえない理由になっているように読める。

　柏原屋与左衛門殿・村上伊兵衛殿相合板、早引節用集重板、幷柏原屋清右衛門殿方女大学之重板、仙台ニ而致出来、江戸表ニ而流布仕候故、右三人惣名代柏原屋佐兵衛殿江戸江罷下り、右重板一件首尾能相済申候、願書幷済口一件左ニ写し申候

（大坂差定帳二番）

たしかに、重版・類版の停止令は、三都にのみ発令されたものであり、その適用範囲も原則として三都にかぎられたであろうから、地方版も三都でさえ販売しなければ、三都の書肆の商活動をおびやかすものとは判断されなかったのであろう。

そのように考えられれば、『〔世用万倍〕早引大節用集』の版種が多いことも得心がいく。やはり、何度も改版するほどに需要があり、積極的に販売もしていたのであろう。が、それができるのは名古屋周辺に限ってのことであり、広く捉えても三都以外での販売に限られていたということになろうか。

73増補早見節用＊

①文化八年八月より一一月まで。

②『珉語節用』＊、吉文字屋市兵衛・柏原屋与左衛門。

④『増補早見節用』＊と書名を変更して相合・刊行する予定だった。

⑤「増補早見節用」との書名では「御差構」にあたるとした。

⑥「急用（要）節用集」と改題することとなり、当局からも認可された。
⑦大坂出勤帳二六番、大坂差定帳四番。
⑧右に示すように他の版権問題とは事情を異にする件である。『珉語節用』は京都で開版免許を受けたとあるので、先々期事例25において問題となった節用集であろう。それを吉文字屋らが買収し、書名を変更して刊行することになったのであろう。
「御差構」とあることから推測すれば、柏原屋は、みだりな書名変更が奉行所の手を煩わせることを慮って反対したものであろうか。ならば、この場合の「差構」も版権抵触を意味しない用法かと思われる。ただ、最終的には別の「急要節用集」という名に落ちついたことからすれば、『増補早見節用』が「早引節用集」と紛らわしい名であるため、奉行所側が確認を求めにくるなどの、余計な負担をかけさせまいとする配慮によるものだったのかもしれない。

74不明の一本
①文化八年一二月。
②不明、会津における刊行。
③『〔増補改正〕早引節用集』、柏原屋与左衛門・万屋安兵衛・河内屋太助。
④不明。
⑤「重板」。
⑥不明。
⑦大坂出勤帳二七番。
⑧記録はわずかで、当該書も比定できず、詳細は不明。
会津は、一七世紀からの会津暦の伝統や藩校・日新館の蔵版書などがあって、出版文化のある土地柄である。したがって、早引節用集が重版されるのも時間の問題だったのかも知れない。
なお、他に会津版の節用集としては林良材校正・田中御蔭校合『〔真草両点〕早字引大成』（秦森之、文政五年版。美濃半切縦本）があり、これは『〔増字百倍〕早引節用集』を少しく改編したものであった。これについては、版権問題化した形跡がないので、藩内だけで流通させるなど、三都では販売しないよう販路をかぎっていたと思われる。

75〔増補〕俗字早指南・〔増補〕節用早指南

①文化九年八月。

②『俗字早指南』『節用早指南』、鶴屋金助・英平吉・竹川藤兵衛。

③書名不明。あるいは『大節用文字宝鑑』（宝暦六〈一七五六〉年刊）か。吉文字屋市右衛門。

④詳細不明だが、当該書によるかぎり、三切横本で、かつ意義・イロハ検索であることが抵触したものか。

⑤「差構」。

⑥売留を申し出た以外は不明。

⑦大坂出勤帳二七番、京都済帳標目。

⑧わずかな記録しかなく、詳細は不明。『俗字早指南』はいわゆる難語を集成したもので、意義分類をさきに立て、その下位にイロハ検索を施したものである。したがって、このような検索法が、たとえば吉文字屋の『大節用文字宝鑑』のような意義分類・イロハ検索の版権に抵触したことが考えられる。もちろん、それだけならば『和漢音釈書言字考節用集』なども入ることになるので、三切横本という判型を考慮してしぼりこめば、やはり吉文字屋の『大節用文字宝鑑』への抵触が考えられることになる。

これに対して『節用早指南』の方は、山田忠雄（一九六二）にあるように、イロハ・意義検索の通常の検索法のものである。一見、何ごともなさそうに思えるが、『俗字早指南』を合冊することが多いため、本事例に関わるものと見なされたのでもあろうか。

76手引節用＊

①文化一一年五月より九月までのうちに終了。

②『手引節用』＊、書肆不明。あるいは『手引節用集大全』（横本）、秋田屋平左衛門か。

③不明。あるいは、『手引節用集大全』（旧称、万世節用広益大全）、大野木市兵衛か。

④不明。あるいは書名か。⑧参照。

⑤不明。

⑥示談が成立し、京都仲間に預けられていた版木二枚がもどされた。

⑦京都済帳標目。

⑧「京都済帳標目」に「一　手引節用　対談相済候ニ付、出雲寺・植村より口上書出候。依之先年仲間へ預

り置候板木弐枚差戻し候」とあるばかりで、詳細は不明である。あるいは、二名がそれぞれに示談の口上書を提出したとも読めるので、京都内の出雲寺と植村とのあいだに起こった版権問題であろうか。なお、「大坂出勤帳」二九番に「象牙屋次郎兵衛・河内屋嘉助より、手引節用集買板出銀持参、預り置」（文化一二年三月二〇日）とあるが、本事例とかかわるとすれば、象牙屋らが何らかの点で版権に抵触した『手引節用』を買収したものか。

さて、本事例の要件については、右のように直接関係する記録からは知られないので不明とすることが見識かと思われる。一方では「手引節用」との書名を手がかりにすると、その書名自体に問題があった可能性のあるものが存する。まず「江戸割印帳」の享和二年一二月二三日割印分に、

　手引節用集大全　全一冊
　　同（墨付）七十九丁　古名万世節用広益大全
　享保八年刊行
　　版元大坂大野木市兵衛　売出し　須原屋伊八

とあり、また、同じく文化五年一〇月一七日割印分に、

　手引節用集大全　横切本　全一冊　宝文堂著
　　同（墨付）三〇八丁
　　版元　京　秋田屋平左衛門　売出し　角丸屋甚助

と見える。すなわち、同一書名の節用集が、版元を異にするとはいえども併存することになったのである。同一の書名であることは、版権管理上、不都合であり（大坂の大野木の屋号が秋田屋であることも紛らわしさを助長したか）、京都の『手引節用集大全』が刊行されて以降、協議が持たれていたのかもしれない。その最終的な決定の一端が、本事例の記録に反映したものか。

なお、横本の『手引節用集大全』は、少なくとも内題はこのままに文化一一年に刊行されている。ただし、大坂本屋仲間の「文化九年改正株帳」には、「手引節用集大全　小本横本／早見節用集大全ト外題改」とあって外題については改められたようである。

架蔵の文化一一年版の序には「原板懐宝節用綱目世ニ行ル事久シ」とあり、『懐宝節用集綱目大全』の後継書であることが知られ、名目上はその改題書として『手引節用集大全』が存することになろう。なお、刊

記には京都六肆・江戸一肆・大坂七肆の名が見える。大坂書肆が多く入っていることから、本事例終了後の版権の有りようを反映するものではないかと疑われる。逆に、本来の（＝文化五年段階の）刊行書肆は、文化五年版本の現存が確認できないものの、京都書肆を中心としたものだったのではあるまいか。

77〔増補改正〕早引節用集（救世堂版）

①文化一二年二月より五月までか。

②『〔増補改正〕早引節用集』、救世堂。江戸での重版と知られるだけで詳細は不明。

③『〔増補改正〕早引節用集』、柏原屋与左衛門・河内屋太助。

④重版だが、これまで柏原屋の刊行してきた『〔増補改正〕早引節用集』は一面の行詰めが五行だったが、救世堂版では六行に改められているため、単純な覆刻ではない。

⑤「重板」。

⑥売留を依頼した以外は不明。出来本・版木を回収したか。

⑦大坂出勤帳二九番、京都済帳標目。

⑧江戸仲間あるいは江戸での早引節用集の売広めを請け負った西村源六との書状の往来により、いくつかの齟齬があったらしいことはうかがわれるが、具体的な内容は知られない。のちに柏原屋らは六行本を刊行するのだが、匡郭の切れの一致など、必ずしも同版の確証は得られないものの（もちろん、今後、匡郭の切れまで一致する本が現れないともかぎらない）、救世堂版と字配りが同一であるので、出来本・版木などにおける、何がしかの流用はなされたものと思われる。であれば、救世堂版の出来本・版木の回収もなされたのではなかろうか。

救世堂版には、正規の『〔増補改正〕早引節用集』にない工夫を見ることができる。たとえば、版面の基本として一面五行であるのを六行にするなどは、変更点としては地味ながら相応に利点もある。判型はわずかに大きくなるが、印刷すべき紙数を減じることができるので、摺刷・製本の各過程における作業手数・管理工数を減じることができる。また、実際の検索にあたっては、求める字を読み選ぶ際、見開き単位で見るのが普通であろうから、これも一〇行から一二行に増えることになるので、単純計算で二割効率があがることになる。これは、その分、繰らねばならない紙数も減ることにつながることになる。

また、救世堂版では、巻頭に、次のような付録を八丁にわたって挿入する。

「士農工商」(仮称)　挿絵入り。半丁

「大日本国之名〔州号郡名〕記」　頭書六丁半強、全面一丁強

「手形証文集」(仮称)　例文集。六丁半強(頭書を除く)

このように付録を挿入してしまっては、折角節用集本文で紙数を減じた意味がなくなってしまうが、それだけに、右の三点の付録は必要不可欠のものと判断されたものなのであろう。まず半丁ながら挿絵を配したのは、事例47の『新増早引節用集』にも見られるところで、正規の早引節用集一般には欠ける点である。すでに、早引節用集であっても挿絵の一つもないようでは済まされない時代になっていたということでもあろうか。また、諸国郡名も基本的な地理的情報であり、全国規模の商行為にたずさわるものには重宝されたであろうし、手形証文集はまさに商行為の基本的なフォーマットとして重宝されたはずである。逆に、そのようなものまで削除してしまった早引節用集に対する、一種の異議申立であって、当時、必要とされた「知」がどのようなものであるかを端的に示しているとも受け取れよう。重版・類版といえば、版権侵害との事実ばかりが印象に残るが、正統の版権を有する書籍の欠陥なり不足なりを知らせてくれもするのではあるまいか。

さて、柏原屋らは「文化十二年乙亥三月吉日」付けの刊記にて一面六行本を刊行する。さすがに付録類は併載しないが、字配りからして救世堂版と何らかの関係があるものと思われる。また、文化一二年版の内容に異同のあること、関場武(一九九四)に例示されており、合せ参看されたい。なお、架蔵の柏原屋版文化一二年本四本では製本の仕上がりで二種の異なりがある。近世版本のほとんどは袋綴じだが、その際、輪の部分の小口に露出する下部匡郭の高さが揃うように製本されるのが普通である。ところが、架蔵の一本では

ここにかなりの乱れがあり、それは救世堂版にも見られることである。他三本は、ともに下部匡郭の高さは揃えられており、本来の版元から刊行されたものらしい仕上がりである。こうした細かい差を比較することで、版権所有者が重版書をいかに扱ったかを知ることもできると思われ、今後、注目していきたい。

78早引節用集大全＊

①文化一三年一〇月中に解決か。
②『早引節用集大全』＊、江戸での重版と知られるばかりで詳細は不明。
③早引節用集、柏原屋与左衛門・河内屋太助。
④重版。
⑤「重板」。
⑥版木回収か。
⑦大坂出勤帳三一番。
⑧簡略な記載しかなく、詳細は不明である。

江戸で内済にこぎつけた件だが、江戸仲間行事から大坂行司に届いた書状は、柏原屋らが承知していたものと大きく相違していたという。そのことにつき、江戸行事へ返書がなされたが、それ以降の消息は記録類からは知られない。

まとめ

本期のまとめを行なう。

まず先期までの比較を行なう。いま、便宜、元禄・元文間をⅠ、宝暦・明和間をⅡ、安永・寛政間をⅢと記す。

種別	Ⅰ	Ⅱ	Ⅲ	本期	該当事例
付録	九	九	一	一	63
本文	二	一	三	一	66
検索法	一	七	二(四)	四	66 67 68 75
判型	一	七	二	一	69
版面	一	二	四	三	63 69 70
重版	〇	三	三	五	71 72 74 77 78
禁忌	〇	一	一	一	73
不明他	二	六	三	四	64 65 73 76

付録や判型による版権抵触の例が少ないのをはじめ、おおむねは先期に相似た傾向を示しており、検索法や

重版が比較的目立つことになる。

重版の例はすべて早引節用集のものであって、重版というもっとも安易な版権侵害が早引節用集にだけ起こるのも興味深い。『〔増補改正〕早引節用集』のように小型本をターゲットにするのであれば、版面が小さいこともあって版木枚数も抑えられ、重版に取り組みやすいという事情もあったであろう。が、小型本は早引節用集だけではなかったことからすれば、この時期、重版するに値する節用集とは早引節用集であったということになろう。早引節用集は、それだけ需要が多く、利益を生みやすいものだったのであり、早引節用集の流布の一端を物語る事象と捉えられよう。

ひるがえって、類版という侵害が蔭をひそめたのも注目される。事例66『長半仮名引節用集』の例がかろうじて類版と称しうるもので、相応に工夫の盛られたものであった。が、これも「重板同様之類板」とあるように、早引節用集の改編にとどまるものであった。宝暦～天明期に見られたような、新規の検索法を案出したために、早引節用集の版元が「類板呼ばわり」をするといったたぐいの類版は見当たらないのである。すでに、本期にあっては、検索法の開発余地がなくなったということなのであろう。

一方では、侵害の手法・過程も、手の込んだものになる傾向があった。たとえば、事例71『〔訂正増益〕早引節用集』では、商売免許の御朱印を所持する商人がかかわった点にそのような特徴が指摘できる。また、同じようなことは『長半仮名引節用集』では、編集過程で手の込んだことをしているといえよう。『大全早引節用集』をベースとして、まず検索法ではイロハ・偶数奇数・仮名数検索という再編成を行ない、レイアウト上は各仮名数ごとに横方向に配列する、つまり基本的には一語（一項目）ごとに改行していく、斬新なものであった。さらに、各語ごとに所属する門名を付記しており、これなどは、簡素ながらも一種の語釈のような働きもすることとなるから、相応に丁寧な作りがなされたものといえよう。あるいは、このような変更を加えれば、版権として認められる可能性があると考えての工夫であったかもしれない。

このような類版・重版の例を念頭におくと、また新たな研究の視点が得られるように思う。

まず、本期での重版書の特徴を摘記してみると、事例72『〔世用万倍〕早引大節用集』は『大全早引節用集』の抄録ながら体裁を『〔増字百倍〕早引節用集』並みにとどめたものである。事例71『〔訂正増益〕早引節用集』では若干の収載語を差し替え、仮名遣いも改めた部分があった。事例77『〔増補改正〕早引節用集』（救世堂版）では、本来の『〔増補改正〕早引節用集』が一面五行であったのを六行に改めている。

これらはいずれも重版逃れの小手先の変更と言えなくもないが、従来の早引節用集にはなかった特徴を加えたり、飽きたらない点に手を加えたりしていると見られる部分もある。つまり、これらの版権侵害書は先行した早引節用集の不足不備を指摘する存在でもあるわけであり、早引節用集批判を版権侵害書が行なっているると見ることができるのである。

早引節用集は、その序にもいうように、存在意義として、従来行なわれていたイロハ・意義検索へのアンチ・テーゼであると規定している。そして、その早引節用集に対しては早引節用集の版権侵害書がその役を果たすことになるようである。その点を重視すれば、版権侵害書を切って捨てるべきではなく、当該書を特定して早引節用集と比較し、その特徴を見極めることで存在意義を正しく規定していくことが望まれよう。このように、すべての諸本を研究対象として正当に、あるいは有機的に位置づけることによって、より豊かな辞書史的記述が可能になると考えたい。

第五章　文政・天保間

本期は、先期と同様に幕府による改革などの影響がない時期であり、先期と同様の特質を持つ時期と考えられるが、やはり既存の三都の書肆間での事例が相変わらず多くなっている。が、そのなかでは、新興の尾張の書肆による重版・類版問題があって注目される。以前にも早引節用集などでは地方の書肆が重版・類版を行なったことはあるが、どちらかといえば散発的なものといえた。が、尾張の場合は三都につぐ出版文化を生んだ地として、その発展とにらみあわせながら注目する必要があるし、類版の有りようも、後発の強みというか、興隆しゆく勢いを感じさせるアイディアと規模を伴っているように見える。

また、西本願寺が、節用集中の付録の公家鑑において、東本願寺よりも上位に置くよう要請し、それをうけて版元が改版・販売してしまった件がある。当時の刊行手続きのうえからは、当局の検閲・許可を受けなかったことが問題なのだが、改版の内容について東本願寺側が出訴の構えを見せるなど、教団の対立問題に飲みこまれかねない局面もあった。辞書本文ではなく付録についての問題だが、節用集がいかに社会的な存在であるかを示す好個の事例であり、注目に値するものといえよう。

本期にあっても大坂本屋仲間の記録が充実しており、細かい事例についても記すようになっていく。そのため、先期までなら記されないような事柄であっても表面に出ることになる。その意味では、版権問題の通覧を目的としたくわだては、時代によって精粗のばらつきがでることになるが、それはそれとして、可能なかぎり当時の版権問題の実態に肉薄していくのが、一つの記述的研究のありかたともいえよう。したがって、問題となる事項については細大もらさず、触れていくことにしたい。ただし、細かい件については、一般に記述が簡略であることがあって、詳細が知られないことも少なくないことをあらかじめお断りしておく。

79書名不明の一本

①文政元（＝文化一四。一八一八）年一月中に解決か。
②書名不明＊、江戸での重版と知られるだけで詳細は不明。あるいは英平吉らか。
③『大全早引節用集』、柏原屋与左衛門ら。
④詳細は不明。
⑤「重板」。
⑥詳細は不明。
⑦大坂出勤帳三一番。
⑧「大坂出勤帳」正月一九日の項に、江戸からの重版の報告について柏原屋らが「篤ト勘弁致可」と言ったとある。当時の「勘弁」の語義については、「⑴勘え弁えること。よく考えること。⑵数理に明るいこと。⑶過ちを許すこと。がまん。」（『古語大辞典』〈小学館〉。一部表記を改めた）などがあることになる（『日本国語大辞典』『角川古語大辞典』なども派生義や形容動詞形を分立する程度の差はあるが、ほぼ同様）。このうち、重版の知らせへの応答としては⑴か⑶がふさわしいが、『古語大辞典』の「語誌」では「⑴ ⑵は上方の用法で、浮世風呂の例も九州方言を話す男の言葉である。これが江戸に入って、⑶の意に転じたものと思われる」（坂梨隆三執筆。一部表記を改めた）とある。これにしたがえば、「篤ト勘弁致可」は熟考するの意となろう。

その具体的な行為としては、重版にいたる経過の丁寧な調査・吟味であるのか、あるいは重版者の徹底した追及ということになるかと思うが、「大坂出勤帳」では記述が簡略であるため、これ以上のことは知られない。ただ、「大坂出勤帳」天保七（一八三六）年九月一八日の一項として、つぎの文言があり、あるいは、本事例とかかわるかも知れない。

一江戸行事状到来、披見致候処、先年早引大全重板一件之節、仲間衆外ニ被仰付候処、此度英平吉大助ト申仁、西宮弥兵衛両人衆外御免之儀、相談

之上、御願被致候処、御聞済有之段申来候ニ付、
　承知之趣返事遣し候事

すなわち、本事例から天保七年九月まで、江戸において『大全早引節用集』が重版された記録がないので、右の一節が本事例とかかわることが考えられるということである。ならば、英・西宮が本事例の重版人であったことも考えておいてよいことになろう。ただし、重版した場合だけでなく、重版書と知りながら売買した場合にも衆外が適用された例もあるので注意が必要である。

80早引節用集小本＊

①文政元年一二月より文政二年八月まで。
②早引節用集小本＊、書肆不明。あるいは『〔増補改正〕早引節用集』伊勢屋版か。
③『〔増補改正〕早引節用集』、柏原屋与左衛門ら。
④重版。
⑤「重板」。
⑥江戸行事が版木を回収し、大坂に送る。重版者は「欠落」。
⑦大坂出勤帳三二番、大坂裁配帳三番。
⑧比定される当該書として有力なのは、時期からみて「文政二年／巳卯正月吉日／四ッ谷伊賀町／伊勢屋治助蔵板」の刊記をもつ一本である。これは、『〔増補改正〕早引節用集』文化一一年本などをもとに重版したものと思われる。

この件に関する記載は相応にあり、版木の枚数まで四丁張一八枚・二丁張三三枚・外題一枚・奥書一枚と確実に記されるが、これも伊勢屋版に特定する材料にはなりにくい。誰が『〔増補改正〕早引節用集』を重版しても総計一四〇丁程度の版木が必要になるからである。それにしても、版木の枚数まで記しながら、重版者の名が記されず、わずかに「江戸重板主欠落致候」としか記されないのは不自然とも見える。が、これは、江戸本屋仲間が当面の被害がでないよう完全に重版書を処分したため、大坂仲間としては直接に処理することなく、江戸仲間との事務的な手続きやその連絡さえ行なえば事足りたことによるのであろう。

81倭節用集悉改嚢

①文政二年二月より五月までの間。
②『倭節用集悉改嚢』、額田正三郎ほか。
③『雲上明鑑』、出雲寺文次郎。
④付録の内容が出雲寺の版権に抵触したのであろう。
⑤「差構」。
⑥不明。
⑦京都済帳標目。
⑧京都の「済帳標目」は、本事例にかぎらず、標目の名にふさわしい簡潔な記述なので、詳細は知られない。ただ、この時期でも付録上の版権抵触があったことを示す例と見ておきたい。なお、『雲上明鑑』つまり公家鑑の類との版権問題はのちに事例86・87があるが、本事例とは経緯・事情が異なるものであろう。

『倭節用集悉改嚢』は、大坂の『都会節用百家通』のような大規模化をめざした京都書肆による節用集である。この時期では文政元年版が刊行されていたが、現存書を比較すると、部分的に改刻などがなされていることが知られる。大規模なものでは「改正御武鑑」において諸大名の槍印が存するものとすべて削除されたものとで二分され、前者にあっても「御公家鑑」の「閑院宮」が宮名のみのものと、「孝仁親王／三品常陸太守」を追刻したものとがある。この異なりはまた、「御公家鑑」における「日野家」の見出しの「家」字最終画の有無とも同期するようである。

このような小異が同版書の比較からは認められはするが、本事例がこうした点とかかわるかどうかは不明である。むしろ、槍印をすべて削り去った後摺り本があることからすれば、その削除のきっかけとして武鑑への抵触があったことは考えやすいのだが、これにかかわる記録は見いだしていない。もちろん、公家鑑関連のことがらも右のように二点見いだされるのではあるが、特に「閑院宮」の追刻などが『雲上明鑑』に抵触するものかどうか別途、検討したい。

82増補節用早指南

①文政二年九月より。
②『増補節用早指南』、不明。
③不明、吉文字屋市右衛門。
④差構。
⑤「差構」。

⑥不明。
⑦大坂出勤帳三三番。
⑧吉文字屋が口上書を大坂仲間行司に提出したことが知られるだけで、詳細は不明。
『増補節用早指南』は先期事例75でも扱った。このときも売留（売買の一時停止）を依頼したことしか知られなかったが、売留が徹底されず、ふたたび市場に出回るなどということが出来したため、再度、売留を依頼したということか。

83要字箋＊

①文政三年一二月。
②『要字箋』＊、吉文字屋市右衛門。
③大坂北組惣会所より下問。
④元版の題名「要字選」と異なることと、付録の服忌令に誤りがあること。
⑤登録書名の異同と法令記事中の誤り。
⑥「箋」字を「選」に改め、服忌令も削除することとした。
⑦大坂出勤帳三三番。
⑧簡素な書名なので節用集ではなさそうであり，あるいは語彙集型往来かとも思われるが、現存書に比定できない。ただし、亀田次郎旧蔵書に『掌中要字選』（折本。天保一二年刊）が存しており、これは二重検索を採るので節用集と見てよいものである。
また、本事例から推測するに、文政四年ごろの版がありそうだが、確認できていない。つまり、右の経過からすると開版願書は提出したはずで、「開板御願書扣」にも記載があるが、実際に刊行にまでいたったかどうかの確認は記録類でもできないということである。
さらに、本事例は「再板」に際して検閲にあたった北組惣会所より問い合わせがあったものなので、初版はさらに遡るのであろう。

84〔新増四声〕節用大全

①文政六年七月。
②『〔新増四声〕節用大全』、不明。架蔵本刊記には「須原屋市兵衛・英平吉・大和田安兵衛・梅沢伊三郎・伊勢屋忠右衛門」の名があがる。
③『〔万家日用〕字引大全』、吉文字屋市右衛門・柏原

屋与左衛門ほか八書肆。『〔増補〕字貫節用集』、敦賀屋九兵衛・河内屋喜兵衛・吉文字屋市左衛門（文化三年本による）。
④不明。⑧参照。
⑤「差構」。
⑥売留を依頼した以外は不明。
⑦大坂出勤帳三五番。
⑧記述が少ないので詳細は不明だが、右三本はいくつかの類似点がある。判型はいずれも美濃半切横本で、表記は真草二行体をとり、真字（楷書表記）にも付訓がある（両点）。検索法はイロハ・意義検索となっている。このような点が、先行する『字貫節用集』『字引大全』に『節用大全』が抵触したということであろうか。半切横本で真草二行体なら、早く元和・寛永期に『二体節用集』諸本があるので、版権を取得できるほどの新規性があるとは思えず、ひいては誰が刊行してもよさそうに思われる。となれば『二体節用集』には施されていなかった両点（傍記される楷書表記にも傍訓を施すこと）がポイントということになろうか。なお、『節用大全』における「四声」とは、後に示す広告文にもあるように、別訓を多く掲げることをいう。これは両点の延長上にある工夫であるから、いわば両点の充実が本書の目的とするところなので、この点が侵害と見なされたポイントであろうか。
　なお、本事例との直接の関係はないが、『節用大全』が初めは早引節用集のような仮名数検索を導入する計画だったとする広告文が目に付いた。たとえば、小山田与清『擁書漫筆』（文化一四〈一八一七〉年刊）付載の「耕文堂蔵版目録」では次のようにある。
〔新増四声〕節用大全〔横切本真字付〕全一冊
〔近刻〕
　数百種の節用集あまねく世におこなはるゝといへども誤字・かなちがひ、或ハ無用の文字多く、かへつて日用急務の文字を遺漏す。今此書ハ専ら平生要用の文字のミ数千字を増益し、字毎に真字を付し、それに四ツのよミこへをそへ、一字を見て四字を知るの便利とし、且、訓読のかなかずを以て次第し、文字をさくりもとむるの急時にたよりならしむ。此書ハ実に節用集の大全なるものにして俗間日用の至宝なり。（『日本随筆大成』第一

期第一二巻所収影印による）

本事例で問題になったのは、このような仮名数検索を断念した、イロハ・意義検索の文政五年刊本であろう。が、文化一二年の段階で仮名数検索を採ることを広告するのも、早引節用集の版元を警戒させるだけのことで、あまり得策ではないように思われる。実際、仮名数検索の『節用大全』は現存しないようだが、早引節用集の版元に察知されて交渉におよび、通常のイロハ・意義検索に改めたようなこともあったか。

85寺習早手本＊

①文政六年一二月。
②『寺習子早手本』＊、津国屋安兵衛。
③『万万節用福徳宝蔵』『初心手習重宝記』＊、利倉屋新兵衛。
④詳細不明。なお、津国屋は『寺習子早手本』をはじめ、いくつかの書籍を、版権を所持しないまま、無届けで刊行していた。
⑤「指構（差構）」。
⑥版木を行司に差し出し、始末書（誤一札）を提出。
⑦大坂裁配帳三番、大坂出勤帳三五番。
⑧裁配帳に「津之国屋安兵衛方ニ、寸珍小本手習子手本与申書致出板、利倉屋新兵衛方所持板手習調法記之内、幷万々節用集之内指構有之」とある文言からは、『万万節用福徳宝蔵』の付録に抵触したものと思われるが、詳細は知られない。記録によれば『寺習子早手本』は袖珍本とのことであるが、『万万節用福徳宝蔵』は美濃判であるから判型が問題となったのではない。

86倭節用集悉改嚢・万宝節用集＊

①文政七年九月より翌年一月までのうち。
②『倭節用集悉改嚢』、額田正三郎ほか。『万宝節用集』＊、不明。あるいは『万宝節用富貴蔵』、小川多左衛門ほか、か。
③不明。京町奉行から下問があったか。
④不明ながら、事例87を参照すれば、付録の公家鑑において東西本願寺の順序が相違していたのであろう。
⑤不明ながら、事例87と同趣のもので、開版出願時とは異なる内容を、届け出ぬまま刊行したのであろう。
⑥行事がそれぞれの版木一枚を預かることになった。

⑦京都済帳標目。
⑧『倭節用集悉改囊』は、文政九年に『倭節用集悉改大全』と改題して再版するが、その手続きの過程で右のような指摘をうけたものであろうか。たしかに、比較すると、文政元年版の「御公家鑑」「華洛諸寺院名籍」は、文政九年版では「古今銘尽彫物次第」「庭訓往来」に差し替えるなどの大きな違いがある。
　また、行事が版木を預かるという事態は、摺刷・出版を阻止・抑制することを意味するわけだから、相応に重い問題になったものと思われる。こうしたことを考え合わせれば、次例のように、正式な再版手続きをしないまま、東西本願寺の掲出順序を改めた本を、本屋仲間や町役人に届けることなく刊行し、販売までしてしまったのではないかと思われる。

87都会節用百家通

①文政八年六月より九月まで。
②『都会節用百家通』、敦賀屋九兵衛・河内屋木兵衛・塩屋平助。
③難波御堂輪番代・聞信寺より出訴の旨、通告あり。
④文政二年再版本のなかに、頭書付録「御公家鑑」の東西本願寺の順序が、出願時とは異なるものが出回っていたことによる。
⑤開版出願時とは異なる内容を、届け出ぬまま刊行したため。
⑥売留依頼。問題となった出来本一五九部を回収し、出願時写本の通り改めたものと差し替え、始末書を提出した。
⑦大坂差定帳五番、大坂裁配帳三番、大坂出勤帳三六番。
⑧本事例は、④のように、内容の変更を届け出ないまま刊行したことが問題となった。敦賀屋以下、書肆として長く営業してきたものなので、単なる不注意ではなく、それなりの事情があった。
　文政八年二月、西本願寺の役人より、付録の「御公家鑑」中の西本願寺の順序を東本願寺より前に据えるよう、要請があった。これは「此度改正之雲上明鑑」に準拠させようとするものだった。この「雲上明鑑」とは、西本願寺が先に掲載されるという文政九年刊『〔増補新撰〕万代雲上明鑑』（外題）のことと思われる

（『国史大辞典』「うんじょうめいかん」。武部敏夫執筆を参照）。この要請に版元たちは「種々御断申上」げたが、「外々より決而差支之儀無之段、慥成書付被下」れたため、「無拠相改」めたのである。

以上が本事例の中心部分なのだが、たとえ「慥成書付」を西本願寺から得ようとも、何の保証にもならない。書籍の内容の異同がある場合には届け出なければならないが、これは、つまるところ、幕府の支配政策の一環であり、まったく次元の異なることだからである。版元たちが差し出した口上書に「全心得違」とあるのは単なる謝罪の決まり文句としてばかりでなく、書籍に対する支配の有りようを改めて悟ってのものと見ることもできるのである。

版元たちの犯したのは右のような不注意だが、さらに、東本願寺が乗り出して、ことを紛糾させることになった。難波御堂輪番代聞信寺から、版元たちを相手取り、訴訟を起こす旨を本屋仲間行司に伝えてきたのである。結局、奉行所のはからいで、両本願寺が関わったことは何も記さず、単に本屋側の彫り過ちということで口上書を提出して落着することになった。そのほかの、具体的な処置は⑥に記した通りである。

なお、東西本願寺と出版業との関係については、たとえば万波寿子（二〇一二）が詳しく、本事例にも言及がある。

88倭節用集悉改大全

①文政九年二月より四月まで。

②『倭節用集悉改大全』、額田正三郎・河内屋茂兵衛ほか。

③大坂仲間行司より下問。

④再版時に加わった頭書付録の「庭訓・銘尽」について、版権を所持していたかどうか。

⑤版権の根拠の確認。

⑥特段、不都合はなかったらしい。

⑦京都済帳標目、大坂出勤帳三七番。

⑧文政元年本と文政九年本を比較すると、「御公家鑑」が「古今銘尽彫物次第」に、「華洛諸寺院名籍」が「庭訓往来」に変更されている。東西両本願寺を意識しての改編で、事例86・87に関わるものと思われる。『倭節用集悉改嚢』においては、本事例の付録の差

し替え以外にも、「改正御武鑑」において、初めは存していた諸大名の槍印を削除するなど、他書肆からのクレームによると思われる修正がなされている（事例81参照）。大坂の『都会節用百家通』につづいて刊行された大規模な節用集ではあるが、版権管理上のミスが続きがちなため、新たな付録について確認をとったのであろう。

89いろは節用集＊

①文政一〇年二月。
②『いろは節用集』＊。あるいは『〔十三門部分音訓正誤〕いろは節用集大成』か。
③早引節用集、柏原屋与左衛門ら。
④検索法の類似であろう。
⑤「重板」とあるが、『いろは節用集大成』ならば早引節用集としては類版とすべきであるから他の節用集か。
⑥売留を依頼。
⑦大坂出勤帳三八番、京都済帳標目。
⑧近世の中ごろから、尾張でも出版活動が盛んになっていった。その過程で、先行書の重版・類版も行なわれた。本事例は、そうしたなかでの一件である。

当該書としては『いろは節用集大成』があたるかと思われる。これは、仲間記録にも「いろは節用集」と平仮名表記されることがあるが、さらに本書が尾張での刊行書であること、そして本事例に先立つ文化一二年の序を有すること、などによる。

一方で『いろは節用集大成』は、その本文は『和漢音釈書言字考節用集』（享保二〈一七一七〉年初版）に全面的に依拠するものであって（佐藤　一九九二）、既存の早引節用集諸本とは別系統の本文を有するから「重板」というのは当たらないことになる。もちろん、検索法としてはイロハ・仮名数・意義分類の順に組織されているため、仮名数検索によって「類版」とすべきところである。したがって、本事例の対象としては『いろは節用集大成』がふさわしくないとする根拠もあることになる。

なお、本事例以降天保一〇（一八三九）年にいたるまで、『いろは節用集大成』にかかわる件が散見される。これらは一連の事例として扱うべきとも思われるが、長いあいだにわたって問題化することでもあり、天保に入ってからは、京都・大坂それぞれに売買した書肆が現れ、その処遇が問題とされたり、重版版木によって再版を願い出る際にも内容上の問題が起こるなど、複雑な展開を見る。そこで、ある一定のまとまりがつけられそうなところで区切り、それぞれを別個の事例として扱うこととした。

90書名不明の二本

①文政一一年一〇月。
②書名不明。江戸書肆某。
③『〔増補改正〕早引節用集』、柏原屋与左衛門ら。
④重版。
⑤「重板」。
⑥相済か。売留を依頼。
⑦大坂出勤帳四〇番、京都済帳標目。
⑧一〇月五日の寄合で、柏原屋与左衛門より、江戸での重版二件につき、落着したことの報告があった。右はそれにもとづくもので、これ以上の詳細は不明である。江戸での措置が十分なものであったため、簡素な記録になったのであろう。

91倭節用集悉改大全

①文政一一年一一月より文政一二年四月まで。
②『倭節用集悉改大全』、河内屋茂兵衛・秋田屋太右衛門。
③大坂本屋仲間内にて説明・確認手続き。
④『倭節用集悉改大全』の巻頭に「和漢英勇武将伝記」を合冊することについて。
⑤詳細不明。添章の目的が不明瞭ということか。
⑥京都より『和漢英勇武将伝記』を販売する旨の書状（添章）がきた。これについて『倭節用集悉改大全』の大坂相合の書肆・河内屋茂兵衛と秋田屋太右衛門が、同書の付録として合冊するもので、単独での刊行はしない旨の口上書を差し出した。
⑦大坂出勤帳四〇番、京都済帳標目。
⑧このおりの増補によって『倭節用集悉改大全』は、刊年表記を「文政九年丙戌三月新刻」としながらも、追加付録の有無による異本が生じることになった。なお、追補本は、謙堂文庫（『節用集大系』所収）・慶応

義塾大学・中京大学などに所蔵される。

謙堂文庫本によれば、追補された付録は、本事例の『和漢英雄武将伝記』をさすかと思われる「和漢武将名臣略伝」のほか「謡曲注解絵抄」があり、それらの頭書に「万々雑書新増大成」「八算見一初心指南」が配されている。計三〇丁分となる。

古くは、付録の原拠となる既存の書籍と節用集との間でさまざまな版権問題が出ていた。それらはすでに作品として存するものを節用集の付録にしようという手順なり慣行なりがあったことを思わせる。もちろん、そのような惰性的な行為として見てもよいが、付録が付加価値を添えるものであることを考えれば、当然のごとく、相応（以上）に購買者の気を引く内容でなければならない。そこで、すでに定評のある書籍からの引用が安全・確実であることになる。このような次第で、既存書からの引用が行なわれると考えてもよい。

ところが逆に、本事例では、節用集の付録となることを前提として企画された記事であることが興味深い。何ごとかまとまった内容のものを付録するために、相応の作家に執筆も任されたことであろう。つまり、大げさな言い方かもしれないが、節用集の付録という媒体が著作の動機になるわけである。広く節用集の付録を見渡すとき、節用集の付録として企画された作品は、本事例の『和漢英雄武将伝記』が初めてのものではなさそうである。たとえば、先行する節用集にも見られる、挿絵付き故事解説などの短い記事であれば、付録のために作品化されたものである可能性があろう。が、本事例では、本屋仲間記録にまで記され、しかも右のような作品の成立経緯まで知られるのが注意される。

また、もともと付録や収載語数の豊富な『倭節用集悉改大全』に、さらに付録を追加するという営みも注目されよう。『都会節用百家通』によって大型本への歩みが開かれたことは先期事例63でも触れたが、本事例は、さらなる大型化への傾向があることを示す例と見られるからである。イロハ・意義検索の節用集にとって近世の一九世紀は、やはり大型化こそ志向すべき目的であったことを確認・強調しうるのである。

92大成早見節用集＊

①文政一二年五月より九月までのうち。

②『大成早見節用集』＊、橘屋儀兵衛か。
③早引節用集、柏原屋与左衛門ら。
④数引きを取り入れた『早見節用集』の刊行準備が進んでいるとの知らせを受け、早引節用集に抵触するので、開版出願があっても受理しないよう、京都本屋仲間に通知した。
⑤「差支」。
⑥刊行人が京都行事に出願用の写本を提出したが、受け取らなかった。
⑦大坂出勤帳四〇番、京都済帳標目、京都諸証文。
⑧刊行の計画段階で察知したもの。早い対応である。なお、②で橘屋の名を挙げたのは、「京都証文標目」にその名が見えるからである。同記録は、書名・刊行人などを記しただけの簡単な目録だが、本事例の『大成早見節用集』については、出願時の写本を「甚紛敷相見え候」として出願人に差し戻したことまでが記されている。「甚紛敷」という内容は記されないが、状況からして早引節用集に似通っていたことをいうのであろう。
　京都本屋仲間の構成員が、この時期になっても早引節用集の存在を知らないはずはなく、似通ったものを刊行することの愚は十分に承知していたはずなので、あえて刊行手続きをしたことは不審である。提出された写本は「大成早見節用集大半紙三切本」とされており、三切横本であったことが考えられる。当時、この判型では、柏原屋らは早引節用集を刊行していないので、そこに刊行できる余地があると考えたのかもしれない。

93文宝節用集

①天保元（一八三〇）年三月。
②『文宝節用集』、橘屋儀兵衛。
③『蠡海節用集』などの三切横本。吉文字屋市兵衛。
④判型の類似であろう。書名もかかわるか。⑧参照。
⑤「差構」。
⑥売留を依頼。吉文字屋が上京し、対談もあったが結果は不明。
⑦大坂出勤帳四一番、京都済帳標目。
⑧『蠡海節用集』は三切横本で、イロハ・意義検索のもの。各部を言語門からはじめるのを特徴とする。宝

暦一二年には付録記事を合冊した『文宝節用集』も刊行されている（本書第三部第一章参照）。

94書名不明の一本

①天保三年一月より。

②書名不明、江戸の書肆某。

③『〈増字百倍〉早引節用集』、柏原屋源兵衛。

④重版。

⑤「重板」。

⑥江戸仲間行事に「差留」（売留と同義であろう）を依頼する。

⑦大坂出勤帳四三番。

95『蠡海節用集』ほか一五本

①天保三年三月より五月まで。

②『蠡海節用集』など節用集類一五本・他書八本、吉文字屋市兵衛（誤売）・本屋仲間行司（管理不備）。

③同、堺屋清兵衛。

④堺屋があずけておいた版木を、吉文字屋が誤って網屋茂兵衛へ売り払い、版木台帳の名義も変更された。

⑤版木管理の不行届。

⑥堺屋が出訴。吟味も行なわれたが、仲間行司の尽力により、版木を買い戻して内済。

⑦大坂差定帳五番、大坂出勤帳四三番。

⑧本事例は、版木を誤って売り渡してしまったために生じたものである。また、名義変更のおり、担当行司が堺屋に確認をとらず、その後の対応も敏速でなかったため、仲間行司も訴訟の相手となっている。

節用集の刊行では、吉文字屋と堺屋とが共同することが多かったが、そのなかで築かれてきたであろう信頼関係をこわしかねない事例である。対処の相談にも吉文字屋は「一円懸合ニも不参」ときわめて消極的であった。吉文字屋側に何らかの異変があったものか。

96大節用文字宝鑑

①天保三年六月。

②『大節用文字宝鑑』、吉文字屋市兵衛（版権売り渡し）。

③同、網屋茂兵衛（焼株購入）。

④網屋は焼株として購入し、相合書肆に尋ねて版木が

存在しないことを確認した。が、行司に版木目録の確認を依頼したところ、焼株ではないことが判明した。
⑤版権管理の不行届。
⑥網茂・塩喜、口上書を提出。ただし、内容は不明。
⑦大坂出勤帳四四番。
⑧本事例の記述は、④以上の情報はなく、顚末の詳細は不明とするほかない。ただ、一般論として、購入した版権が、版木の備わった正常のものなのか、焼失などで版木の存しないものなのかは、刊行経費の点で問題となったであろう。前者の場合、版木の状態がよければそのまま印刷できるが、後者の場合、彫刻からはじめなければならないからである。もちろん、版権としての資格はどちらの場合でも等しく認められるから、致命的な不利益をこうむることはない。何か問題が起きたとしても、版権所有の明証さえ示すことができれば、事態を有利に収拾できるからである。

本事例の場合、吉文字屋は焼株として売り渡したが、板木台帳では焼株となってはいない。このような齟齬が起こるのは、吉文字屋が焼株になったことを報告していなかったか、版木は実際に存在するが、何らかの意図があってか、あるいは記憶違いのためか吉文字屋が焼株と称したことが考えられる。が、いずれにしても吉文字屋の落ち度ということになろう。

本事例といい前事例といい、この時期の吉文字屋は版権管理をめぐるミスが続く。

97早字節用集

①天保三年九月より一〇月まで。
②『早字節用集』、河内屋太助（売り広め）・永楽屋東四郎（版元）。
③大坂北組惣会所。
④収載語につき、さしさわるものが一か所あったことを北組惣会所より指摘された。
⑤禁忌への抵触。
⑥修正して惣会所へ提出。
⑦大坂出勤帳四四番。
⑧大坂での売り広め手続きを願い出た際のものである。のちの事例108では「東照宮」について同様の指摘があった。『早字節用集』（内題なく外題による。見返し見開きに「早字節用」。文政一四年〈＝天保二年〉、半切横本。

架蔵）でも「東照宮」が収載されるので、それが指摘されたのであろう。なお、天保四年版（たとえば愛媛大学蔵本）では「頓宮」に修正されている。

98永代節用無尽蔵

①天保三年一一月より天保四年五月までか。
②『永代節用無尽蔵』、勝村治右衛門ほか。
③『都会節用百家通』、河内屋木兵衛ほか。『倭節用集悉改大全』、秋田屋太右衛門・河内屋茂兵衛ほか。
④詳細は不明。
⑤「差構」。
⑥問題を解決するまで売留を依頼した。それ以降の詳細は不明。
⑦大坂出勤帳四四番、京都済帳標目。
⑧京都には「済帳標目」しかなく、大坂の記述も「出勤帳」しかないので詳細は不明である。

『都会節用百家通』『倭節用集悉改大全』『永代節用無尽蔵』とも一九世紀を代表する大部の節用集で、収載語と付録を大幅に増補するという行き方も同様である。そのような中で、『永代節用無尽蔵』に先行の二本に抵触することがあったということであろう。

『永代節用無尽蔵』の付録を『都会節用百家通』『倭節用集悉改大全』と比較すると、「大日本之図」「百官名尽・同東百官名」ほか四〇点ほどが一致・類似するので、これらをめぐってのことかもしれない。この時期にいたるまでに、イロハ・意義検索の節用集の付録にあっては、載せるべき教養記事が固定化してきていたのでもあろう、武鑑や公家鑑の類、易占・暦日・男女相性などは多くの節用集が採用するところである。逆に、節用集であればこれこれの記事が載せられているものだ、といったような通念が、利用者・購買者にも、もちろん書肆にもできあがっていたように思われる。意外な感もあるが、付録に採るべき日用教養記事の範囲というものは、年を経るにしたがって狭められてきた面もありそうである。そのような中では、他の版権に抵触するような場合もあったのであろう。また、『倭節用集悉改大全』であれば、項目の割行表示が版権となっていたが、それも考慮すべきであろうか。

99いろは節用集＊

①天保四年七月。
②『いろは節用集』＊。あるいは『〔十三門部分音訓正誤〕いろは節用集大成』（文化一二年序）か。
③早引節用集、柏原屋与左衛門・柏原屋源兵衛・河内屋太助。
④検索法の類似であろう。
⑤類版。
⑥売留を依頼する。
⑦大坂出勤帳四五番。
⑧売留については「再触」とあるので、これ以前に売留を依頼したことがあることになり、書名からすれば事例89にあたる。

100 真草二行節用集＊

①天保五年四月。
②『真草二行節用集』＊、秋田屋源兵衛。
③仲間行司による、版権の正当性の確認。
④秋田屋が、京都の長村半兵衛から『真草二行節用集』（大紙三切）の焼株を購入し、売上証文をもとに名義変更を行司に依頼した。
⑤版権管理上の問題。
⑥行司たちが種々調べるうちに、「不分明」になったので、その旨を秋田屋に伝えた。
⑦大坂出勤帳四六番。
⑧記録が簡略なので、細部については不明である。ただ、京都の「大紙三切」の『真草二行節用集』で焼株といえば、事例57がある。また、事例11についてもその可能性があった。事例11にしても57にしても、三切本の版権は大坂の吉文字屋に帰したと推測された。したがって、長村から購入した版権も、吉文字屋の版権と抵触することになるので、秋田屋の要求した名義変更も認められなかったのではないかと考えられる。
　なお、事例11の相手方は、京都の長村半兵衛だったので、本事例が事例11とかかわることも考えられる。

101 書名不明の一本

①天保七年九月一八日以前。
②書名不明、英平吉・英大助・西宮弥兵衛。あるいは重版自体は他の書肆であって、英らは単に売買しただけとも考えられる。

③『大全早引節用集』、柏原屋与左衛門ら。
④重版。
⑤「重板」。
⑥重版者は衆外。ただし、のちに復帰。
⑦大坂出勤帳四八番。
⑧本事例は、「先年早引大全重板一件之節、仲間衆外ニ被仰付候」二名の復帰を伝えてきた江戸行事の書状による。事例104に見るように、衆外からの復帰は比較的短時日のうちなされるのが普通のようであるから、「先年」というのも、おそらくは天保六年のことかと思われる。ただし、それに該当するような版権侵害の記録は見当たらない。

したがって、詳細は不明とするのが妥当であって、一方では、事例104のように、売留になった書籍を売買した場合にも衆外が適用された例もあるので、英らは重版書を販売しただけであって、重版した者はまた別に存することも考えられるか。

102　いろは節用集大成ほか三書

①天保八年七月より天保一一年三月まで。
②『いろは節用集大成』『早引小本』＊『同（早引）大節用集』＊『〔増字百倍〕懐宝節用集』、尾張書肆某。
③早引節用集、柏原屋与左衛門ら。
④名古屋での早引節用集類の無断刊行。
⑤「重板」「差構」。
⑥版木回収。
⑦大坂出勤帳四九・五一番、京都済帳標目。
⑧名古屋での大規模な重版・類版の事例。当時の書籍流通の常識を知らなかったのか、尾張徳川家の威光を背景に故意に無視したのかは不明だが、早引節用集の重版・類版が大胆になされたものである。ただし、すでに触れた事例89・99などとも関連するようであり、一時に刊行されたのではなく、徐々にバリエーションを増やしていったものと思われる。

②で書名を記録のままに掲げたもののうち、『早引小本』は『〔増補改正〕早引節用集』の重版書であろう。『同（＝早引）大節用集』は、先期事例72で扱った『〔世用万倍〕早引大節用集』であろうか。そうだとすれば、この一連の重版・類版は商品としての体系的な見通しがしっかりしたものだったことになる。

たとえば『早引小本』は、柏原屋の小型携帯判ともいえる『〔増補改正〕早引節用集』を襲ったものであり、『懐宝節用集』は収載語を『〔増字百倍〕早引節用集』から流用しつつ、三切横本として小型化したものである。さらに、『早引大節用集』は、大きさを『〔増字百倍〕早引節用集』並みに抑えているが、収載語は『大全早引節用集』から取捨したものになっている。つまり、携帯性を重視しながらも、内容的には底本と遜色のないものを編纂しようとした跡がうかがわれるのである。

そのような傾向をもっとも表しているのが、『いろは節用集大成』である。これは、『和漢音釈書言字考節用集』を粉本としつつ、早引節用集のイロハ・仮名数検索に改編し、かつ意義分類を追加したものである（佐藤 一九九二）。『大全早引節用集』よりも一・五倍の丁数となったが、半切横本におさめており、いわば、『書言字考節用集』の早引・携帯版である。もとより柏原屋らのバリエーションにはない。

類版とはいえ、ここでも既存の早引節用集に対する改良案が提出されたことになり、しかもラインナップの組織だった展開を見せているのも注意される。あるいは、類版呼ばわりをされないための改編であることも考えられるから、類版ゆえに変化を加えないわけにはいかなかったという側面もあるかもしれない。

それにしても、既存のものよりも有用性の高い辞書を作ることが、版権の壁に阻まれているのが近世であったことを知らされる事例である。なお『いろは節用集大成』については早引節用集の版元との相合版として再版されている。版権所有者さえ了承してしまえば、そのような道もありえたのがまた近世でもあったことになる。もちろん、これは、純粋に権利関係だけで決まるものではなく、その類版書の刊行が、利益に結びつくかどうかということも重要な決定基準であったはずである。その点、『いろは節用集大成』は、『書言字考節用集』の早引版であるから（ただし、注文は大幅に刈り込まれているが）、十分に魅力的な存在であったと思われる。

103 **字典節用集**

①天保九年四月。

②『字典節用集』、網屋茂兵衛。
④網屋が、吉文字屋から購入した『字典節用集』の再版を願い出た。
⑤名義変更ということであろう。
⑥もとの版権所有者の吉文字屋市兵衛がすでに文政一二年に願い出ているため、名義の変更手続きとなったようである。
⑦大坂出勤帳五〇番。

104〔増字百倍〕懐宝節用集
①天保一〇年四月より九月まで。
②『〔増字百倍〕懐宝節用集』、秋田屋彦助・敦賀屋為七。
③早引節用集、柏原屋与左衛門・木屋伊兵衛ら。
④柏原屋らが売留にした名古屋版『懐宝節用集』を秋田屋・敦賀屋が売買したため。
⑤売留書の売買。
⑥両人とも衆外（仲間追放）となるが、のち、復帰を許される。
⑦大坂出勤帳五一番、大坂裁配帳四番。

⑧本事例は、事例101で売留となった書籍を売買したことによる付随的なものだが、売留違反者の処分としても興味深いものがあるので別に立てることとした。
　版権侵害書あるいはその疑いのある書について、版権所有者がまず採った手段は、売留（当該書の売買の一時停止）である。本事例は売留になっている書籍を、他の仲間構成員が違反して売買した場合の処遇が知られる例である。何らかのペナルティが課されるのは当然としても、衆外というのは厳しい処分ともみえる。もちろん、版権を侵害された版元にとっては実質的な損害をこうむるわけであり、それを見逃していては本屋仲間の存在意義が問われかねない。また、売留は、仲間全員への申し合わせとして行司が通告するものであるから、売留書の売買は仲間規約の違反に近いものともいえようから、この場合の衆外は至極妥当な措置だったのかもしれない。

　七月一九日、秋田屋・敦賀屋を衆外とすることに評議一決し、七月二一日、仲間構成員の証である株札を提出させ、京都仲間へも二名衆外の旨を知らせている。ところが、八月五日、柏原屋らは、二名の衆外免除の口上書を提出した。これは、秋田屋・敦賀屋らが、「願人方へ度々心得違不重法之段相咤」びたことによるものである。ただ何度も詫びただけでなく、なにがしかの権利譲渡や違約金のようなものを払ったのかどうかまでは知られないが、効を奏するだけのことはしたものと推測される。柏原屋らの口上書をうけて九月五日には両名とも仲間復帰が許されている。

右のような過程から、売留書売買による衆外の措置は、多分に形式的なもののようである。少なくとも、版権侵害を受けた側から衆外免除の願いを出せば復帰を考慮されるようなものであったことが知られる。また、たとえ衆外のままでも、致命的な損害をこうむることはなかったらしい。このことについては次例を参照されたい。

105　〔増字百倍〕懐宝節用集

①天保一〇年七月より天保一二年四月まで。
②『〔増字百倍〕懐宝節用集』、菱屋治兵衛・夷子屋市右衛門。
③早引節用集、柏原屋与左衛門ら。
④柏原屋らが売留にした名古屋版『懐宝節用集』を菱屋・夷子屋が売買したため。
⑤売留書の売買。
⑥菱屋らに過料三貫文出させる。
⑦大坂出勤帳五一番、大坂裁配帳四番、京都済帳標目。
⑧前事例と同趣の件で、異なるのは京都の書肆による売買だったということだけである。

京都仲間では、⑥のように過料をださせることに決したが、大坂仲間の意向はこれとは異なっていた。「大坂裁配帳」の記録には、過料による解決は不本意ながら特例として受け入れること、今後は同趣の件があっても過料には依らないこと、さらにこの件を先例としないことなどを京都側に伝えている。

このことから逆に大坂側の意向を推測することができよう。具体的にいえば、事例104と同様に、一旦は衆外の措置をとってもらい、ついで菱屋らからの謝罪を柏原屋らが直接に受け、十分に誠意が知られた段階で衆外解除のための口上書を執筆し、晴れて菱屋らの復帰にいたるという過程を妥当と思っていたのではなかろうか。

版権侵害で問題化した場合、被害者側がもっとも念を入れるのは再発の防止であるはずである。それを徹底するには、違反者に対して違反した経緯の回答を要求し、違反事実への真摯な反省を求め、再犯の根を絶つ措置を講ずることが必要であろう。そう考えれば、違反者からの謝罪は、損害を被った側から直接にアプローチできる好機でもある。したがって、それを失うような対処は承服できかねるというのが本事例における大坂側の意向ではなかろうか。

さて、衆外がどのような措置だったかというに、京都仲間からの問い合わせについて、大坂行司の大野木（秋田屋）は、個人の見解として答えている。衆外となればそれは「素人」になることを意味し、刊行事業は継続できなくなる。しかし、版権は所持したままでよく、他の仲間構成員に依頼すれば支障なく刊行できると返答している。この見解は、大坂の他の行司からも了承を得たものでもあった。したがって、衆外とはいっても、蔵版書を刊行するにあたっては、依頼する仲間構成員への相応の手数料を支払うなど、なにがしかの出費はあろうが、実質的な権利や利益について致命的な損害を受けるものではなかったようである。

ただそうなると、京都仲間側は、衆外にするよりも過料を支払わせた方が懲罰的な効果が大きいと判断することができ、今回の措置は的確であったと考えているようにも思われる。とはいえやはり、衆外は相当に重い処分であるらしく、京都側からは「右両人之儀は、発端行違之儀有之故、兎角差支無拠右取斗ニ為相済申候」と、特殊事情のあることを勘案して過料措置にしたという。

106書名不明の一本

①天保一〇年一二月より翌年五月まで。
②書名不明、甲州の書肆某。
③『〔増字百倍〕早引節用集』、柏原屋与左衛門ら。
④重版。
⑤「重板」。
⑥版木回収。
⑦大坂出勤帳五一番。
⑧甲州での重版書が江戸で出回っていたため、江戸行事が版木を回収し、重版人から一筆とって済ませた。

この費用を柏原屋らが捻出したことまでは知られるが、重版人の氏名や重版書の書名・内容などの詳細は知られない。

107いろは節用集大成

①天保一一年六月。
②『いろは節用集大成』、柏原屋清右衛門。
③不明。イロハ・意義検索節用集の半切横本における真草二行表示か。あるいは『和漢音釈書言字考節用集』（村上勘兵衛）か。
④『いろは節用集大成』に類版のおそれがあるということか。
⑤類版か。
⑥添章（販売許可証）を京都仲間分はあとにし、江戸仲間分のみ、発行することにする。
⑦大坂出勤帳五一番。
⑧この件は事例102からの派生である。回収した類版書を販売もしくは再版するという、柏原屋らの新たな行為であり、それによって新たに問題化したものなので別件として扱う。ただし、問題化といっても手続き上のことのみで記述は終わっている。

　この件の記録では、類版書『いろは節用集大成』の再販売・再版において、柏原屋が「十三門部分節用株式」への抵触を懸念していたことが知られる。『いろは節用集大成』は美濃半切横本であることから、たとえば先行事例69ではイロハ・意義検索をとる半切横本での真草二行体が問題化していたので、その点への注意がまず考えられる。一方、『いろは節用集大成』は『和漢音釈書言字考節用集』の改編本であるから（佐藤一九九二）、その事実を柏原屋も察知してのことかとも思われる。本書第二部第一章参照。

108大全早字引（いろは節用集大成）

①天保一二年八月。
②『大全早字引』（外題『いろは節用集大成』）、柏原屋清右衛門。
③天満組惣年寄の薩摩屋仁兵衛より下問。
④本屋仲間行司、『以呂波節用』「と之部」に「東照宮」が載ることについて先例を尋ねらる。
⑤禁忌への抵触。

⑥柏原屋より、『征翰偉略』『大全正字通』などに先例があることを告げる。
⑦大坂出勤帳五二番、大坂開板御願書扣。
⑧天保一一年五月、柏原屋らは、事例102で入手した『いろは節用集大成』の版木をもとに刊行を願い出た。徳川家に属するものを軽々に扱うことはできなかった当時、神格化された徳川家康にかかわることがらが記されていたため、惣年寄が問い合わせたのである。

記録からは、天保一三年正月になって東奉行所より認可が出たことが知られるが、その間にどのようなやりとりがあったのか、⑥以上の記述はえられない。

そこで、当該書を比較するに、もととなった尾張類版書『いろは節用集大成』では、たしかに〔と六・神ー〕（ト部六声神祇門。八五オ）に「東照宮〔野州日光山〕」とあるが、柏原屋らの改題本『大全早字引』の同じ箇所には「道陸神〔十一月〕」で置き換えられている。本事例での問い合わせにしたがって、柏原屋らは問題の箇所を改めたことが知られる。

それにしても、半切横本とはいえ、五〇〇丁の本文を有する『大全早字引』から「東照宮」を探しあてるのだから、当局の検閲も入念なものだったことが知られて興味深い。改刻にしたがった柏原屋といい、幕府に対する意識と節用集の編集・刊行との関わりが知られる事例である。なお、本事例のように徳川家とのかかわりで当局から下問があったものに、葵紋の記載が問題となった事例21・26があった。

まとめ

前章までと同様に本期のまとめを行なう。なお、各期の名称を、次のように示す。

Ⅰ　元禄・元文間　　Ⅱ　宝暦・明和間
Ⅲ　安永・寛政間　　Ⅳ　享和・文化間

本期では、刊行手続きや版権管理にまつわる事例が多くなったので、新たに「管理」の項を設けた。なお、先期までのまとめと同様に、一つの事例が複数の種別に該当する場合は、それぞれの種別ごとに記した。不明の項を少なくするため、ある程度の可能性があるものは、他の種別にわりふっている。

種別	Ⅰ	Ⅱ	Ⅲ	Ⅳ	本期	該当事例
付録	九	九	一	一	四	81 85 88 91
本文	二	一	三	一	一	106
検索法	一	七	二(四)	四	四	89 92 99 101
判型	一	七	二	一	○	
版面	一	二	四	三	二	84 93
重版	○	三	三	五	六	79 80 90 94 101 105
禁忌	○	一	一	一	四	83 86 97 107
管理	○	○	○	○	八	83 87 95 96 100 102 103 104
不明他	二	六	三	四	二	82 98

まず、直前の享和・文化間（Ⅳ）との類似を見てみる。重版・検索法の項が比較的多いのが共通しよう。これらは、いずれも早引節用集にかかわるものなので、同書がどのような位置づけをとっていたかがうかがわれる。すでに、節用集界にあっては早引節用集こそが主力であることが知られるわけだが、先にも記したように、単に需要があるからということもあるが、『〔増補改正〕早引節用集』のような小型本ならば版木の枚数も抑えられるため、重版へのハードルが低かったことも大いに関係しよう。

重版本とおぼしい三切横本が多く現存するが、それらの刊記には、刊行書肆は記されても刊年が記されないことが多い（あるいは、それらの多くは、天保の改革で本屋仲間が解散させられ、版権管理機構としての機能を奪われていた時期での刊行であるためかもしれないが）。また、本屋仲間の記録類も、この時期にあっては早引節用集の重版も珍しいものではなくなるためか、詳しく記述されないため、現存書と版権問題事例との対応がとれないことが多いのは残念である。

さて、重版・検索法はさておき、管理の項も注目される。本期になってこのように多くの事例があることについては、いくつか考えられることはある。

一つには、記録の記載がより丁寧になっていることが考えられる。すなわち、管理の項のような事例については、以前なら明記されなかったようなものが、記録されるようになったのではないか、ということである。ちなみに、「大坂出勤帳」を資料に、期別の執筆量と一年における平均執筆量をくらべてみよう。なお、「出勤帳」は明和元年から作成されるので、元禄・元文間（Ⅰ）のすべてと宝暦・明和間（Ⅱ）の前半部は対象とならない。単位は大阪府立中之島図書館編の翻刻本によるページ数とした。

	Ⅱ	Ⅲ	Ⅳ	本期
執筆総量(頁)	七四	五一六	六四七	一〇〇五
期間年数(年)	八	二九	一七	二六
年執筆量(頁)	九・三	一七・八	三八・一	三八・七

この表によるかぎり、執筆量漸増の傾向はあきらかに認められるが、享和・文化間（Ⅳ）と本期はほとんど変わっていない。したがって、かならずしも執筆量の増加にともなって管理的な事例の記載が増えたとは言えないことになる。

となると、管理の項に属する事例の記載が強化されるような内的・質的な変化があったことを考えておいてもよい。そのような点で注目されるのは、享和・文化間に属する文化八（一八一一）年四月のことであるが、大坂本屋仲間が奉行所に対して、役威向上のため、奉行所の御椽側への出頭許可を申請し、許可されたことが関係するかもしれない。このような地位向上策を敢行した背景には、蒔田稲城（一九二八）も説くように、仲間構成員の増加にともなう統制力の減退があったようである。願書の一節を引いておく。

近年本屋仲間多人数ニ相成、右之内ニは如何之書本取扱候者出来仕、多人数之義年行司共相制し候得共、其内ニは不行届不埒之書本差出し候者在之、御吟味ニ相成奉恐入候、制し方不行届之義は、年行司共身柄軽く候故、取調軽く相成、下々之不弁者共用兼、我儘之利欲ニ迷ひ、不埒之書本差出し候様相成候儀ニ而、往古廿四軒之仲間拾ケ年程已前迄は百軒余ニ相成、当時は凡四百軒斗御座候故、多人数ニ而諸事取扱之義行届兼候儀ニ付、色々考弁仕候処、全年行司共身柄軽キ故之儀ニ御座候間、以来年行司之者御役所江罷出候節、御椽側江罷出候儀御赦免被為成下候様奉願上候（大阪府立中之島図書館編〈一九八三。第一〇巻〉「御椽側一件」）

一〇〇軒程度なら享保以来の業務形態なり意識なりで十分な対応が可能だったのであろう。すなわち、身内規模の管理問題くらいなら内々で処理し、記録にも残さずに済んだということも少なくなかったものと思われる。ところが、わずか一〇年ほどで構成員が三〇

○軒増加するという事態となっては、旧来の慣行は到底維持しえなかったものと思われる。およそ組織という組織においては、設立当初に通用していた不文律の慣行が組織の肥大化にともない廃せざるをえなくなり、新たに成文化した規則を用意しなければならなくなるものである。こうした通例に照らすとき、右の一節から、大坂本屋仲間が遭遇している組織維持の危機的状況を読み取ることはさしてむずかしいことではない。そのような状況下においては、身内の版権管理問題とはいえ、後々のために参照すべき先例として記録に残す必要が生じたということである。どの構成員にも分け隔てなく平等な扱いをするためのぶれのない指針を持たねば組織運営は滞ってしまうからである。

そしておそらくはこれと軌を一にしたものと思われるのが、「行司当役帳」「帳合仕法書」という行司役マニュアルで、それぞれ文化八年五月と同年一一月に作成されている（大阪府立中之島図書館編〈一九八三。第一〇巻〉所収。同巻「後記」も参照）。行司としての役儀や記録の有りようなどに触れたものであるが、このようなマニュアルが必要であることからして、右に推測した不文律の慣行から成文法による管理への移行が象徴的に示されているものと思われるのである。

管理に属する事例が本期に登場しはじめた背景には、右のような一連の行司役威向上策が享和・文化間の末近くに行われたことと関連のあるものと考えてよかろう。なお、「御椽側一件」の出版史上の意義については、仲間組織の統率・管理・運営の円滑化とまずは考えたいが、別途、大和博幸（二〇〇七）のように版権問題への対応を主とする見解もあることを言い添える。

第六章　嘉永・明治初年間

嘉永以降に起こった節用集の版権問題を通覧するが、天保の改革で解散させられた本屋仲間が再興される嘉永四（一八五一）年以降ということになる。また、江戸期に刊行された節用集の版権問題が終了する明治五年までを扱うことになる。

本期は、前半が、仲間解散中に横行した版権侵害の余波を収拾すべき時期であり、後半は、近代的な版権への移行期でもあった。もちろん、幕府瓦解から明治新政権への移行という歴史的な事件も起こる時期でもある。

そのようななかで多様な情報を期待したいところなのだが、後半期の記述は簡略になっており、かならずしも詳細が知られないのは残念である。

109〔増補音訓〕大全早引節用集

①嘉永五（一八五二）年一月一一日。

②『〔増補音訓〕大全早引節用集』、柏原屋与左衛門。

④本屋仲間解散中に刊行した書につき、本屋仲間再興にともなって、旧来の手続きにしたがい、諸手数料などを支払う。

⑦大坂出勤帳五四番。

⑧いわゆる版権侵害に属するものではないが、本屋仲間再興後の動向や書肆らの意識・見識を示すものとみて採りあげた。

他の書肆の他の書物も同様の処置をしており、手続きへの忠実さが認められるが、本屋仲間構成員としては当然のことなのであろう。規定の諸手数料を仲間に支払うことによって、事があれば仲間組織を活用して対処するためでもあることになる。

110 都会節用百家通

①安政二（一八五五）年二月二九日。
②『都会節用百家通』、敦賀屋九兵衛ほか。
③月行司たちの話し合い。
④付録中の東西両本願寺の記載についての風聞。
⑤刊行手続きをめぐる事柄か。
⑥不明。
⑦大坂出勤帳五七番。
⑧本事例も明確な版権問題というのではなく、付録の内容についての風聞があることが記されるに過ぎない。全文も「一勘定寄合致、都会節《（ママ）》両本願寺御例座之事ニ付、鳥渡風聞承り候ニ付内談致候事」とあるばかりで、具体的な内容はわからない。ただ『都会節用百家通』で東西両本願寺がかかわる件といえば事例87が想起される。そのおりには、公家鑑中の准門跡の序列を西本願寺を先に掲出した本の回収を行なったが、それは販売した分についても及ぶ、徹底したものだった。が、この時期になって回収漏れのものが市中に散見されるということであろうか。

あるいは、当時出回っていた天保七（一八三六）年再版本のなかに、再版出願時の審査用見本と内容が異なり、東西本願寺の序列が前後する本が出回っていたということか。であれば、事例87が後々の教訓とはならなかったということになる。

なお、事例113でも公家鑑が話題になっており、本事例はそちらに含めるべきものなのかもしれない。

111 〔早引〕万代節用集・早引万宝節用集

①安政二年六月二〇日から慶応三年一〇月五日まで。
②『〔早引〕万代節用集』『早引万宝節用集』、河内屋茂兵衛・英屋大助。
③『大全早引節用集』『〔増補音訓〕大全早引節用集』『〔十三門部分音訓正誤〕大全早字引』、柏原屋与兵衛・木屋伊兵衛。
④『〔早引〕万代節用集』は三重検索（語頭イロハ順・仮名数順・意義分類）が『大全早字引』に抵触したのであろう。『早引万宝節用集』は、本文が『大全早引節用集』に、検索法は早引節用集一般に抵触。

⑤「類板」。『〔早引〕万代節用集』については「殊更取巧」と評する。

⑥柏原屋らが出訴し、版木のすべて（『〔早引〕万代節用集』八三〇丁分・『早引万宝節用集』四二七丁分）を回収する。なお、『〔早引〕万代節用集』は、慶応三年に早引節用集の版元より再版される。

⑦大坂差定帳六番、大坂出勤帳五七・五九・六七番。

⑧『〔早引〕万代節用集』（嘉永三〈一八五〇〉年刊）は、宮田彦弼（播磨）の編著で、唐話語・奇字のたぐいも積極的に収載し、早引節用集の中では群を抜く語数（推計延べ六五〇〇〇語）を誇るものである。検索法は、早引節用集一般と同様にイロハ・仮名数検索だが、さらに一五門の意義分類を施している。語数と検索法のうえからは、柏原屋らの『〔十三門部分音訓正誤〕大全早字引』（事例102 107 108）との関係があるように思われるが、語順などでは顕著な関係が認められず、一本で一系統をなすものと考えられる（佐藤 一九八七）。

『早引万宝節用集』は、山川諳司の編著である。柏原屋らの『大全早引節用集』に依拠したことは明らかだが、さらに増補した語を「再増」の表示のもとに掲出するのを特徴とする。

以上のように本事例の二書は、検索法上はたしかに柏原屋らの早引節用集を踏襲しており、類版のそしりは免れないが、内容上は見るべき点があるものといえよう。

本事例は、仲間復興後初の本格的な版権問題なので、興味深い点が存する。まず、仲間解散中の刊行である『〔早引〕万代節用集』の版権侵害を追及している点である。もちろん、本屋仲間が復興したのだから、過去のものではあっても版権侵害を追及するのは当然とも見える。が、それにしては復興の年である嘉永四年から四年を経過した時点での取り組みであって、この四年間の空白が何を意味するのかが知りたく思うのである。

ただ、いまのところ、具体的な資料もなく、単に空白期間のあることを指摘するにとどめざるをえないが、もっとも単純に考えれば、類版書が安政になって増刷されるという事態が発生し、版権侵害による不利益がはなはだしくなるなど、事情がにわかに切迫するようなことがあったのでもあろうか。あるいは、「殊更取巧」との評言も考慮すると、『〔早引〕万代節用集』の刊記にある嘉永三年の年記が一種の工作であった可能性も考えられようか。つまり、嘉永三年であれば、本屋仲間解散中の時期にあたっており、その時期に出版認可されたものであれば、本屋仲間構成員のもつ版権とは抵触しないはずである、との理屈が通ると判断するものも居たであろう。実際、本屋仲間が解散させられていた時期には多くの早引節用集が重版されていたのであった。もちろん、先述のように『〔早引〕万代節用集』は、検索法こそ早引節用集を襲ったものだが、本文は独自の部分もあるので、侵害したとしても、一段、軽微なものにとどまるとの意識もあったであろう。

なお、本事例二書は同時に出訴・裁決と経ているが、一連の本事例の記録では、『〔早引〕万代節用集』に重点がおかれているのも興味を引く。たとえば、『〔早引〕万代節用集』の刊行経緯について、河内屋が所持していた稿本を、河内屋の在住する大坂で開版免許を申請せずに、かねてから昵懇だった英屋を介して江戸で免許をとったこと（これが「殊更取巧」と評された事態であろうか）まで調査し記録にも残しているが、『早引万宝節用集』については、そこまでの経緯には触れていないのである。このように二書の扱いに差が生じたのは、右のような『〔早引〕万代節用集』の刊行経緯を、「殊更取巧」と評するように、悪質であると捉えていたからであろう。

112　〔世用万倍〕早引大節用集

①安政六（一八五九）年五月一一日より一一月五日まで。
②『〔世用万倍〕早引大節用集』、藤屋宗兵衛。
③『大全早引節用集』、豊田屋卯左衛門ら。
④類版書版木による刊行・販売。
⑤類版。
⑥版木を元版持主に返還し、出回っている本も回収する。
⑦大坂裁配帳五番、大坂触出留、大坂出勤帳六〇番。
⑧本事例の問題書『〔世用万倍〕早引大節用集』は、かつて尾張で刊行されたものである（事例72参照）。その折り、版木は、早引節用集の版元・柏原屋に帰した。

その後、嘉永二年、柏原屋源兵衛伜嘉助が京都で藤屋に出会い、質入れさきの斡旋を依頼し、平野屋茂兵衛のもとに質入れした。その後、藤屋は、質流れになりそうなことを嘉助に知らせたが、自由に売り払いしてくれとの返事だったので、買い戻して刊行したという。

結局、藤屋が所持していた一八〇丁分の版木（四丁張り三八枚、二丁張二〇枚）を嘉永二年当時の版元・柏原屋に返却した。さらに柏原屋から安政時の早引節用集版元・豊田屋らに返却することになった。この間には、藤屋が「板賃摺」（現代風にいえばライセンス生産か）を申し出るが、受け入れられなかったり、慰謝料・手数料のごとき含みでか柏原屋清右衛門から藤屋へ「大万節用集・玉海節用集」など九点の委譲などがあった。

右のうち、『〔世用万倍〕早引大節用集』の版木が、藤屋から直接豊田屋らへ返還されるのではなく、一旦柏原屋に返還しているのが興味深い。安政二・三年には、早引節用集の版権が一括して豊田屋らに移動していたが、『〔世用万倍〕早引大節用集』だけが、右のような経過で漏れてしまったことになる。そこで、確認の意味でも、一旦、柏原屋に返還する必要があったのであろう。なお、このような事情のため、柏原屋徳次郎は、版権を主張しない旨を記した念書を書いている。

なお、藤屋の説得にあたった行司の発言に次のようなくだりがある。

一藤（＝藤屋）宗兵衛呼掛、前条ニ口上書差出し候故、段々取調評議候処、全体名高キ早引類之事者、其方も乍心得取扱候故、不正之板木ニ間違無之、依之元株之方へ平和ニ掛合候様利解申聞候

（大坂出勤帳六〇番・五月一七日）

どのような点をとらえて「全体名高キ早引類」と評しているのかは判然としないが、少なくとも広範にわたる流布については考えておいてよかろう。さらに、この文脈に即していえば、豊田屋らも藤屋も同じ大坂本屋仲間の構成員であったことも含意されていよう。このことは、たびたび繰り返されてきた早引節用集をめぐる版権問題を、藤屋が直接間接に見聞きする立場にあったはずだとの意味も込められていよう。ともあれ、「全体名高キ早引類」といった表現が説得の場にあらわれること自体、早引節用集がどのような存在と

して受け取られていたかがうかがえるようで興味深い。

113 都会節用百家通

①万延元（一八六〇）年五月一一日より文久二（一八六二）年一〇月五日までか。
②『都会節用百家通』、敦賀屋九兵衛。
③月行司が対応した。
④再版に際しての、付録の公家鑑の内容の変更について。
⑤刊行手続き上の不備。
⑥再版は断念したようである。
⑦大坂出勤帳六一・六三・六四番。
⑧万延元年五月一一日の記事では、提出された再版見本の写本に、公家鑑の本願寺の部分が「先例」（旧版の意か）と大きく変わっていて不審だったので、行司は写本を預かるだけにした。文久二年一月二十日、敦賀屋九兵衛の手代より『都会節用百家通』の再版願いが出されたが、公家鑑変更の件、「先方」が承知しているかどうか確認してから願い出るよう入念に言い聞かせた。同年一〇月五日、訂正のため見本写本を返却するよう版元が求めてきたので行司は返却するが、その後、『都会節用百家通』の再版をめぐる記事はなく、この時期以降における刊行書も現存しないところから、再版は見送られたものと考えられる。

『都会節用百家通』と付録の公家鑑といえば、事例87が想起される。三〇数年前の事例ながら、仲間の記録には残っており、事が事だけに記憶にも残りやすいものだったであろう。そのような「前科」のある『都会節用百家通』であり、かつ、本期事例110でも『都会節用百家通』の公家鑑をめぐる風聞もあった。このようなことからも行司は慎重に対処したものと思われる。

さて、現存する『都会節用百家通』は天保七年版が最新のものであるが、本事例は、最幕末期ともいえる万延・文久年間において再版が企図されたことが知られるものである。また、その再版が公家鑑の内容をめぐって見合わされたように見える点も興味深い。もちろん、大部の節用集であるだけに経費の工面がつかないなどの別の障害も考えられるので、かならずしも再版見送りの要因を公家鑑にだけ求めることはできにくい面もある。

なお、内容の訂正が、どれほど経費を圧迫するかについて考えさせられる事例として、次の『大日本永代節用無尽蔵』のケースがあると見られようか。二年の時を経てはいるが、本事例と時期的にまずまず接近しているので、「訂正」の内容についても、何らかの暗合があるやにも見え、興味深い。

114大日本永代節用無尽蔵

①元治元（＝文久四。一八六四）年一〇月より元治二年一月まで。

②『大日本永代節用無尽蔵』、勝村次右衛門・菱屋孫兵衛ら。

④すでに文久版が再版・販売されたが、校合に不行届きがあったので、出回っている本を売留にするよう、版元から要請があった。

⑤内容上の不備。

⑥すでに販売された分については、校合の完了したものと差し替える。

⑦京都出入済帳。

⑧問題化した時期にもっとも近い文久四年版を当該書と考えたいが、記録上は「永代節用無尽蔵　三刻」とある。大型化したものとしては天保二年版・嘉永二年版につづく三版（三刻）にあたるので支障はない。が、文久四年版の刊記には大別二種あるが、双方とも大型化していない『永代節用大全無尽蔵』の初版について「寛延三〔庚午〕年元刻」「寛延三年庚午年元刻」などと記しており、これから数えて、文久版をそれぞれ「文久四〔甲子〕年春〔改正増補〕四刻」「文久四年甲子四刻」としている。

本事例、どのような点が問題となって校合が必要とされたか、詳細は不明である。関場武（二〇一三）によれば、文久版『大日本永代節用無尽蔵』には元版と元治元年修訂版が存するという（刊記の年記は文久四年のまま）。異なりの大きいものは「雲上要覧」の「御付武士」における墨釘（彫り残し）を解消して記事を改刻補入したことが、目立つものとしては唯一のもののようである。当時の、公家鑑（雲上要覧）に対する観念が不明なので何とも言えないが、差し替えるほどのものでもなさそうであるし、元のままの本も相応に現存するので、どれほどの規模で差し替えがなされたのかも疑問である。今後、さらに原本の調査対象を増やしていきたく思う。

115万世早引増字節用集ほか

①慶応元（一八六五）年五月一六日より七月二〇日まで。
②『万世早引増字節用集』ほか全六書、吉田屋文三郎。
③早引節用集、豊田屋卯左衛門ら。
④株仲間解散期などに多くの重版・類版書が刊行されたが、その対応方について。
⑤「重板同様之類板」。
⑥一括して売留を発行する。
⑦大坂触出留、大坂出勤帳六六番、大坂公用窺之控、京都済帳標目。
⑧「大坂触出留」に収録された慶応元年閏五月付け「通達」の控えには一〇種の書名が認められるが、便宜上、重版・類版の版元ごとに三分して記すこととし、そのうち、本事例としては、江戸版とされる六書について扱うことにした。

　江戸版の六書とは以下の(a)~(f)である。記号の直下に「大坂触出留」の記載どおりに書名などを記し、それぞれについて現存書への比定を行う。

(a)万世早引増字節用集　江戸板　全壱冊
(b)同　雑書入　同（江戸板）全弐冊

　(a)は文久三（一八六三）年刊。刊記に「東都　織田氏蔵」とあり、「製本所」として吉田屋文三郎の名を掲げる。これに付録類を大幅に増補したのが(b)である。(a)だけでもかなりの厚みになるが、(b)ではさらに大量の付録類が付くことになる。最小限の付録しか付さなかった早引節用集にあっては異例である。

(c)早引万寿節用集　江戸板　全壱冊

　内題を『万寿早引節用集』とするものであろう。文久元年刊。刊記には、(a)同様、「織田氏蔵」とあり、「製本所」として吉田屋文三郎の名を掲げる。

(d)早引節用集　大半紙三つ切　同（江戸板）全壱冊
(e)同　半紙三つ切　同（江戸板）全壱冊
(f)早字引節用集　同（江戸板）小本　全壱冊

　この三書については、書名と判型と刊行地だけでは現存書への比定がむずかしい。大坂本屋仲間の「公用窺之控」にある「重板同様類板之品々」との文書が参考になりそうである。この文書は、明治三（一八七〇）年一一月二七日、明治三年伏見版早引節用集重版の裁判のために大阪府庁裁判所に提出された参考資料で、「此節流布仕候重板類板之品」を書き出したものである。そのなかに次のようなくだりがある。

一　早字引節用集　元板早引節用集小本之重板
一　万寿節用集
一　早引増字節用　両品共、元板大全早引節用之類板
一　早引節用集　大半紙三つ切本
一　同　名　半紙三つ切本
一　懐宝節用集　半紙三つ切本
一　同　増補　半紙三つ切本
　　各、元板数引節用集真字入之類板
右、官許之印なし　東京　吉田屋文三郎板

「万寿節用集」は(c)に、「早引増字節用」は(a)にあたり、(d)〜(f)と同じ書名・形態の節用集も記されている。すなわち「重板同様類板之品々」の記述は「大坂触出留」に呼応するものと考えられる。したがって、(d)〜(f)も吉田屋文三郎の刊行書であると思われる。

そこで、この時期に刊行された諸本のうち、刊記に吉田屋の名の見えるものから比定することができる。すると(d)は、見返題・序題を「万代早引節用集」とする真草二行体の文久元年版三切横本が考えられる。(e)は、文江堂主人序、内題角書に「増字百倍」を冠する『早引節用集』三切横本が候補に挙がろう。(f)は、内題を「〔増補改正〕早引節用集」とし、外題を「〔天保新刻〕早字引節用集」とする文久二年版六行縦本があたることになろう。

ほかにも、吉田屋文三郎の名がみえる節用集が数本あり、やはり類版のそしりを免れないものだが、大坂本屋仲間の記録類にも名が見えないので本章では割愛する。それにしても、この当時、吉田屋はかなり大規模に早引節用集の類版を刊行・販売していたことが知られる。天保の改革で本屋仲間が解散させられ、版権の自主管理体制が崩壊してからは、たしかに版権を無視した刊行が横行するのだが、そのなかでも目立つ存在である。

116 大全早字引節用集ほか

①慶応元（一八六五）年五月一六日より。

②『大全早字引節用集』ほか、亀屋（あるいは亀本屋）半兵衛。ただし、刊記には亀屋以外の書肆の名の載るものもある。
③早引節用集、豊田屋卯左衛門ら。
④豊田屋らの早引節用集諸本を無断複製・改題し、販売した。
⑤「重板同様之類板」。
⑥豊田屋が買い取る。
⑦大坂触出留、大坂出勤帳六六番、大坂公用窺之控、京都済帳標目。
⑧「大坂触出留」の慶応元年五月付け通達にみえる一○書のうちの「伏見板」と記された三書の件で、類版版元を亀屋（亀本屋）半兵衛とするものである。前事例とおなじように「大坂触出留」の記述を記し、ついで当該書への比定を行なう。なお、記号は前事例から連続させた。

(g)大全早字引節用集　伏見板　全壱冊
(h)同　　同　　全壱冊

「大坂触出留」の記述ではまったくの同名書となってしまうが、一つは豊田屋らの『〔増字百倍〕早引節用集』を改題・重版したものである。内題を「訂正早字引　一名仮名引節用集」とし、外題を「早字引節用集真字附」とするものであろう。「大坂触出留」はこの外題によって記したものと思われる。架蔵の一本には「天保十四癸卯歳新刻　文久三癸亥歳再刻」とあり、刊行書肆は「亀屋半兵衛」と一名だけ記される。ただし、刊記についてはいくつかのバリエーションがある。

いまひとつの「大全早字引節用集」は、豊田屋らの『大全早引節用集』を改題・重版したものである。山田忠雄（一九六一）によれば天保一四（一八四三）年版のほか、「増補再刻」と角書する安政六年版がある。安政六年版では、付録類が増補されるのが新味である。なお、角書のない『大全早字引節用集』には『訂正早字引』と同様、いくつかのバリエーションがある。詳しくは関場武（一九九四）参照。

(i)早字引節用集　小本　同（伏見板）　全一冊

大坂本屋仲間の記録類で「早引節用集小本」といえば、『〔増補改正〕早引節用集』などの縦型小本をさすのが普通である。その体裁で該当するのは、内題に「天保新刻」と角書する天保一四年刊本である。刊記にみえる書肆は亀本屋半兵衛（伏見）・播磨屋利助である。

諸本の同定は右のようになるので、亀屋半兵衛らの版権侵害は、豊田屋らの早引節用集の主要な異本である『〔増補改正〕早引節用集』『〔増字百倍〕早引節用集』『大全早引節用集』におよぶことになり、組織的な行為との印象を受ける。

なお、『大全早字引節用集』については関場武（一九九四）に諸本の調査があり、豊田屋らの『大全早引節用集』のうち、天保七年版・天保一四年版・嘉永七（一八五四）年版・同安政改修版それぞれに基づいたものがあり、さらに万延元（一八六〇）年版によって部分的に改訂したものもあるようである。ただし、架蔵書のなかにも関場が触れていないものもあり、異本の整理・調査は今後に期する面がある。当面、これらの諸本を一括して本事例の当該書としておこうと思う。これは便宜的な措置であるが、一方では、これらの諸本はやはりいずれも豊田屋らの『大全早引節用集』の版権侵害書であり、当時、問題となっていたのも、どの一本ということではなく、亀（本）屋のかかわる一連の『大全早字引節用集』であると考えた方が現実的だと思うからである。なお、これは、関場の詳細な調査を無視するものではなく、問題の扱い方が異なるところから来る措置である。

117〔早引〕永代節用集

①慶応元（一八六五）年五月一六日より。
②『〔早引〕永代節用集』。丁子屋平兵衛か。
③『〔十三門部分音訓正誤〕大全早字引』、豊田屋卯左衛門ら。
④『〔十三門部分音訓正誤〕大全早字引』を無断複製・改題し、販売した。
⑤「重板同様之類板」。
⑥売留発行。
⑦大坂触出留、大坂出勤帳六六番、大坂公用窺之控、京都済帳標目。
⑧「大坂触出留」の慶応元年五月付け通達にみえる一〇書のうち最後のものである。現存書に比定しておく。
(j)永代早引節用集　全壱冊　但、奥書江戸神明前和泉屋市兵衛与在之

内題を「〔早引〕永代節用集」とするものであろう。架蔵の天保一四年版の刊記には「芝神明前／和泉屋市兵衛」の名は見えるが、大坂三肆・江戸七肆の名も見える。なお、亀田次郎旧蔵書嘉永三年版の刊記には大坂二肆・江戸一〇肆の名が見えるが、そこでは和泉屋市兵衛ではなく和泉屋金右衛門になっている。また、架蔵書では大坂二肆は記されていない。

通達にある「奥書江戸神明前和泉屋市兵衛与在之」との但し書きは、本の同定のための注記であって、類版の首謀者ということではないようである。というのは、「触出留」に対応すると思われる「公用窺之控」中の「重板同様類板之品々」には次のようにあって、首謀者が明らかにされているからである。

一　早引永代節用集　元板大全早引節用之類板
　　右、旧幕官許　　　東京　丁字屋平兵衛板

この丁字屋の名は『〔早引〕永代節用集』の天保版・嘉永版双方にあり、かつ、両書刊記の書肆末に挙げられ、「版」字も付される。したがって、通達の「奥書江戸神明前和泉屋市兵衛与在之」の但し書きは和泉屋金兵衛ではなく和泉屋市兵衛の名のある天保版を指すためのものと考えられる。年代的に新しい嘉永版ではなく天保版の方を問題にしていることになるが、嘉永版についてはすでに処分が済んでいながらも、古い天保版があいかわらず出回り続けていたなどの事情があったのかもしれない。

118 大全早字引節用集

①明治三（一八七〇）年二月二九日より一二月二〇日まで。
②『〔増補再刻〕大全早字引節用集』、亀（本）屋半兵衛（伏見）。
③早引節用集、豊田屋卯左衛門ら。
④『大全早引節用集』を重版・販売した。
⑤「重板同様類板」。
⑥出訴。絶版、版木・出来本没収。
⑦大坂公用窺之控、大坂出勤帳七二・七三番、大坂触出留。
⑧事例116からの続きのように見えるが、明治三年に再版したものが現存し、「大坂公用窺之控」などの記述でも新たな版権侵害であることが明らかなので別件と

して扱った。

119早引節用集

①明治三年一一月二七日以前より。

②『早引節用集』（見返し「懐宝早引節用集」）、吉田屋文三郎。

③『懐宝数引節用集』（扉題。内題なし）、豊田屋卯左衛門ら。

④『懐宝数引節用集』に類似する節用集を刊行・販売した。

⑤「重板同様類板」。

⑥不明。

⑦大坂公用窺之控。

⑧「大坂公用窺之控」にある「重板同様類板之品々」による。本事例についてはこれ以外に記録がなく、詳細は不明である。なお、本書該当部分を同記録のままに引くと次のようである。

一　懐宝節用集　半紙三つ切本

一　同　増補　　半紙三つ切本

各、元板数引節用集真字入之類板　右、官許之印なし　東京　吉田屋文三郎板

このことから、当該書は、表紙見返しの題を「懐宝早引節用集」とする『早引節用集』（内題。一面一〇行真草二行体横本）かと思われる。なお「増補」とされた本については特定できていない。

なお、豊田屋らの『懐宝数引節用集』は、一面一一行の行草一行体横本である。もともと早引節用集の類版として刊行されたもので、天保一五年版・嘉永三年版などがある。が、安政三年版・慶応元年版・明治三年版は豊田屋らが版元となっているので、安政三年までに版権上の問題が是正されたのであろう。ただし、大坂仲間の記録にその件は見えないので割愛することにした。同様の例として事例115の吉田屋版についても触れたところだが、記録に残らない版権問題も少なくなかったものと思われる。

120〔真草両点〕いろは節用集

①明治三年一一月二七日以前より。

②『〔真草両点〕いろは節用集』、森屋治兵衛。

③『懐宝数引節用集』（扉題。内題なし）、豊田屋卯左

衛門ら。
④『懐宝数引節用集』に類似する節用集（三切横本）を刊行・販売した。
⑤「重板同様類板」。
⑥不明。
⑦大坂公用窺之控。
⑧前件同様、「重板同様類板之品々」による。本事例についてはこれ以外に記録がなく、詳細は不明である。
　当該書刊記には須原屋茂兵衛以下一〇肆の名が挙がるが、住所は表記されない。一一肆めの森屋のみ「馬喰町二町目　森屋治兵衛版」と住所・「版」字付きで記されており、森屋が首謀者なのであろう。

121 早引節用集

①明治三年一一月二七日以前より。
②『早引節用集』、山城屋平助。
③『懐宝数引節用集』（扉題。内題なし）、豊田屋卯左衛門ら。
④『懐宝数引節用集』に類似する節用集（三切横本）を刊行・販売した。
⑤「重板同様類板」。
⑥不明。
⑦大坂公用窺之控。
⑧前件同様、「重板同様類板之品々」による。本事例についてはこれ以外に記録がなく、詳細は不明である。
　山城屋平助版の『早引節用集』には、架蔵の一一行横本があるが、刊年が記されていないので断定することはできないものの、当該書である可能性は高い。

122 大全早字引節用集

①明治三年一一月二七日以前より明治五年一月一一日まで。
②『大全早字引節用集』、椀屋伊兵衛。
③『大全早引節用集』、豊田屋卯左衛門ら。
④『大全早引節用集』を無断複製・改題し、販売した。
⑤「重板同様類板」。
⑥一時、出訴の構えもみせたが、結局内済。
⑦大坂公用窺之控。大坂出勤帳七四番。
⑧椀屋は、かつて亀屋半兵衛らとともに類版書『大全早字引節用集』を刊行していたので、本事例も独立の

ものではなく、あるいは事例117と合して考えるべきものかもしれない。椀屋と亀屋とで版木を分け合っていたことなどは十分に考えられるからである。が、いま念のため別件としてたてた。

まとめ

　本期のまとめを行なう。まず、先期までにならって本期事例を分類しておく。Ⅰ～Ⅴの名称は、つぎのものを表す。

　Ⅰ　元禄～元文期　　Ⅱ　宝暦～明和期
　Ⅲ　安永～寛政期　　Ⅳ　享和～文化期
　Ⅴ　文政～嘉永期

　これは単に順序を示す便宜的なものであって、版権問題の推移によって時代区分を行なうなどの意図は、現在のところ持っていない。これは、一連の検討が、単に版権問題の事例数などによって区分する場合などもある、便宜的な基準によっているためである。ただし、今後、近世節用集史を記述するとして、その時代区分の目安としては相応に活用できればと思っている。もちろん、その際には、また別途、区分し直すことも考えておきたい。

　さて、本期の事例を九種別に分けると次のようになった。なお、前章までと同様に、一つの事例が複数の項に分類されることがある。

種別	Ⅰ	Ⅱ	Ⅲ	Ⅳ	Ⅴ	本期
付録	九	九	一	一	四	○
本文	二	一	三	一	一	○
検索法	一	七	二(四)	四	四	六
判型	一	七	二	一	○	○
版面	一	二	四	三	二	○
重版	○	三	三	五	六	四
禁忌	○	一	一	一	四	二
管理	○	○	○	○	八	二
不明ほか	二	六	三	四	二	一

　Ⅳ・Ⅴ期とほぼ同様の傾向を示していると見てよいであろう。ただ、直前のⅤ期と比較すると、管理の項が落ちつきを見せているのが特徴的である。冒頭でも触れたように、本期は、本屋仲間解散の余波の収拾と、幕末瓦解・明治新政権への移行などの悪条件が重なる

時期であった。が、そのような、内外に不安材料がある時期にしては、管理機構が破綻せずよく機能したと評すべきであろう。ただし、資料となった本屋仲間記録がほぼ大坂のものに限られることに注意しなければならない。また、事例115 119でも触れたように、記録に残されなかった版権問題も少なくなかったものと思われる。あるいは、多数になるあまり、悪質で解決がよほど難航した件は記録として残すものの、単純で容易に解決された件については記録されなかったといったことを想定しておいてよいかもしれない。

また、右の表には必ずしも反映されておらず、本期の各事例を見なければ知られないことだが、本格的な版権問題が早引節用集をめぐるものにほぼ限定されるのもⅣⅤ期からの特色である。むしろ、本期ではその特徴がいよいよ鮮明になってきたとの印象がある。

本期で注目すべき類版書としては、まず事例111の『〔早引〕万代節用集』を挙げないわけにはいくまい。すでに記したように延べ六五〇〇〇語（推計）という群を抜いた収載語数は驚嘆に値する。それだけに、なぜ、この時期にこのような大規模な編集がなされる必要があったのかが問われることになろう。そのためには、『〔早引〕万代節用集』自体の成立にかかわって、依拠資料の究明を中心とする本書の成り立ちの解明も必要だが、それにとどまらず、近世節用集史上への確たる位置づけを行ないたいものである。

また、事例115の『万世早引増字節用集』（雑書入）も注目したい。早引節用集は、付録がはなはだ少ないことが特徴であり、そのために辞書に徹したものとする見方が可能であった。そしてそのような有りかたは、数多くの付録を収録しようとする他の節用集への批判として捉えたことがあった。が、付録を大幅に増補した『万世早引増字節用集』（雑書入）はそれに逆行する存在ということになる。ただ、これに先んじる例としては、付録類を多く載せた『〔明和新編〕早引大節用集』が明和八（一七七一）年に刊行されており、収載語数の大規模化としては『和漢音釈書言字考節用集』を早引化した『いろは節用集大成』（文化一二年序）を嚆矢としうる。が、付録・収載語数の両方で大規模になった早引節用集としては『万世早引増字節用集』（雑書入）が初の存在となるのである。類版書だけではなく、早引節用集の本来の版元も、事例119にかかわる『〔増補音訓〕早引節用集』（嘉永四〈一八五一〉年刊）を刊行している。収載語数延べ四万語（推計）に達する大規模なものである。類版書だけでなく、本来の版元からも大部の早引節用集が刊行されるにいたったのである。

一方、イロハ・意義検索の節用集は、早引節用集への対抗から大型化を志向したものが認められるが、『大日本永代節用無尽蔵』文久四年版のように通常版のほか薄葉刷りを刊行することもあった。美濃判の判型はそのままながら、厚さだけでも扱いやすくしたことになるわけである。こうなると、書籍の厚みによって購買（予定）者に訴求するという道はみずから絶つことになるのだが、それでは、早引節用集への対抗的存在としての有りようの一角が崩れることになる。そうしたことは承知の上で、なお携帯性を付与したかったということなのであろう。

このように、本期の諸本においては、早引節用集にせよ、イロハ・意義検索の節用集にせよ、それぞれの書籍として元々持っていたであろう方向性に乱れが生じているようにも見える。本期においてなにゆえこのような状況にいたったのかを解明することは興味深い課題でもあり、見方によっては、幕末期節用集界の活況なり豊かさなり象徴するものと捉えるべきであろうか。なお、佐藤（二〇〇五）も参照されたい。

付録　近世節用集刊行年表稿

本稿は、近世節用集の刊行状況の俯瞰を目的とした年表である。筆者の調査を中心に、乾善彦・岡島昭浩・小泉吉永・佐藤武義・柴田雅生・鈴木俊幸・西田隆政・山本真吾・湯浅茂雄・米谷隆史らから寄せられた情報、さらに諸論考中に現れた諸本、各種蔵書目録、古書店目録などに現れた近世節用集諸本につき、その内題により一覧するものである。とりあげる諸本は、現存の確認できることを原則とするが、『江戸本屋仲間記録』の「割印帳」所掲諸本のように、出版が確実視されるものは現存が確認されなくとも採取した。また、重版・類版などの版権侵害書も同様に扱うこととしたが、これらの場合、正確な内題が採れるとはかぎらない。

最終的には刊行されたもののすべてが掲載対象となるが、年表体裁にするため、次のようなものを優先的に掲げた。

・現存の確認できるもので、刊年の明らかなもの
・同じく、付録記事などにより刊年の推定できるもの

現存は確認できるが、刊年の絞り込みが十分にできないものは、年表末にまとめて掲げた。

本稿の元となったのは佐藤（一九九六b）であるが、異なりがいくつかある。

掲載した節用集については、佐藤（一九九六b）が収録漏れをおそれて節用集の同定範囲を広く設定したが、これは語彙集型往来の類を含むこととなった。本稿では極力排除することとした。節用集と語彙集型往来との線引きについては、検索組織が二重に施されているか否かによることとした。語彙集型往来では、ほとんどのものが意義分類体を採っているが、さらにその下位を何らかの標目を明示しながら細分することがない。これに対して節用集では、その成立の当初からイロハと意義分類による二層の検索法を導入しており、辞書としてより利用しやすい組織を備えている。このことが教科書としての往来と辞書としての節用集との異なりを端的に示していると考えてのことである。

このほか、やはり刊年の絞りこみに無理のあるものなど、情報不足のものも省くこととした。こうした作業により、前稿より三〇本強ほどが対象からはずれる

ことになった。

一方、佐藤（一九九六b）公開から二〇年近くを経過したことで、新たに見いだされたものも少なくない。また、調査も相応に進展して、諸本の扱い方を見直す必要も出てきた。たとえば、版権の確立する元禄年間までのものについては、同版で同年の刊記を有するものでも書肆名が異なったり、書肆名が削除されるなどしたものについては、それぞれに一本と認めることとしてみた。

このような経緯で増減はあるのだが、おおよその刊行傾向については、佐藤（一九九六b）で確認できたことと大きく異なることはなかった。ことに、刊記部分の欠損のため、付録記事などから刊年を推定せざるをえなかったものが一七〇一～二〇年に集中することが佐藤（一九九六b）で指摘できたのだが、掲載書が増えた本稿においても、依然として同様の傾向である。

この点、佐藤（一九九六b）では、当時の節用集が何らかの事情により物理的なもろさをかかえていたため、刊記が脱落しやすかったと考えた。たしかに、当時の節用集を見ると、いずれも薄冊であって、料紙も薄手のものが多いように思われる。もちろん、単に薄いといっても、いわゆる薄葉のような緻密なものではない。

とすると、やはり佐藤（一九九六b）でも挙げた、料紙にかかわる宝永二（一七〇五）年・正徳三（一七一三）年の触れの影響を考えることになる。

一従町方、三番所江書上候儀、当分之書物は文字慥ニ相見候ハヽ、麁相成紙用之可申候、末々迄相残候諸証文等は、有来通之紙ニ相認可申候
一右ニ准シ、町年寄又ハ名主共方え取置候書物も、麁相成紙可用之候（高柳真三・石井良助編〈一九五八a〉による。）

文脈からすると、「書物」はショモツ（書籍）ではなく、カキモノと見るべきであろうから、この触れが直接に節用集の料紙を決定したとは言いがたいのだが、この触れの底にある倹約への指向が、節用集などの実用書籍にも及ぼされるような状況があったことを想定しておいてもよいかと思う。

年表稿

近世刊行の節用集のうち、刊年の明確なもの、刊行時期が比較的狭く推定できるものの内題を一覧にした。少数ではあるが、内題を有しないものは外題・扉題などを採った。

なお、これも少数だが、蔵書目録などから採取したもののうち、通行の書名と比較して不自然なもの（たとえば、推し当てに記された外題とおぼしいものなど）は除外したが、そうでなければ載せることとした。近い将来、確認が必要なものである。

諸本の体裁について、巻数などは当該書の同定に資するものについては記したが、他は省略した。また、料紙の厚薄、間紙の有無なども出版上は重要な情報であり、筆者もバリエーションの捕捉には努めているところだが、いまだ十分とは言えない段階なので、今回は見送ることとした。

参考までに出版史上、注意すべき事項も掲げた。

慶長二（一五九七）年

『節用集』（易林本原刻、平井版、同別版）の跋年。

慶長一〇（一六〇五）年

＊安田章（一九七四）、易林本平井版がこの頃刊行された可能性に言及。

慶長一五（一六一〇）年

『節用集』（易林本小山版）『節用集』（寿閑本。初の行草書表示。刊行者名削除本もあり）刊。

＊川瀬一馬蔵易林本平井別版にこの年の書き入れあり。

慶長一六（一六一一）年

『節用集』（烏丸通二条二町上之町刊本。初の真草二行体。寿閑本に楷書表示を追加）刊。

慶長頃

『節用集』（草書本。三版種）刊。

元和五（一六一九）年

『節用集』（横本。二版種あるか。草書本の抄出）刊。

元和・寛永初年頃

『二体節用集』（横本。真草二行。別版補入本もあり）刊。

寛永三（一六二六）年
『二体節用集』（横本。嘉久版）刊。
寛永六（一六二九）年
『節用集』（中野版二巻本）『二体節用集』（横本。寛永三年版再版、新版、別版補入本）刊。
寛永七（一六三〇）年
『節用集』（杉田版。横本から縦本に改編）刊。
寛永九（一六三二）年
『二体節用集』（縦本。杉田版、無書肆版）刊。
寛永一〇（一六三三）年
『二体節用集』（横本。佐藤蔵。刊記刊年手書き）刊。
寛永一二（一六三五）年
『節用集』（寛永六年刊二巻本を三巻本に改修）刊。
寛永一四（一六三七）年
『二体節用集』（横本。亀田次郎旧蔵書。刊年刊記手書き）刊。
寛永一五（一六三八）年
『真草二行節用集』（西村又左右衛門版、無書肆版）刊。
寛永一六（一六三九）年
『真草二行節用集』刊。
寛永二一（一六四四）年
『二体節用集』（横本）刊。
寛永年間
『節用集』（真草二行。亀田次郎旧蔵書零本）このころ刊か。
正保三（一六四六）年
『真草二行節用集』（仲秋版、仲冬版）刊。
慶安三（一六五〇）年
『真草二行節用集』刊。
慶安四（一六五一）年
『真草二行節用集』（二版種）『真草二体節用集』刊。
『真草二行節用集』（両点本）このころ刊か。
明暦三（一六五七）年
＊江戸の諸商人仲間解散令に「物之本屋」も含まれる。
万治元（一六五八）年
『真草二行節用集』刊。
万治二（一六五九）年
『真草二行節用集』『二体節用集』刊。
『真草二行節用集』（無刊記版。三版種）このころ刊か。

寛文元（一六六一）年

『真草二行節用集』刊。

寛文二（一六六二）年

『真草二行節用集』（増補本）刊。

寛文三（一六六三）年

『真草二行節用集』『二体節用集』刊。

寛文四（一六六四）年

『新刊節用集』『真草二行節用集』刊。

寛文五（一六六五）年

『真草二行節用集』（増補本。無書肆版もあり）『真草二行節用集』刊。

寛文一〇（一六七〇）年

『真草二行節用集』『頭書増補二行節用集』（初の頭書導入）『二行節用集』刊。

＊このころ、書籍目録が初めて刊行される。

寛文一一（一六七一）年

『増補二体節用集』（横本）刊。

延宝元（一六七三）年

＊江戸の版木屋に「何にても珍敷事を新板に開候はゞ」、番所に届けでて指示を仰ぐよう触れ出される。

延宝二（一六七四）年

『二行節用集』（松会版、近江屋版、古本屋版）刊。

延宝三（一六七五）年

『真草増補節用集』刊。

延宝四（一六七六）年

『増補頭書両点二行節用集』刊。

『増補二行節用集』（巻五内題による）跋。

延宝七（一六七九）年

『頭書増補二行節用集』刊。

延宝八（一六八〇）年

『合類節用集』『新刊節用集大全』『頭書増補二行節用集』刊。

『翰墨節用集身宝大成』このころ刊。

延宝九（一六八一）年

『増補頭書両点二行節用集』『頭書増補二行節用集』『二行節用集』刊。

『永代節用集大成』このころ以降刊。

天和四（一六八四）年

『頭書増補節用集大全』刊。

貞享元（一六八四）年

『頭書増補二行節用集』刊。

貞享二（一六八五）年

『頭書増補節用集大全』（小野版、伊勢屋版、六行版）刊。

＊京都書肆に「伊勢講」と称する団体を組むものあり。

貞享三（一六八六）年

『広益二行節用集』『頭書増補節用集大全』刊。

貞享四（一六八七）年

『増補頭書両点二行節用集』『頭書増補節用集大全』刊。

貞享五（一六八八）年

『鼇頭節用集大全』『頭書増補節用集綱目』『頭書増補節用集大全』刊。

元禄元（一六八八）年

『頭書大成節用集』『真草増補節用集』刊。

元禄二（一六八九）年

『頭書増補節用集綱目』『頭書増補節用集大全』『頭書大成節用集』『二体節用集』刊。

元禄三（一六九〇）年

『新撰節用集』『頭書増補節用集大全』『頭書大益節用集綱目』（改題本『大極節用国家鼎宝三行綱目』もこのころか）刊。

元禄四（一六九一）年

『頭書増補節用集大全』（大野木版、松会版、鎰屋版）『頭書大広益節用集』刊。

元禄五（一六九二）年

『頭書増補節用集大全』（須原版、松会版）刊。

元禄六（一六九三）年

『広益字尽重宝記綱目』『大広益節用集』『頭書増補節用集綱目』刊。

『頭書増補節用集大全』（木下版、他一種）このころ刊。

元禄七（一六九四）年

『頭書増補節用集綱目』『頭書増補節用集大全』（寸原版、藪田版）『万宝節用集』刊。

元禄八（一六九五）年

『頭書増補節用集綱目』『頭書増補節用集大全』『頭

書大成節用集』および内題なき一本、刊。
『頭書大成節用集』（付録改編本）このころ刊。

元禄九（一六九六）年
『大広益節用集』『頭書増補節用集綱目』『頭書増補節用集大成』『頭書増補節用集大全』『頭書大成節用集』刊。

元禄一〇（一六九七）年
『頭書増字節用集大成』『頭書大成節用集』刊。
『大増字万宝節用集』『大万歳節用集』『頭書増補大大節用集』このころ刊。

元禄一一（一六九八）年
『頭書増補大成節用集』『頭書大成節用集』刊。
＊大坂に重版類版停止令公布。

元禄一二（一六九九）年
『頭書増補大成節用集』刊。

元禄一三（一七〇〇）年
『三才全書俳林節用集』『新大成増字万宝節用集』『頭書増補節用集大全』（改題本『大徳増補節用集大全』もこのころか）『頭書増補大成節用集』『頭書増補宝鑑節用集』『頭書大成節用集』『万宝節用集』刊。

元禄一四（一七〇一）年
『万宝節用集』刊。

元禄一六（一七〇三）年
『頭書増字節用集大成』『頭書増補宝撰節用集』『大大節用集大家蔵』刊。

元禄一七（一七〇四）年
『大広益拾遺節用集』刊。

宝永元（一七〇四）年
『大万宝節用集増字大成』このころ刊。

宝永二（一七〇五）年
『広益字尽重宝記綱目』『節用集大全』『大広益拾遺節用集』『頭書増補節用集大全』『頭書増補大成節用集』刊。
＊「従町方、三番所江書上候儀、当分之書物は文字慥ニ相見候ハヽ、麁相成紙用之可申候、末々迄相残候諸証文等は、有来通之紙ニ相認可申候」（『御触書寛保集成』）との触れあり。

宝永三（一七〇六）年
『万宝節用集』『永代節用重宝無尽蔵』刊。
『大大節用集新益大成』『万世節用集広益大成』『新

節用集万物大成』『翰墨節用集身宝大成』このころ刊。

宝永四（一七〇七）年

『大広益拾遺節用集』刊。

宝永五（一七〇八）年

『広大節用大全無尽蔵』『大魁節用悉皆不求人』『大増字万宝節用集』刊。

宝永六（一七〇九）年

『福寿皆無量節用大成』このころ刊。

『女節用集文字袋』刊。

『字林節用集拾遺大成』このころ刊。

宝永七（一七一〇）年

『広大節用字林大成』『大海節用和国宝蔵』『大国花節用集珍開蔵』『万海節用和国宝蔵』『万金節用永代通鑑』『万年節用集大成』『立新節用和国宝蔵』このころ刊。

宝永頃

『字林節用集古今大成』『大万宝節用集増字大成』このころ刊。

正徳元（一七一一）年

『女節用集文字袋家宝大成』刊。

『広大節用大全無尽蔵』このころ刊。

正徳二（一七一二）年

『万徳節用筆海類編』『万福節用大乗大尽』『宝林節用字海大成』刊。

『大福節用集大蔵宝鑑』このころ刊。

正徳三（一七一三）年

『立新節用和国宝蔵』刊。

『頭書大益節用集綱目』『年代節用集万宝大成』このころ刊。

＊宝永二年の触れ、再触れ。

正徳四（一七一四）年

『大国花節用集珍開蔵』『宝林節用字海大成』刊。

『錦字節用無窮成』『字福節用大黒袋』『大船節用字林大成』『福寿節用文章淵海』『宝山節用万字図彙』『万金節用永代通鑑』『万万節用福徳宝蔵』このころ刊。

正徳五（一七一五）年

『大国花節用集珍開蔵』『立新節用和国宝蔵』刊。

『大広益節用不求人大成』『和光節用集百寿丸』この

ころ刊。

正徳頃

『広大節用大全無尽蔵』『大魁節用悉皆不求人』このころ刊。

享保元（一七一六）年

『男節用集如意宝珠大成』刊。

＊京都の本屋仲間、官許。

享保二（一七一七）年

『懐宝節用集綱目大全』『広益節用集』『大益字林節用不求人大成』『大国花節用集珍開蔵』『和漢音釈書言字考節用集』『和光節用集百寿丸』刊。

享保三（一七一八）年

『万福節用世宝集』『満字節用錦字選』刊。

享保四（一七一九）年

『大嘉節用無量宝蔵』『大広益節用集』『大広益節用不求人大成』『万倍節用字便』刊。

享保五（一七二〇）年

『広徳節用満玉宝蔵』『女節用集文字袋家宝大成』『大増字宝節用連玉』刊。

享保六（一七二一）年

『女節用集文字袋』『新補節用加増大成』『万花節用字林大成』刊。

『万金節用永代通鑑』このころ刊。

＊江戸の本屋仲間、官許。

享保七（一七二二）年

『如意節用宝集大成』『万海節用富貴蔵』刊。

＊出版取締令発令。

享保八（一七二三）年

『広益字尽重宝記綱目』『万世節用集広益大成』刊。

＊大坂の本屋仲間、官許。

享保九（一七二四）年

『万海節用和国宝蔵』『大海節用和国宝蔵』『年代節用集万宝大成』刊。

享保一〇（一七二五）年

『増続字海節用大湊』『大富節用福寿海』『頭書増補節用集大成』刊。

享保一一（一七二六）年

『万倍節用字便』刊。

享保一二（一七二七）年

『増補頭書両点二行節用集』『万図節用福字通便』刊。

享保一三（一七二八）年
『増続字海節用大湊』刊。
享保一四（一七二九）年
『広大節用字林大成』『寿海節用万世字典』『新増加節用懐珠大全』『万花節用字林大成』刊。
享保一五（一七三〇）年
『大増字宝節用連玉』『年代節用集万宝大成』『満字節用書翰宝蔵』刊。
享保一八（一七三三）年
『悉皆世話字彙墨宝』『増続字海節用大湊』『大増字宝節用連玉』『大富節用福寿海』『大万宝節用集字海大成』『宝玉節用万福蔵』『万代節用悉皆字彙』刊。内題を削除する一本、このころ刊。
享保一九（一七三四）年
『四海節用錦繡嚢』『万蔵節用字海大成』刊。
享保頃
『珠玉節用万代宝匣』（元禄三年刊『新撰節用集』改題）『増補節用万合宝鑑』『大国節用群玉蔵』刊。
元文元（一七三六）年
『男節用集如意宝珠大成』刊。
元文二（一七三七）年
『新増節用無量蔵』刊。
元文三（一七三八）年
『大万宝節用集字海大成』刊。
元文五（一七四〇）年
『森羅万象要字海』『大万宝節用集字海大成』『蠡海節用集』刊。
元文六（一七四一）年
『倭節用悉改嚢』刊。
寛保二（一七四二）年
『万国通用要字選』刊。
寛保三（一七四三）年
『女節用集罌粟嚢家宝大成』『万花節用字林大成』刊。
延享元（一七四四）年
『増続字海節用大湊』『大富貴節用万字綱目』『豊栄節用世宝蔵』『蠡海節用集』刊。
延享二（一七四五）年
『玉海節用字林蔵』『篆字節用千金宝』刊。
延享四（一七四七）年
『万通節用福寿海』刊。

延享頃
『翰墨節用集身宝大成』刊。
寛延元（一七四八）年
『豊栄節用世宝蔵』刊。
寛延二（一七四九）年
『大広益字尽重宝記綱目』『文海節用千金嚢』刊。
寛延三（一七五〇）年
『永代節用大全無尽蔵』『懐宝節用集綱目大全』『新増節用無量蔵』『袖宝節用集』『蠡海節用集』刊。
＊江戸本屋仲間南組、類版停止の撤廃を要求。
寛延四（一七五一）年
『四海節用錦繍嚢』『字典節用集』刊。
寛延頃
『万図節用福字通便』このころ刊。
宝暦二（一七五二）年
『永代節用大全無尽蔵』『新増加節用懐珠大全』『節用福聚海』（『太平節用福寿往来』頭書）『頭書増補節用集大成』『（宝暦新撰）早引節用集』（初の早引節用集）『明海節用正字通大成』刊。
宝暦三（一七五三）年
『新万倍節用宝』『倭節用悉改嚢』刊。
宝暦四（一七五四）年
『蠡海節用集』刊。
宝暦六（一七五六）年
『大節用文字宝鑑』『文会節用集大成』『宝暦節用字海蔵』刊。
宝暦七（一七五七）年
『万世節用集広益大成』このころ刊。
『五車抜錦』『（増補改正）早引節用集』『大大節用集万字海』『文翰節用集』刊。
宝暦八（一七五八）年
『袖中節用集』『福神節用太平楽』『泯江節用集』刊。
宝暦九（一七五九）年
『新撰部分節用集』（宝暦六年刊『大節用文字宝鑑』の改題改修本）刊。
宝暦一〇（一七六〇）年
『（増字百倍）早引節用集』（早引節用集初の真草二行表示）刊。
宝暦一一（一七六一）年
『書札節用要字海』『早考節用集』『百川学海錦字選』

刊。

宝暦一二（一七六二）年

『女節用集文字囊』『〔増補改正〕早引節用集』『早字二重鑑』（真字版、草字版）『大大節用集万字海』『倭節用悉改囊』『蠡海節用集』刊。

宝暦一三（一七六三）年

『字彙節用悉皆蔵』『万歳節用字宝蔵』刊。

宝暦頃

『大福節用集大蔵宝鑑』刊。

明和三（一七六六）年

『万代節用字林宝蔵』『和漢音釈書言字考節用集』刊。

明和五（一七六八）年

『早引節用集』『大大節用集万字海』『百川学海錦字選』『連城節用夜光珠』刊。

明和六（一七六九）年

『新撰正字通』『〔増字百倍〕早引節用集』『男節用集如意宝珠大成』『百万節用宝来蔵』『万歳節用字宝蔵』『連城大節用集夜光珠』『蠡海節用集』刊。

明和七（一七七〇）年

『永代節用大全無尽蔵』『〔増補改正〕早引節用集』『文翰節用通宝蔵』『連城節用夜光珠』刊。

明和八（一七七一）年

『広益好文節用集』『〔明和新編〕早引大節用集』『満字節用錦字選』刊。

安永二（一七七三）年

『〔類字新撰〕字引節用集』『森羅万象要字海』『大新増節用無量蔵』『通俗節用集類聚宝』刊。

『大魁訓蒙品字選』このころ刊。

安永三（一七七四）年

『広益好文節用集』刊。

安永四（一七七五）年

『新増早引節用集』『大栄節用福寿蔵』刊。

安永五（一七七六）年

『〔増字百倍〕早引節用集』『〔増補改正〕早引節用集』『倭節用集悉改囊』刊。

安永六（一七七七）年

『大豊節用寿福海』刊。

安永七（一七七八）年

『急用間合即坐引』（行草一行版、真草二行版）『字林節用五嶽篇』刊。

安永八（一七七九）年
　『拾玉節用集』刊。
安永九（一七八〇）年
　『新撰正字通』『〈増字百倍〉早引節用集』刊。
　『急用間合即坐引』（行草一行版）このころ刊。
安永頃
　『明海節用大成』刊。
天明元＝安永一〇（一七八一）年
　『〈増補改正〉早引節用集』『大広益字尽重宝記綱目』
　『文会節用集大成』刊。
天明二（一七八二）年
　『大成正字通』『万代節用字林蔵』『万徳節用集』
　（『急用間合即坐引』〈美濃判〉改題）刊。
　『急用間合即坐引』（美濃判）このころ刊。
天明三（一七八三）年
　『合類節用無尽海』刊。
天明四（一七八四）年
　『倭漢節用無双嚢』刊。
　『画引節用集大成』このころ刊。
天明五（一七八五）年
　『早引残字節用集』『早考節用集』『日本節用万歳蔵』刊。
天明六（一七八六）年
　『急用間合即坐引』（真草二行版）『字典節用集』『〈増字百倍〉早引節用集』刊。
天明八（一七八八）年
　『〈増補改正〉早引節用集』『万宝節用富貴蔵』『大全早引節用集』（ただし、『〈増字百倍〉早引節用集』と『早引残字節用集』の合冊）刊。
＊正月、京都大火。これより京都本屋仲間の活動、事実上停止に追い込まれる。
天明九（一七八九）年
　『袖中節用集』刊。
寛政元（一七八九）年
　『急用間合即坐引』（真草二行版。合冊体『錦嚢万家節用宝』として）『森羅万象要字海』『新撰正字通』刊。
寛政二（一七九〇）年
　『早引節用集』刊。
寛政三（一七九一）年
　『字典節用集』刊。

寛政四（一七九二）年
『画引節用集大成』『節用福聚海』（『太平節用福寿往来』頭書）刊。
寛政五（一七九三）年
『〔増補改正〕早引節用集』『蠡海節用集』『宝林節用集』『大全早引節用集』（ただし、『〔増字百倍〕早引節用集』と『早引残字節用集』の合冊）刊。
寛政六（一七九四）年
『急用間合即坐引』（行草一行版）『掌中節用急字引』『満字節用錦字選』刊。
寛政七（一七九五）年
『〔増補改正〕早引節用集』『万代節用字林蔵』『満字節用錦字選』刊。
寛政八（一七九六）年
『絵引節用集』『字貫節用集』『字典節用集』『〔増字百倍〕早引節用集』『大全早引節用集』『万代節用字林蔵』刊。
寛政九（一七九七）年
『書札節用要字海』刊。
寛政一一（一七九九）年
『〔増補改正〕早引節用集』『大広益字尽重宝記綱目』『大豊節用寿福海』『倭漢節用無双嚢』刊。
寛政一二（一八〇〇）年
『〔増字百倍〕早引節用集』『入用字引集』刊か。
＊京都本屋仲間、復興。
寛政一三（一八〇一）年
『都会節用百家通』刊。
寛政頃
『男節用集如意宝珠大成』刊。
享和二（一八〇二）年
『手引節用集大全』『大成正字通』『万宝節用富貴蔵』刊。
享和三（一八〇三）年
『満字節用錦字選』『新板引方早字節用集』（巻頭の「字引目録」の有無で二種あり）刊。
文化元（一八〇四）年
『字会節用集永代蔵』『節用福聚海』（『書通大成』頭書）『〔増補改正〕早引節用集』『偶奇仮名引節用集』（『長半仮名引節用集』と改題）『文翰節用通宝蔵』『入

用字引集』刊。
文化二（一八〇五）年
『大全早引節用集』刊。
『仮名字引大成』このころ刊。
文化三（一八〇六）年
『〔万家日用〕字引大全』『字貫節用集』『〔増字百倍〕早引節用集』『万代節用字林蔵』刊。
『万宝節用富貴蔵』の合冊版、この年以降刊。
文化四（一八〇七）年
『長半仮名引節用集』刊。
文化五（一八〇八）年
『手引節用集大全』刊。
文化六（一八〇九）年
『〔増補改正〕早引節用集』『〔訂正増益〕早引節用集』『〔世用万倍〕早引大節用集』刊。
文化七（一八一〇）年
『見出絵引節用集大全』『国宝節用集』『節用早指南』『俗字早指南』（『節用早指南』と合冊）『増補節用字海大成』刊。
文化八（一八一一）年
『急要節用集』『字彙節用悉皆蔵』『大全早引節用集』『都会節用百家通』『日本節用万歳蔵』『万宝節用富貴蔵』『満字節用錦字選』刊。
『早引節用集』（仮称。会津版）このころ刊。
文化九（一八一二）年
『懐宝節用集綱目大全』『〔増字百倍〕早引節用集』『万海節用字福蔵』刊。
文化一一（一八一四）年
『手引節用集大全』（横本）『〔増補改正〕早引節用集』（五行版）『〔増補改正〕早引節用集』（六行、救世堂版）『大万宝節用集字海大成』刊。
文化一二（一八一五）年
『〔増補改正〕早引節用集』『日本節用万歳蔵』『万海節用字福蔵』『蘭例節用集』刊。
文化一三（一八一六）年
『万海節用字福蔵』刊。
『早引節用集大全』（仮称。江戸版）このころ刊。
『いろは節用集大成』この年の序あり。
文化一四（一八一七）年
『字典節用集』『大全早引節用集』刊。

文化一五（一八一八）年
『字宝節用集千金蔵』刊。
文政元（一八一八）年
『玉海節用字林蔵』『字宝節用集千金蔵』『大豊節用寿福海』（合冊体『万会節用百家選』として）『倭節用集悉改嚢』『和漢音釈書言字考節用集』刊。
『大全早引節用集』（仮称。江戸版）、このころ刊。
文政二（一八一九）年
『〔増補改正〕早引節用集』（伊勢屋版）『都会節用百家通』『文会節用集大成』刊。
文政三（一八二〇）年
『寺子節用集』『長半仮名引節用集』刊。
文政五（一八二二）年
『五車抜錦』『字典節用集』『掌中節用急字引』『新撰正字通』『節用大全』『節用福聚海』『早字引大正』刊。
文政六（一八二三）年
『掌中節用急字引』『俳字節用集』『〔増字百倍〕早引節用集』『豊栄節用世宝蔵』刊。
文政七（一八二四）年
『絵引節用集』『増加節用集』刊。
『倭節用集悉改嚢』『万宝節用富貴蔵』、公家鑑の東西本願寺の順序を転倒したものを刊行か。
文政八（一八二五）年
『早字節用』刊。
『都会節用百家通』、公家鑑の東西本願寺の順序を転倒したものを刊行か。
文政九（一八二六）年
『倭節用集悉改大全』刊。
文政一〇（一八二七）年
『書札節用要字海』『大広益節用不求人大成』『大全早引節用集』『掌中要字選』刊。
文政一一（一八二八）年
『大万蔵節用字海大全』刊。
文政一二（一八二九）年
『〔増補改正〕早引節用集』『早字節用』『文宝節用集』刊。
文政頃
『篆字節用千金宝』刊。
天保元年＝文政一三（一八三〇）年

『大宝節用集文林蔵』『〔増字百倍〕早引節用集』『早字節用』刊。

天保二（一八三一）年

『永代節用無尽蔵』『字林節用五嶽篇』『早字節用』（扉題。文政十四年刊とするものもあり）『早字節用集』刊。

天保三（一八三二）年

『増加節用集大全』『増補広益好文節用集』『大全早引節用集』刊。

『〔増字百倍〕早引節用集』（仮称。江戸版）このころ刊。

天保四（一八三三）年

『早字節用』（扉題）刊。

天保五（一八三四）年

『〔増字百倍〕早引節用集』刊。

天保六（一八三五）年

『〔増字百倍〕早引節用集』刊。

天保七（一八三六）年

『〔増字百倍〕懐宝節用集』『〔増補改正〕早引節用集』『大全早引節用集』『都会節用百家通』刊。

『倭節用集悉改大全』（巻頭付録三〇丁増補版）をこのころ刊。

天保八（一八三七）年

『日本節用万歳蔵』刊。

天保九（一八三八）年

『字典節用集』刊。

天保一〇（一八三九）年

『早引節用集』（仮称、甲州版）このころ刊。

天保一一（一八四〇）年

『懐玉節用集』『新万倍節用宝』『文宝節用集』『和漢音釈書言字考節用集』刊。

天保一二（一八四一）年

『寺子節用集』『掌中要字選』『〔新増四声〕節用大全』『〔以呂波引〕大全節用集』刊。

＊天保の改革はじまる。株仲間解散令発令。

天保一三（一八四二）年

『〔十三門部分音訓正誤〕大全早字引』『〔増補〕二体節用集』刊。

＊本屋仲間解散令発令。

天保一四（一八四三）年

『〔早引〕永代節用集』『懐宝節用集』『〔増補改正〕早引節用集』『〔掌中〕早引節用集』『〔増字百倍〕早引節用集』『早引節用集』（吉田屋版、三河屋・菊地版、菊屋版）『早引文寿節用集』『〔天保新刻〕早字引節用集』『〔以呂波引〕大全節用集』『大全早引節用集』『大全早字引節用集』（大文字屋ほか版、播磨屋版）『訂正早字引』刊。
天保一五（一八四四）年
『懐玉節用集』『節用字便』『字宝節用集千金蔵』『〔懐宝〕数引節用集』刊。
天保頃
『〔新増四声〕節用大全』このころ刊。
弘化元（一八四四）年
『〔増字百倍〕早引節用集』『懐宝数引節用集』刊。
弘化三（一八四六）年
『〔増補改正伊呂波音訓〕数引節用集』『和漢音釈書言字考節用集』刊。
弘化五（一八四八）年
『〔増字万倍〕数引節用集』刊。
弘化頃
『大全早引節用集』このころ刊。
嘉永元（一八四八）年
『〔寺子節用〕早引節用集』『〔増補改正〕早引節用集』刊。
嘉永二（一八四九）年
『新いろは節用集大成』『早引節用集』（早引字会節用集）『大成無双節用集』『大日本永代節用無尽蔵』（ただし、嘉永五年の記事を含む）『〔増字百倍〕早引節用集』（三切本。金幸堂版）刊。
嘉永三（一八五〇）年
『〔早引〕永代節用集』『懐玉節用集』『懐宝数引節用集』『早引節用集』（三切本。西村版）『〔早引〕万代節用集』刊。
嘉永四（一八五一）年
『字宝節用集千金蔵』『新板引方早字節用集』『〔増字百倍〕早引節用集』『〔増補音訓〕大全早引節用集』刊。
＊本屋仲間再興令発令。
『字会節用集永代蔵』このころ刊。
嘉永五（一八五二）年

『節用早見二重引』刊。
嘉永六（一八五三）年
『早引万代節用集』『早引万宝節用集』『早字二重鑑』刊。
嘉永七（一八五四）年
『〈真草両点〉数引節用集』『早引通字節用集』『大栄節用福寿蔵』『大全早引節用集』刊。
『〈新増四声〉節用大全』このころ刊。
嘉永頃
『〈増補改正〉早字節用集』刊か。
安政二（一八五五）年
『嘉永早引節用集』『雅俗幼学新書』刊。
安政三（一八五六）年
『懐宝数引節用集』『早引節用集』（吉田屋版）『〈増補〉早引節用集』『和漢音釈書言字考節用集』刊。
『字会節用集永代蔵』（合冊体）刊か。
安政四（一八五七）年
『字宝節用無双大成』『字宝早引節用集』（合冊体もあり）『日本節用無双大成』刊。
安政五（一八五八）年
『いろは節用集大成』『手紙早引節用集』刊。
『〈世用万倍〉早引大節用集』このころ刊。
安政六（一八五九）年
『増続字海節用大湊』『〈増補再刻〉大全早字引節用集』刊。
安政頃
『〈増補早引〉いろは節用集』このころ刊。
万延元（一八六〇）年
『大全早引節用集』『長半仮名引節用集』『和漢音釈書言字考節用集』刊。
文久元＝万延二（一八六一）年
『早引節用集』（文江堂版）『万寿早引節用集』『万代節用字林蔵』『和漢音釈書言字考節用集』刊。
文久二（一八六二）年
『〈増補改正〉早引節用集』『〈掌中〉早引節用集』『早引万代節用集』『万代節用字林蔵』『蠡海節用集』刊。
文久三（一八六三）年
『江戸大節用海内蔵』『〈増補改正〉早引節用集』『増加節用集大全』『大全早字引節用集』『大福節用無尽

蔵』『訂正早字引』『万世早引増字節用集』（付録増補版もあり）『万代節用字林蔵』（補刻版）『蠡海節用集』刊。

文久四（一八六四）年

『大日本永代節用無尽蔵』刊。

元治元（一八六四）年

『字典節用集』『〔増補音訓〕大全早引節用集』刊。

元治二（一八六五）年

『安政早引節用集』刊。

元治頃

『万世早引増字節用集』このころ刊。

慶応元（一八六五）年

『〔増補早引〕いろは節用集』『雅俗幼学新書』『懐宝数引節用集』『万寿早引節用集』刊。

慶応二（一八六六）年

『用文早引節用集』刊。

慶応三（一八六七）年

『早引万宝節用集』『〔早引〕万代節用集』刊。

刊行時期のしぼりきれなかった諸本は次のとおりだが、おおよその刊行年代順にしめし、推定の根拠を付した。

寛永〜寛文頃、およびそれ以降

『真草二行節用集』イ部標目「以」字。書名より。

『福寿節用綱鑑』真草二体・半切横本。岡島昭浩蔵。体裁より。

貞享頃以降

『増益節用集大全』古書店目録。書名より。

『初学節用集大成』付録様態・頭書より。

『字海節用大林綱目』国語研究所蔵。付録様態・頭書より。

天保以降

『〔真草両点〕いろは節用集』三切横本。この判型の早引節用集は天保ごろから増える。

『〔増字百倍〕改正早引節用』三切横本。

『〔増字百倍〕早引節用集』三切横本、吉田屋版。

『〔増字百倍〕早引節用集』三切横本、菊屋ほか版。

『新増早引節用集』三切横本。

『早引節用集』三切横本、山城屋平助版。

『早引節用集』三切横本、近江・吉田版。

『早引節用集』三切横本、吉田・近江版。

『〔増補改正〕早引節用集』三切縦本、山形・北条忠兵衛刊。北条には天保ごろの出版書が多い。

『〔増補数引〕いろは節用集』半切横本。早引節用集の厚冊は天保以降に多い。

参考文献

浅岡邦雄・稲岡勝・鈴木俊幸・牧野正久（二〇〇五）「座談会 出版史研究の現状と課題――ここ一〇年の近世・近代出版史を振り返りつつ」『日本出版史料』一〇
朝倉治彦・大和博幸編（一九九三）『享保以後　江戸出版書目　新訂版』臨川書店
跡見学園短期大学図書館編（一九八七）『百人一首目録稿』三
上田万年・橋本進吉（一九一六）『古本節用集の研究』東京帝国大学文科大学（勉誠社、一九六八覆刻）
大阪図書出版業組合編（一九三六）『享保以後大阪出版書籍目録』（清文堂出版、一九六四覆刻）
大阪府立中之島図書館編（一九七五〜一九九三）『大坂本屋仲間記録』第一〜一八巻　清文堂出版
大谷大学国文学会編（一九三二）『倭玉篇展観書目録』
小川武彦（一九八一）『近世文学資料類従　参考文献篇』一八、勉誠社
小川武彦（一九八四・一九九一）『青木鷺水全集』第一巻・別巻、ゆまに書房
柏原司郎（一九七三）「近世初期『節用集（横本）』の改板例（上）」『野州国文学』一二
柏原司郎（二〇〇二）「古版本節用集の近世的書入について」『湘南文学』三六
加藤定彦（一九七〇・一九七二）「初期俳諧の言葉をめぐって（上・下）」『二松学舎大学人文論叢』三・四
加藤定彦（一九七六）『近世文学資料類従　古俳諧篇』四七、勉誠社
加藤定彦編（一九七八・一九八〇）『毛吹草　初印本』影印篇・索引篇、ゆまに書房
川瀬一馬（一九四三）『日本書誌学之研究』講談社（一九七一再刊）
菊田紀郎（二〇〇二）「近世節用集刊行時期の推定の試み」『人・ことば・文学（菊地靖彦教授追悼論集）』鼎書房

木村秀次（一九八一）「寛文十年本『頭書増補二行節用集』について」『馬淵和夫博士退官記念国語学論集』大修館書店
小泉吉永編（二〇〇五）『近世蔵版目録集成　往来物編』第壱輯、岩田書院
小早川欣吾（一九五七）『近世民事訴訟制度の研究』有斐閣（名著普及会増補版、一九八八）
今田洋三（一九七四）「江戸の出版資本」。西山松之助編『江戸町人の研究』三、吉川弘文館
佐古慶三（一九六二）「（浪華書林）渋川称觥堂伝」『上方文化』五
佐藤貴裕（一九八六）「東西方言対立語からみた『書言字考節用集』の性格」『国語学』一四七
佐藤貴裕（一九八七）「早引節用集の分類について」『文芸研究』一一五
佐藤貴裕（一九九〇ａ）「近世後期節用集における引様の多様化について」『国語学』一六〇
佐藤貴裕（一九九〇ｂ）「早引節用集の流布について」『国語語彙史の研究』一一、和泉書院
佐藤貴裕（一九九一）「イロハ二重検索節用集の受容」『岐阜大学国語国文学』二〇
佐藤貴裕（一九九二）「『和漢音釈書言字考節用集』の一展開」『国語学研究』三二
佐藤貴裕（一九九三ａ）「近世節用集の類板――その形態と紛議結果――」『岐阜大学国語国文学』二一
佐藤貴裕（一九九三ｂ）「書くための辞書・節用集の展開」『月刊しにか』一九九三―四
佐藤貴裕（一九九四ａ）「節用集の版権問題」『月刊日本語論』一九九四―四
佐藤貴裕（一九九四ｂ）「早引節用集の位置づけをめぐる諸問題」『岐阜大学国語国文学』二二
佐藤貴裕（一九九五ａ）「近世節用集版権問題通覧――元禄・元文間――」『岐阜大学教育学部研究報告人文科学』四四―一
佐藤貴裕（一九九五ｂ）「早引節用集の系統について」『日本近代語研究』二、ひつじ書房（『日本近代語研究』三に修訂再収）
佐藤貴裕（一九九六ａ）「近世節用集版権問題通覧――宝暦・明和間――」『岐阜大学教育学部研究報告人文科学』四四―二
佐藤貴裕（一九九六ｂ）「近世節用集書名変遷考――資料篇・付言――」『岐阜大学教育学部研究報告人文科学』四四―二
佐藤貴裕（一九九六ｃ）「近世節用集の記述研究への視点」『国語語彙史の研究』一五、和泉書院

佐藤貴裕（一九九六ｄ）「近世節用集版権問題通覧——安永・寛政間——」『岐阜大学教育学部研究報告人文科学』四五—一
佐藤貴裕（一九九七ａ）「近世節用集版権問題通覧——享和・文化間——」『岐阜大学教育学部研究報告人文科学』四五—二
佐藤貴裕（一九九七ｂ）「近世節用集版権問題通覧——文政・天保間——」『岐阜大学教育学部研究報告人文科学』四六—一
佐藤貴裕（一九九八）「近世節用集版権問題通覧——嘉永・明治初年間——」『岐阜大学教育学部研究報告人文科学』四七—一
佐藤貴裕（一九九九）「『合類節用集』『和漢音釈書言字考節用集』における版権問題」『近代語研究』一〇、武蔵野書院
佐藤貴裕（二〇〇〇）「節用集の世界——典型と逸脱——」『月刊しにか』一一—三
佐藤貴裕（二〇〇一）「近世節用集書名変遷考——一七〇〇年前後の転換期まで——」『国語語彙史の研究』二〇、和泉書院
佐藤貴裕（二〇〇二ａ）「『錦嚢万家節用宝』考——合冊という形式的特徴を中心に——」『国語論究』九、明治書院
佐藤貴裕（二〇〇二ｂ）「『錦嚢万家節用宝』考——不整合の解釈——」『岐阜大学教育学部研究報告　人文科学』五〇—二
佐藤貴裕（二〇〇二ｃ）「『錦嚢万家節用宝』考——合冊の背景——」『岐阜大学教育学部研究報告　人文科学』五一—一
佐藤貴裕（二〇〇四）「早引節用集の危機——明和元年紛議顚末——」『国語語彙史の研究』二三、和泉書院
佐藤貴裕（二〇〇五）「一九世紀近世節用集における大型化傾向」『国語語彙史の研究』二四、和泉書院
佐藤貴裕（二〇一〇）「検索法多様化の余燼——一九世紀近世節用集における——」『近代語研究』一五、武蔵野書院
斯道文庫（一九六三）『書林出版書籍目録集成』三、井上書房
鈴木　博（一九六八）『蘭例節用集　文化十二年』臨川書店
関場　武（一九九四）『近世辞書論攷　早引・往来・会玉篇』慶応義塾大学言語文化研究所
関場　武（二〇一三）「節用集の装丁——近世後期刊大型本を中心として——」、田村俊作・関場武編『辞書・事典の世界』慶応義塾大学文学部
高梨信博（一九八八・一九八九）「近世節用集の序・跋・凡例（一・二）」『国語学　研究と資料』一二・一三
高梨信博（一九九〇）「近世刊本付載蔵版目録中の節用集」『東洋短期大学紀要』二二

高梨信博（一九九二）「近世前期の節用集」『〔辻村敏樹教授古稀記念〕日本語史の諸問題』明治書院
高梨信博（一九九四）「早引節用集の成立」『国文学研究』一一三
高梨信博（一九九六）「『真草二行節用集』の版種」『国文学研究』一一九
高梨信博（一九九八）「未紹介の近世節用集の二、三について」『早稲田日本語研究』六
高梨信博（二〇〇六）「四十四部系近世節用集の成立」『国文学研究』一五〇
高梨信博（二〇一四）「美濃本『急用間合即坐引』とその周辺」『国文学研究』一七二
高柳真三・石井良助編（一九五八a）『御触書寛保集成』、同（一九五八b）『御触書天保集成』下、岩波書店
多治比郁夫（一九八四）「本屋仲間」『日本古典文学大辞典』第五巻、岩波書店
田中圭一編（一九七一）『柴田収蔵日記』上下、新潟県佐渡郡小木町町史刊行委員会（平凡社東洋文庫版、一九九六）
塚本　学（一九九一）『都会と田舎』平凡社
長澤規矩也編（一九七四）『唐話辞書類聚』第一六巻、汲古書院
中田祝夫・北恭昭（一九七六）『倭玉篇夢梅本篇目次第研究並びに総合索引』勉誠社
長友千代治（二〇〇一）『江戸時代の書物と読書』東京堂出版
中村幸彦（一九六〇）「名物六帖の成立と刊行」『ビブリア』一七。『中村幸彦著述集』一一（中央公論社、一九八二）再録
中村喜和（一九七三）「東風吹きしるしや……」『ＮＨＫロシア語入門』三月号、日本放送出版協会
中村喜和（一九八六）「『和魯通言比考』成立事情瞥見」。山田忠雄編（一九八六）所収
新野直哉（一九八七）「重箱読み・湯桶読み」『漢字講座　三　漢字と日本語』明治書院
早川孝太郎（一九四三）『大蔵永常』山岡書店
濱田啓介（一九五六）「近世後期に於ける大阪書林の趨向」『近世文芸』三。濱田啓介（二〇一〇）再録
濱田啓介（二〇一〇）『近世文学・伝達と様式に関する私見』京都大学学術出版会
飛田良文（一九六五）「和英語林集成の語彙の性格――江戸後期の節用集との比較から――」『文芸研究』五〇

古屋　彰（一九七六）「世話字」『金沢大学法文学部論集　文学編』二四
古屋　彰（一九七八）「世話字尽と節用集」『金沢大学法文学部論集文学編』二五
古屋　彰（一九八三）「「世話字尽」展望」『金沢大学文学部論集　文学科篇』四
古屋　彰（一九八六）「節用集と世話字尽」。山田忠雄編（一九八六）所収
ポロヴニコヴァ・エレーナ（二〇一五）「節用集の日本図に表現される空間認識」『歴史』一二五
前田　愛（一九七三）『近代読者の成立』有精堂（岩波書店ライブラリー版、一九九三）
前田　愛（一九七七）「寛政の改革と江戸文壇・概説」『日本文学史　五　近世の文学（下）』有斐閣
蒔田稲城（一九二八）『京阪書籍商史』東京大阪出版タイムス社（高尾書店　一九六八復刻）
万波寿子（二〇一一）「近世後期における公家鑑の出版」『近世文芸』九四
宗政五十緒・朝倉治彦編（一九七七）『京都書林仲間記録』★★★・★★★★★（刊記の表記にしたがう）、ゆまに書房
森末義彰（一九三六）「易林本節用集改訂者易林に就いて」『国語と国文学』一三―九
ヤコブソン、ファント、ハレ（一九五一）“Preliminaries to Speech Analysys” M.I.T.Press。竹林滋・藤村靖訳『音声分析序説』（研究社、一九六五）による。
安田　章（一九七四）「（節用集二種）解題」『天理図書館善本叢書和書之部』二一、八木書店。安田章（一九八三）に再録
安田　章（一九八三）『中世辞書論考』清文堂出版
山田忠雄（一九五九）「漢和辞典の成立」『国語学』三九
山田忠雄（一九六一）『開版節用集分類目録』（私家版）
山田忠雄（一九八一）『近代国語辞書の歩み』上下、三省堂
山田忠雄（一九八六）『国語史学の為に』第二部、笠間書院
山田俊雄（一九七五）「節用集改編ものの一例について　その一」『成城文芸』七三
大和博幸（二〇〇七）「甲州板出入と大坂本屋仲間の変容」『國學院雜誌』一〇八―四

弥吉光長（一九八八・一九九二）『未刊史料による日本出版文化』第二・七巻、ゆまに書房
ゆまに書房（一九八〇～二）『江戸本屋出版記録』上中下
吉井始子編（一九八一）『江戸時代料理本集成』別巻、臨川書店
米谷隆史（一九九七）「元禄期の節用集について」『語文』（大阪大学）六九
米谷隆史（二〇〇一）「蠡海節用集の形式的特徴をめぐって」『語文』七五・七六（合併号）
若杉哲男（一九八〇）「女用語彙と男用語彙（一）　女節用集文字袋と男節用集如意宝珠大成」『仁愛女子短期大学紀要』一二
若杉哲男（一九八六）「女節用集文字袋と女重宝記の語彙」『東横国文学』一八

おわりに

近世にかぎらず、節用集の研究といえば、まずは諸本の系統研究が念頭に置かれてきた。そのことについてはまことに正しい研究の手順であると思う。今、目の前にある資料がどのようにして成り立ってきたかが明らかでないうちは、国語資料として安心して使うことができないからである。もちろん、より純粋に、当該書の成立過程を明らかにしたいという欲求に発する場合もあることであろう。そうした研究においては、まず研究対象たる一書と、これに関連する先行資料とがあれば、相互に突き合わせを行なうことによって、一定の成果を得ることができることになる。

ただ、近世節用集であれば、それを供給した書肆なり出版機構なりに注目することも必要である。むしろ、作物と、それを送り出した土壌との関係について、まず明らかにしておくべきでもあろう。そう考えて、大坂本屋仲間の記録類を中心的な手がかりとし、節用集と近世出版の諸相を見てきたのが、筆者のこれまでの歩みである。

この、資料の背後に目を向けるような姿勢を採ることができたのは、築島裕先生による、東北大学における集中講義（東北大学の用語としては「連続講義」）の御蔭である。この講義では、訓点資料の諸相をうかがうことができたのだが、筆者としてもっとも印象に残ったのは、各点図体系の師承関係をめぐる事々についてであった。この関係を明らかにすることが訓点資料の成立背景の解明に重要であるという。そしてそうした師承関係にかかわる研究成果は、隣接する仏教学へも移出され、少なからぬ影響を与えているという。つまりは、目の前の資料だけを見ている分には表面的なことしか分からないが、資料の生成の場・背後に思いをいたすことによって、全体像を把握することにつながり、他に配るほどの豊かな成果が得られるということを教えられたのである。

こうした志向を近世節用集にあてはめれば、おのずと近世出版との関係の追究に向かうことになる。古文書の基礎を学生時代に学んでおかなかった身にとっては蛮勇を奮って飛び込むほかはなかった。本屋仲間の記録類を駆使した拙論（一九九〇ａ）が、比較的早い段階で成稿に漕ぎつけることができたのは幸いであった。一八世紀後半に検索法の開発が集中することを明らかにしつつ、有用性の低いものを生産し続けるという矛盾について解答を提出しえたのだが、一定の評価を得られたようで安心したことであった。これ以降、近世節用集の考察にあたって本屋仲間記録を参照するのが常套的な手段になっていったのではないかと思うが、本書においては、さらに記録類の利用・応用を徹底するなかで、第二部付説のように、ささやかではあるが、本屋仲間記録自体への考察を展開することともなった。

節用集と出版との関係を中心に検討していくなかでは、微力ながらもさまざまな諸相を見せることができたと思う。その諸相の有りようも、視点の置きかたや軸足の採りかたにより、見えかたが異なる場合があることになるが、本書では、これまでの検討のうち、もっとも書肆・出版機構の側にウェイトを置いた諸論考をまとめたことになる。各部各章は、すでに公けにした次のような論考を元にしている。

第一部

第一章「書くための辞書・節用集の展開」『月刊しにか』四―四（一九九三）

第二章「節用集の世界――典型と逸脱――」『月刊しにか』一一―三（二〇〇〇）

第二部

第一章「『合類節用集』『和漢音釈書言字考節用集』における版権問題」『近代語研究』一〇（一九九九）

第二章「近世節用集の類板――その形態と紛議結果――」『岐阜大学国語国文学』二一（一九九三）

第三章「早引節用集の危機——明和元年紛議顛末——」『国語語彙史の研究』二三（二〇〇四）
付説　書き下ろし
第三部
第一章「『錦嚢万家節用宝』考——合冊という形式的特徴を中心に——」『国語論究』九（二〇〇二）
第二章「『錦嚢万家節用宝』考——不整合の解釈——」『岐阜大学教育学部研究報告人文科学』五〇—二（二〇〇二）
第三章「『錦嚢万家節用宝』考——合冊の背景——」『同』五一—一（二〇〇二）
第四部
第一章「近世節用集版権問題通覧——元禄・元文間——」『同』四四—一（一九九五）
第二章「同——宝暦・明和間——」『同』四四—二（一九九六）
第三章「同——安永・寛政間——」『同』四五—一（一九九六）
第四章「同——享和・文化間——」『同』四五—二（一九九七）
第五章「同——文政・天保間——」『同』四六—一（一九九七）
第六章「同——嘉永・明治初年間——」『同』四七—一（一九九八）
付録「近世節用集刊行年表稿」『書物・出版と社会変容』六（二〇〇九）

本書に再録するにあたって、体裁・表現面などで手を加えたほか、ことに第四部については検討を深めた部分が多くなった。これは、基礎資料として提供するものゆえ、再録するなら是非にも改めたい部分が少なくなかったためでもある。なお、第一部第一章は、特に前半において仙台藩領廻米船のベトナム漂着事件を軸に書きすすめるなど、対象とする読者の幅を広く想定しての工夫があるのだが、本書においてはむしろ余計なものと見えたので割愛した。

いささか私事にわたるが、本書の元となった論文はそれぞれの思いに裏打ちされている。一連の版権問題通覧は、論文らしからぬ、資料・データ集というに近いものである。年に二度ある学部紀要の執筆機会を利用したものであるため、精力的な仕事ぶりなどと言われないでもなかったが、実情はまったく逆であった。一九九五年ごろからのほぼ一〇年間は体調不良が続き、精神的にも落ち着かない日々が続いていた。毎回参加していた国語学会（現日本語学会）・国語語彙史研究会の研究発表会などにも参加できず、論文らしい論文を書く気力も起きない時期であった。研究者としての、元々ささやかであった自信も喪失しかかっていた。それを何とか回復させようともがいた成果が版権問題の通覧である。主として本屋仲間の記録類に見られる版権問題を、一つまた一つと読み解くだけの気力は保つことができた。いわば短期戦の積み重ねとして何とか成し得たものなのであった。本屋仲間記録のなかでは節用集諸本は単に書名という文字の連続としてしか現れない。が、それに実体と陰影をあたえて生き生きとよみがえらせることは、節用集原本に触れる機会の多い自分になら何とかできるのではないか――そうした一抹の思いだけを支えに書きつづってきたものである。

幸い、一連の版権問題通覧は他分野の研究者の目にもとまるところとなった。浅岡邦雄ほか（二〇〇五）において短いながらも言及されていたのは励みになった。研究者としての立ち位置は異なるものの、見てくれている人があることは実にありがたいと感じた。また、甲州における早引節用集重版の意義づけについては大和博幸（二〇〇七）が、西本願寺と『都会節用百家通』との件については万波寿子（二〇一一）が、より深い次元での考察を及ぼしているが、それらが成されるきっかけにはなったのではないかと思い込んでいる。

それにしても、元となった論文のほとんどが一〇年以上前の、第四部にいたっては二〇年ほども前のものばかりである。いわば本書は、一〇年前に刊行されてもおかしくなく、むしろ、そうすべきであったともいえる。が、当時では、まだ四十代なかばでも単著を持つものはそう多くはなかった。このことは、文系学部（出身者）でもいわゆる課程博士で博士号を取得することが、今ほどには普通ではなかったことも関係している。また、一度公刊した論文を再度、著書として公刊することに意義を見いだせなかった、という個人的な思いもある。その分の労力は、次の論文にそそぐのが効率的であるとも考えていた。もちろん、己の未熟な文章を、再度見つめなおすという作業は、想像するだけでも気が滅入るということもあった。

このような次第で、機を逸したともいえる本書ではあり、その成果もすでに色褪せているのかもしれない。が、一書にまとめることで筆者のささやかな仕事が少しでも多くの人の目に触れ、何らかの刺激になることは願いたい。とともに、近世出版をめぐっては、それを積極的にというより当然のように研究の視野にいれてきた近世文学研究と、書籍に関する社会的意義にかかわる研究を急速に蓄積してきている近世史研究などと、どれだけ同じ土俵で価値・重みを主張しうるかどうか心もとない部分もあるというのが正直な思いである。

単著の公刊を躊躇するうちに、恩師・柴田武先生も鬼籍に入られた。先生によって言語の学への扉を開いていただかなければ今の自分はない。そのことを思えば無念の一言しかない。ただ、せめてもの慰めは、先生の御論考のいくつかに『和漢音釈書言字考節用集』が採り上げられていることであろうか。これは、佐藤（一九八六）によって同書の存在を先生にお伝えすることができたからではないかと思っている。

研究者としての基礎的体力を与えてくださった先生方、日ごろより親しく接して下さる諸先学、さまざまな形で刺激・情報を与えてくれる知友たちに御礼申し上げたく思う。ことに米谷隆史氏には、折に触れて惜しげもなく有益な情報を寄せてくださっており、感謝にたえない。また、近世版本の研究は、各種図書館・文書館・資料館などの蔵書がなければとても成すことのできないものである。その関係者にもお手数をおかけしてきた。記して感謝申し上げる。

最後になるが、本書をまとめることができたのは、和泉書院社長・廣橋研三氏の丁寧なお誘いがあってのことである。別して深く御礼申し上げる。

二〇一六年七月

佐藤貴裕識

付記　本書は、独立行政法人日本学術振興会平成二八年度科学研究費助成事業（科学研究費補助金）（研究成果公開促進費）（ＪＳＰＳ科研費　16HP5067）の助成を得た刊行物である。

本文要語索引

凡例

・本書利用の便宜のため、主要な事項・書名・人名などの五十音索引を付した。配列は、読みの現代仮名遣いによる。
・読みが確定できない書名は、漢字の訓読みが妥当ならばそれを採り、そのほかは便宜、音読みを採った。なお、正規の読みでも、現代の読みと隔たる場合は、検索の便を優先して現代の読みを採ることがある。
・角書のある書名は、角書をはずした書名で配列した。ただし、角書付きの書名も項目として掲出し、参照すべき項目を記した。

ア 部

イ 部

ウ 部

エ 部

オ 部

カ 部

キ 部

ク 部

ケ 部

コ 部

サ部

シ部

ス 部

セ 部

ソ 部

タ 部

チ 部

ツ 部

テ 部

ト 部

ナ 部

ニ 部

ヌ 部

ネ 部

ノ 部

ハ 部

ヒ 部

フ 部

ヘ 部

ホ 部

マ 部

ミ 部

ム 部

メ 部

モ 部

ヤ 部

ヨ 部

ラ 部

リ 部

ル 部

レ 部

ワ 部

■著者紹介

佐藤貴裕（さとう たかひろ）

一九六〇年、埼玉県生まれ。東北大学大学院博士後期課程修了要件単位修得退学。文学修士。東北大学助手・岐阜大学助教授・准教授を経て岐阜大学教授。

主要論文

「節用集の付録による教養形成研究のための覚書」（井上泰至編『近世日本の歴史叙述と対外意識』勉誠出版、二〇一六）

「節用集展開史の後景」（『文学』岩波書店、一六—五、二〇一五）

「辞書から近世をみるために——節用集を中心に——」（鈴木俊幸編『本の文化史 2 書籍の宇宙』平凡社、二〇一五）

「節用集の辞書史的研究の現況と課題」（日本語学会編『日本語の研究』一一—二、二〇一五）

「易林本『節用集』版本研究覚書——匡郭考——」（近代語学会編『近代語研究』一八、武蔵野書院、二〇一五）

「古本節用集の対利用者意識・試論」（国語語彙史研究会編『国語語彙史の研究』三三、和泉書院、二〇一四）

研究叢書484

節用集と近世出版

二〇一七年二月二〇日初版第一刷発行
（検印省略）

著　者　佐藤貴裕
発行者　廣橋研三
印刷所　亜細亜印刷
製本所　渋谷文泉閣
発行所　有限会社 和泉書院

大阪市天王寺区上之宮町七-六
〒五四三-〇〇三七
電話　〇六-六七七一-一四六七
振替　〇〇九七〇-八-一五〇四三

ISBN978-4-7576-0826-9 C3381